Rof Dubs
Unterrichtsplanung
in der Praxis

Rolf Dubs
Unterrichtsplanung in der Praxis

Ein Handbuch für den Lernbereich Wirtschaft

Franz Steiner Verlag

Umschlagabbildung: © istockphoto/izusek

Bibliografische Information der Deutschen Nationalbibliothek:
Die Deutsche Nationalbibliothek verzeichnet diese Publikation in der Deutschen
Nationalbibliografie; detaillierte bibliografische Daten sind im Internet über
<http://dnb.d-nb.de> abrufbar.

Dieses Werk einschließlich aller seiner Teile ist urheberrechtlich geschützt.
Jede Verwertung außerhalb der engen Grenzen des Urheberrechtsgesetzes
ist unzulässig und strafbar.
© Franz Steiner Verlag, Stuttgart 2014
Druck: Hubert & Co., Göttingen
Gedruckt auf säurefreiem, alterungsbeständigem Papier.
Printed in Germany.
ISBN 978-3-515-10808-9 (Print)
ISBN 978-3-515-10815-7 (E-Book)

INHALTSVERZEICHNIS

VORWORT 9

KAPITEL I
GRUNDLEGUNG 11

KAPITEL II
DIE MAKROEBENE 17

1	Übersicht...	17
2	Missverständnisse um die Bildung im Bereich Wirtschaft, Recht und Gesellschaft und die Antwort darauf	17
3	Die Zweiteilung der wirtschaftlichen Bildung und ihre Rechtfertigung	18
4	Die normativen Grundlagen für die einzelnen Lernbereiche...............	19
5	Pädagogische Grundströmungen, welche Lehrpläne beeinflussen	22
5.1	Allgemeine Tendenz..	22
5.2	Exemplarischer Unterricht	22
5.3	Handlungsorientierter Unterricht	23
5.4	Problemorientierter Unterricht	23
5.5	Schlüsselqualifikationen..	24
5.6	Modularisierung..	25
5.7	Konstruktivismus	26
5.8	Folgerungen	29
6	Lehrplan-Konzepte..	29
6.1	Fächerverbindung und Fächerfusion...	29
6.2	Lehrplan der Inselbildung	30
6.3	Integrationsfach...	31
6.4	Lernfelder	32
6.5	Empfehlung...	34

KAPITEL III
DIE MESOEBENE 36

1	Übersicht	36
2	Richtziele	37
2.1	Begriff	37
2.2	Überlegungen zu den didaktischen Gestaltungsideen und Werten im Lernbereich Wirtschaft, Recht und Gesellschaft	38
2.2.1	Volkswirtschaftslehre (Wirtschaftskunde oder Wirtschaftsbürgerkunde)	38
2.2.2	Betriebswirtschaftslehre (Betriebskunde)	39
2.2.3	Rechtskunde (Rechtslehre)	41
2.2.4	Rechnungswesen	42
2.2.5	Staatskunde (politische Bildung)	46
2.3	Beispiel eines Richtziels	47
3	Lehrpläne	49
3.1	Begriff	49
3.2	Die Formulierung von Lehrplänen	49
3.3	Darstellung von Lehrplänen	50
3.3.1	Lernzielorientierte Lehrpläne	50
3.3.2	Kompetenzorientierte Lehrpläne	56
3.3.2.1	Kompetenzorientiertes Lehren und Lernen	56
3.3.2.2	Taxonomie von Arbeitstechniken und Strategien	58
3.3.2.3	Überfachliche Kompetenzen und basale Kompetenzen	60
3.3.3	Bildungsstandards	63
3.3.3.1	Merkmale	63
3.3.3.2	Lehrpläne, Bildungsstandards, Kompetenzorientierung	67
3.3.3.3	Lernfelder und Kompetenzorientierung	71
3.3.4	Bildungsstandards und Lernziele	72

KAPITEL IV
DIE MIKROEBENE 74

1	Übersicht	74
1.1	Absicht	74
1.2	Eine Kontroverse	74
1.3	Beachtete Kriterien bei der Unterrichtsplanung	75
2	Ein Gedankenmodell zur Reflexion bei der Unterrichtsplanung	76
2.1	Modellannahmen	76
2.2	Das Gedankenmodell (Anstösse zur Unterrichtsplanung)	76
3	Erster Schritt: Ideenfindung	79
3.1	Lehrplanvorgaben und eigene Ideen	79
3.2	Mutmassliche Unterrichtskonzeption	80
3.3	So what? (Was soll das Ganze?)	82
3.4	Praktische Fragen bei der Unterrichtsplanung	82
4	Zweiter Schritt: Analyse der Gegebenheiten bei den Lernenden	83
4.1	Vorwissen	83
4.2	Erfahrungen	84

4.3	Selbstregulierung	85
4.4	Praktische Fragen bei der Unterrichtsplanung	89
5	Dritter Schritt: Motivation	90
5.1	Die Motivations-Problematik	90
5.2	Motivation und Unterricht	92
5.3	Das Erwartungs- x Wert-Modell	94
5.4	Praktische Fragen bei der Unterrichtsplanung	95
6	Vierter Schritt: Wissensgrundlagen	95
6.1	Die Gliederung des Wissens	95
6.2	Der Stellenwert des Wissens	96
6.3	Thematische Strukturen für das deklarative Wissen	97
6.4	Praktische Fragen bei der Unterrichtsgestaltung	99
7	Fünfter Schritt: Inhaltliche Vielgestaltigkeit und Lernziel	100
7.1	Vorgehen beim Entwurf der Lernziele	100
7.2	Kognitive kompetenzorientierte Lernziele	101
7.3	Soziale Kommunikation und Sozialkompetenzen	102
7.3.1	Grundlagen	102
7.3.2	Unterrichtspraktische Hinweise	105
7.4	Affektive Kompetenzen	106
7.4.1	Begriffliches	106
7.4.2	Gefühle und Empfindungen	107
7.4.3	Werthaltungen	108
7.4.3.1	Grundsätzliches	108
7.4.3.2	Unterrichtspraktische Hinweise	113
7.4.3.3	Die Modellanalyse (Zwei- oder vielseitige Darstellung)	114
7.5	Die Wechselwirkung zwischen Lernzielen und Gesamtkonzeption einer Lektion	115
7.6	Unterrichtsverfahren: Lehr- und Lernformen	117
7.6.1	Übersicht	117
7.6.2	Angeleitetes oder selbstgesteuertes (eigenständiges) Lernen?	120
7.6.2.1	Problemstellung	120
7.6.2.2	Das Lehrgespräch (Dialog) (Lehrmethode)	122
7.6.2.3	Das selbstgesteuerte Lernen	124
7.6.2.4	Der Lehrervortrag (Lehrmethode)	125
7.6.2.5	Die Lehrerdemonstration und das Modellieren (Lehrmethode)	126
7.6.2.6	Die Kleingruppenarbeit (Lernform)	127
7.6.2.7	Die Gruppenarbeit (Lernform)	128
7.6.2.8	Das Rollenspiel (Lernform)	131
7.6.2.9	Simulationen	133
7.7	Individualisierung des Unterrichts	135
7.8	Folgerungen für die Entscheidung über die Gesamtkonzeption der Lektion	135
8	Sechster Schritt: Verlaufsplanung für die Lektion	142
8.1	Die schriftliche Fassung der Lektionsplanung	143

8.2	Aufmerksamkeit, Einstieg und Motivation	145
8.2.1	Aufmerksamkeit	145
8.2.2	Einstieg	146
8.2.3	Motivation	147
8.2.4	Komplexe Lehr-Lern-Arrangements	149
8.3	Zielsetzung	152
8.4	Entwicklung	152
8.4.1	Das ungelöste Problem für die Unterrichtspraxis	152
8.4.2	Beispiele zur Förderung von Strategien	155
8.4.2.1	Beispiel für eine direkte Förderung induktiv (kognitiv)	155
8.4.2.2	Beispiel für eine direkte Förderung induktiv (affektiv)	156
8.4.2.3	Beispiel für eine direkte Förderung (vernetztes Denken) (induktiv)	156
8.4.2.3	Die indirekte Förderung von Strategien	156
8.4.2.4	Kritische Anmerkung	158
8.4.3	Metakognition	159
8.5	Üben und Wiederholen	159
8.6	Bearbeiten von Lernschwierigkeiten (Diagnose und Massnahmen)	161
8.6.1	Gegebenheiten	162
8.6.2	Einflussfaktoren auf Lernschwierigkeiten bei Lernprozessen	162
8.6.2.1	Übersicht	163
8.6.2.2	Diagnosen im Bereich der Lektionsgestaltung	163
8.6.2.3	Diagnosen im Bereich der Unterrichtsführung	163
8.6.2.4	Mögliche Massnahmen bei erkannten Lernschwächen	164
8.7	Hausaufgaben	168
8.7.1	Wirksamkeit der Hausaufgaben	168
8.7.2	Typen von Hausaufgaben	169
8.8	Zusammenfassung	171

KAPITEL V
DIE LEHRERINNEN UND LEHRER ALS EXPERTEN DES UNTERRICHTS 172

1	Standards für die Lehrerbildung	172
2	Gute Praxis	176
3	Die eigene Standortbestimmung: Selbstreflexion	178
3.1	Merkmale der Selbstreflexion und Vorgaben	178
3.2	Checklist für die Reflexion einer eigenen Lektionsplanung	180
4	Zusammenarbeit mit anderen Lehrpersonen	182

LITERATURVERZEICHNIS 185

STICHWORTVERZEICHNIS 197

VORWORT

*„Toutes choses sont dites déjà,
mais comme personne n'écoute il faut toujours recommencer."*
André Gide

Es gibt immer mehr Literatur über den Unterricht ganz allgemein und über die Planung von Lektionen. Leider ist deren Wirkung im alltäglichen Unterricht nicht besonders gross, weil viele Lehrerinnen und Lehrer tägliche Erfahrungen im Erteilen von Lektionen machen und mit der Zeit so routiniert werden, dass sie sich bei ihrer Weiterbildung nicht zuletzt angesichts ihrer grossen Belastung im Lehrberuf nicht auch noch mit Selbstverständlichkeiten beschäftigen wollen.

Nach meiner Emeritierung habe ich gelegentlich wieder an Gymnasien und Berufsschulen unterrichtet und dabei mit Schrecken entdeckt, wie ich der Routine verfallen bin und mich trotz einer lebenslangen theoretischen Beschäftigung mit Unterricht kaum verändert habe. Deshalb begann ich systematischer zu überlegen, wie sich neue Erkenntnisse aus der Forschung in die Lektionsgestaltung einbringen lassen, um mich selbst aus der Routine hinauszubewegen. Die Erfahrungen waren vielgestaltig. Zunächst habe ich einmal mehr erkannt, dass neue wissenschaftliche Erkenntnisse, selbst wenn sie sehr abstrakt sind, neue Ideen für die Gestaltung und Führung von Unterricht bringen. Dann habe ich aber auch erneut erlebt, wie die persönlichkeitsabhängige Kunst der Umsetzung und der wohlwollend konsequente Umgang mit den Lernenden weiterhin bedeutsam bleiben. Und schliesslich ist mir die Wichtigkeit der persönlichen Flexibilität bewusst geworden, und wie jeder Schematismus und die Liebe zum Bewährten, das Unterrichtserfolge gebracht hat, gefährlich sind, weil sie dem Wandel der Gesellschaft, neuen Ansprüchen an die Schule und den sich rasch ändernden Einstellungen und Verhaltensweisen der Schülerinnen und Schüler nicht mehr gerecht werden.

Aus diesen Erfahrungen ist dieses Buch entstanden. Es will Studierenden und erfahrenen Lehrpersonen Hilfestellungen für die Planung von Lektionen geben, die soweit als möglich auf wissenschaftlichen Grundlagen die Basis für eine „gute Praxis" legen. Obschon es sich am üblichen Rahmen des Aufbaus einer Lektion orientiert, möchte es Anstösse gegen jeden Schematismus in der Gestaltung von Lektionen und für die Vielgestaltigkeit des Unterrichts geben, und dies im vollen Bewusstsein, dass es im Schulalltag aus Belastungsgründen nie möglich sein wird, jede Lektion nach den Vorstellungen dieses Buchs zu planen. Routine muss zur persönlichen Entlastung zugelassen sein. Sie darf aber nicht dominieren.

St. Gallen, November 2013　　　　　　　　　　　　　　　　　　　　Rolf Dubs
em. Professor für Wirtschaftspädagogik
der Universität St. Gallen

KAPITEL I:
GRUNDLEGUNG

Seit langem ist bekannt, dass die Qualität der Lehrerinnen und Lehrer auf den Lernerfolg und die Zufriedenheit der Schülerinnen und Schüler einen grossen Einfluss hat (siehe grundlegend Helmke & Weinert 1996). Deshalb hat die Frage nach dem „guten" Lehrer eine lange Forschungstradition. Entwickelt haben sich dazu über die Jahre drei Forschungsansätze: (1) Die Professionsforschung mit dem Ziel, Erkenntnisse über den Zugang zum Lehrerberuf, über die Formen und Wirksamkeit der Lehrerbildung sowie die Berufsethik zu gewinnen. (2) Die Kompetenzforschung, welche die für die Unterrichtstätigkeit notwendigen Kenntnisse, Fertigkeiten und Fähigkeiten für die Bewältigung der Aufgabe als Lehrperson ermitteln soll. Und (3) die Expertiseforschung, welche zu erheben versucht, wodurch sich Lehrerinnen und Lehrer über einen längeren Zeitraum wiederholt über hervorragende berufliche Leistungen auszeichnen (Mulder & Gruber 2011). Zur Beschreibung des guten Lehrers und der guten Lehrerin sind alle drei Forschungsansätze zu verwenden. In dieser Schrift, die sich ausschliesslich auf den Unterricht im Lernbereich Wirtschaft, Recht und Gesellschaft bezieht, wird schwergewichtig auf die letzten beiden Forschungsansätze zurückgegriffen, denn es soll gezeigt werden, wie der Unterricht in diesem Lernbereich wirksamer gestaltet werden kann. Dazu drängen sich fünf Vorbemerkungen auf:

(1) Die Erkenntnisse, die gewonnen und die Empfehlungen, die vermittelt werden sollen, orientieren sich am gegenwärtigen Stand der empirischen Forschung, was aber nicht problemlos ist. Je intensiver empirisch geforscht wird, desto widersprüchlicher werden die Erkenntnisse, was auf viele Gründe zurückzuführen ist. Unter dem Druck des Publikationszwangs in der Wissenschaft werden immer häufiger engere Problembereiche unter vereinfachten Voraussetzungen (insbesondere ohne genügende Beachtung von Rahmenbedingungen wie etwa die sich verändernde Belastungssituation für die Lehrkräfte) untersucht. Dadurch geht die Gesamtschau immer mehr verloren, und die wissenschaftlichen Erkenntnisse bekommen zunehmend einen atomistischen Charakter und genügen für den Aufbau von pädagogischen Konzepten und Expertise nicht mehr. Deshalb bleibt der Bezug auf die praktische Erfahrung bedeutsam, die aber nie allein wegweisend sein darf, son-

dern immer wieder mit dem Fortschritt der theoretischen Erkenntnisse und den empirischen Ergebnissen zu konfrontieren ist, wie dies Gage schon 1977 in seiner Schrift „The Scientific Basis of the Art of Teaching" beschrieben hat. Diesem Paradigma wird in dieser Schrift gefolgt (Gage 1978), d.h. die eigene Alltagserfahrung wird bewusst eingebracht.

(2) In einem Grossteil der empirischen Forschung in den Bereichen Lerntheorie und pädagogische Psychologie werden fachwissenschaftliche Aspekte aus fachdidaktischer Sicht kaum beachtet. Nicht zuletzt in der Lehrerbildung besteht eine Tendenz, die allgemeine Didaktik zulasten der Fachdidaktik zu stärken, obschon beim strategie- oder prozessorientierten Lernen die Fachdidaktik bedeutsam ist. Ein Problemlöseprozess zum Beispiel in Physik ist etwas ganz anderes als ein Problemlöseprozess in Betriebswirtschaftslehre. Deshalb versteht sich diese „Unterrichtslehre" schwergewichtig als fachdidaktischer Beitrag (siehe zur Bedeutung der Fachdidaktik Neuweg 2011).

(3) Richtigerweise fördert die wissenschaftliche Forschung den Wandel von Paradigmen, denn nur auf diese Weise lassen sich Schule und Unterricht weiterentwickeln. Leider wird aber auch von Wissenschaftern zu wenig klar unterschieden zwischen Paradigmen, die häufig einen politischen Hintergrund haben und deren Erfolgschancen im Moment des Aufkommens in keiner Weise nachgewiesen sind und erfolgsversprechenden neuen Paradigmen. Dadurch kommt es nicht selten zu Übertreibungen, die im Schulalltag häufig dogmatischen Charakter erhalten und den Schulfortschritt eher hemmen. So wird heute die Inklusion ohne wissenschaftliche Belege forciert und in der Individualisierung des Unterrichts eine Verbesserung der Unterrichtsqualität versprochen (Reich 2012), obschon die wissenschaftliche Basis dafür ungenügend ist (siehe zusammenfassend Helmke 2009), und sich kaum je ein Forscher Gedanken über die Grenzen infolge der Überbeanspruchung der Lehrpersonen mit der Inklusion macht.

Die alltägliche Erfahrung zeigt schon lange, dass nur die Vielgestaltigkeit des Unterrichts und ein breites Repertoire in der Unterrichtsgestaltung und nicht nur, oft modische Paradigmen, die gute Schule ausmachen. Diese Schrift baut auf den Vorstellungen eines vielgestaltigen Unterrichts auf.

(4) Viele ausschliesslich auf Erkenntnissen der empirischen Unterrichtsforschung aufgebaute Unterrichtstheorien versuchen allein auf lernpsychologischen Gesetzmässigkeiten eine Theorie des guten Unterrichts mit dafür geeigneten Lehr- und Lernformen zu entwerfen. Dazu zählen unterrichtsmethodische Vorstellungen, welche „richtige" Methoden für den Unterricht vorgeben wollen (z.B. Methoden des guten Unterrichtsaufbaus [etwa Formalstufen] oder Empfehlungen zur Prozess- und Produktorientierung des Unterrichts, die in der falschen Aussage gipfeln, nicht mehr das sich rasch ändernde Wissen, sondern Lernprozesse seien für einen erfolgreichen Unterricht bedeutsam). Tatsächlich lernwirksam ist aber nur eine gute Kombination von Prozessen und Produkten, was bedeutet, dass der Auswahl der Lerninhalte (Aufgabe der Didaktik) weiterhin grosse Bedeutung zukommt, und die Beliebigkeit der Lerninhalte als gefährliche Entwicklung zu bezeichnen ist. Zukunftsträchtig für guten Unterricht ist eine variablen- und personenzentrierte Betrachtung des Unterrichts (Helmke 2009). Variablenzentriert heisst den Unterricht

von einzelnen Merkmalen wie Klarheit der Präsentation, denkfördernde Fragestellung, Wahl der geeigneten Lehrform usw. her zu betrachten (Kompetenzorientierung), während personenzentriert heisst, erfolgreiche Lehrkräfte in bestimmten Unterrichtssituationen zu beobachten, um deren Erfolgsgeheimnisse zu erkennen (Expertiseforschung). Die empirische Unterrichtsforschung orientiert sich bislang zu einseitig an der Kompetenzorientierung und vernachlässigt häufig die Expertise. Notwendig ist eine Verknüpfung von beiden, die zu einer wissenschaftlich fundierten **Good-Practice** führen sollte, welche dann auch aufdecken kann, weshalb die ausschliesslich kompetenzorientierte empirische Unterrichtsforschung für sich allein zu immer mehr Widersprüchen führt. Diese Widersprüche sind einerseits auf die Unmöglichkeit alle Variablen des Unterrichts zu erfassen und sie allenfalls zu gewichten und andererseits auf das Problem der jeweils konkreten Situation im Einzelfall (z.B. fachwissenschaftlich bedingte Unterschiede) zurückzuführen. Der hier vorgelegten „Unterrichtslehre" liegt ein so verstandener Good-Practice-Ansatz zugrunde, der wissenschaftlich einigermassen gesicherte Erkenntnisse der Kompetenzorientierung ernsthaft mitbetrachtet, ergänzend aber bewusst die Einsichten aus der Expertise von guten Lehrerinnen und Lehrern bei der Beschreibung von gutem Unterricht und den dazu vorzuschlagenden Handlungsempfehlungen miteinbeziehet.

(5) In kaum einem Lehrbereich sind die – auch dem täglichen Unterricht – zugrunde zu legenden Normen (Vorstellungen oder Richtschnur für gutes Verhalten oder hinter Zielen liegende Überzeugungen) so bedeutsam wie im Lernbereich Wirtschaft, Recht und Gesellschaft. Welche normativen Ziele sollen angestrebt und zu erreichen versucht werden? Normen in diesem Lernbereich lassen sich nicht objektiv ableiten, sondern sie sind immer kriterienabhängige Resultate einer Beurteilung von Erscheinungen und Vorgängen und den darauf aufbauenden Entscheidungen. Abhängig sind die Entscheidungen und die dahinterstehenden Kriterien stets von den Interessen der jeweils interessierten und/oder betroffenen Menschen (siehe vertieft Heid 2011). Weil die Interessen von Einzelnen und Gruppen von Menschen laufend einseitiger, wenn nicht sogar dogmatischer werden, kommt den Argumenten, mit denen sie vertreten werden, zunehmend grössere Bedeutung zu. Theoretisch liesse sich fordern, dass für Entscheidungskriterien nur Argumente verwendet werden dürfen, die dem Wohl aller Menschen Rechnung tragen. In diese Richtungen gehen denn auch viele Bemühungen in den hier zur Diskussion stehenden Wissenschaften. Schlagworte wie „Nachhaltigkeit", „Sozialverträglichkeit" oder „Gerechtigkeit" werden zum Absoluten für Normen, auf die sich die in der Politik, in der Wirtschaft und im Recht Tätigen ausrichten sollen, wobei die Argumentation mit diesen Schlagworten (Kriterien) immer häufiger für alle anderen (insbesondere Politikerinnen und Politiker sowie Führungskräfte) nicht aber für sich selbst gelten. Die Folge davon sind zunehmend mehr normative Vorstellungen, die unreflektiert und dogmatisch vertreten werden, weil hinter allen Schlagworten (Slogans) auch immer eigene Interessen stehen. Problematisch wird dies besonders dort, wo mangels genügendem Wissen übersehen wird, dass in unserer heutigen komplexen Welt viele Probleme **Zielkonflikte** darstellen, d.h. für ein Problem gibt es viele denkbare Lösungen, die alle ihre Vorteile und Nachteile haben, Patent-

lösungen (eine einzig richtige Lösung) also immer seltener vorzufinden sind. Sicher müssen alle Probleme in unserer Gesellschaft zum Wohl möglichst vieler Menschen gelöst werden. Infolge der Zielkonflikte wird es aber stets zu Verwerfungen kommen. Um es an einem Beispiel zu verdeutlichen: Häufig wird im Interesse der Umwelt eine Begrenzung des Wachstums gefordert. Wenn aber die gleichen Leute gleichzeitig regelmässig Arbeitszeitverkürzungen und Lohnerhöhungen fordern, so bringen sie sich in einen unauflösbaren Zielkonflikt, denn diese beiden Massnahmen lassen sich nur mit einem grösseren Wachstum der Wirtschaft finanzieren, es sei man verstärke die Umverteilung von Einkommen, was zu einer weiteren Fülle von Zielkonflikten führt. Solche Zielkonflikte lassen sich letztlich nur lösen, wenn man sich über die Qualität der Argumente im Abwägen der Vorteile und Nachteile einigt, was einen Konsens darüber voraussetzt, was möglichst viele Menschen als gut empfinden.

Damit wird deutlich, dass der Normorientierung im Unterricht des Lernbereichs Wirtschaft, Recht und Gesellschaft eine grundlegende Bedeutung zukommt. Die Zeit mit rationalen Vorstellungen einer Lehre mit dem „homo oeconomicus" und objektiv begründbaren Zusammenhängen und Gesetzmässigkeiten ist endgültig vorbei, sofern nicht zum ökonomischen Selbstzweck unterrichtet wird. In einer „Unterrichtslehre" in diesem Lernbereich darf sowohl im Konzeptionellen als auch in einzelnen Unterrichtsabschnitten der normative Bezug nie fehlen. Deshalb müssen sowohl bei der Lehrplanentwicklung als auch bei der Unterrichtsgestaltung immer drei Ebenen betrachtet werden, damit atomistische Tendenzen des Unterrichts gezielt überwunden werden. Abbildung 1 beschreibt diese drei Ebenen. Die „Unterrichtslehre" muss ganzheitlich darauf ausgerichtet werden.

Ebene	Fragestellung	Arbeitsbereich
Makroebene (normativ) Bildungsphilosophie Bildungspolitik	Welche grundsätzlichen Ziele sollen durch die Bildungseinrichtung und die dort angebotene Bildung erreicht werden?	Normative Grundlegung Rahmenbedingung Lehrplan-Konzepte
Mesoebene (curricular) Curriculumgestaltung	Wie soll der Lehrplan im Hinblick auf die zugrunde gelegten Normen und die generellen Zielsetzungen organisatorisch/ institutionell sowie lerntheoretisch aussehen?	Curriculare Vorgaben Lehrplangestaltung
Mikroebene (instruktional) Umsetzung im täglichen Unterrichts	Wie sollen die einzelnen Lernabschnitte und Unterrichtseinheiten gestaltet werden (Lehr-Lern-Situation)?	Unterrichtliche Gestaltungsideen

Abb. 1: Drei Ebenen von Lehrplan und Unterricht

Diese drei Ebenen geben die Struktur für die hier vorzulegende „Unterrichtslehre", wobei in dieser Unterrichtslehre die Makro- und Mesoebene nicht als Anleitung zur Entwicklung und Gestaltung von Lehrplänen dargestellt werden, sondern es wird auf diesen beiden Ebenen nur vertieft, was für die Mikroebene als Voraussetzung benötigt wird.

KAPITEL II:
DIE MAKROEBENE

1 Übersicht

Die Makroebene beschäftigt sich mit den grundsätzlichen Zielen, welche mit der Bildung in einer Bildungseinrichtung erreicht werden sollen.

Zwar erkennt man immer deutlicher, dass eine zeitgerechte Bildungskonzeption den Lernbereich Wirtschaft, Recht und Gesellschaft beinhalten muss. Leider lassen sich aber immer noch Unsicherheiten zum Stellenwert der wirtschaftlichen Bildung erkennen. Deshalb wird deren Bedeutung und Definition im ersten Abschnitt dieses Kapitels aufgezeigt. Dann werden Fragen der normativen Grundlegung dieses Lernbereichs angesprochen und darauf verwiesen, dass der Unterricht in diesen Lerngebieten wertorientiert sein muss, wozu die in diesem Buch vertretenen Werthaltungen dargestellt werden.

Der letzte Abschnitt beschreibt die wichtigsten pädagogischen Grundströmungen im Unterrichtsbereich, um sie in den Zusammenhang mit Lehrplan-Konzepten zu bringen.

2 Missverständnisse um die Bildung im Bereich Wirtschaft, Recht und Gesellschaft und die Antwort darauf

Trotz der Bedeutung des Wirtschaftlichen im täglichen Leben tun sich immer noch viele Lehrpersonen mit der Idee eines wirtschaftlichen Unterrichts schwer.[1] Seit langem werden stets wieder die gleichen Argumente gegen diesen Lernbereich angeführt: Er eignet sich nicht für die kognitive Förderung der Lernenden; er verleitet zur blossen Wissensvermittlung („Stoffhuberei"), weil das Verständnis dieses Lernbereichs viel Wissen voraussetzt; das spätere Leben lehrt das wirtschaftliche Ge-

---

[1] Dies zeigt sich beispielsweise in der Schweiz regelmässig bei Revisionen des Reglements der EDK über die Anerkennung von gymnasialen Maturitätsausweisen, deren Vorbereitung stets zu Auseinandersetzungen über den Stellenwert des Lernbereichs „Wirtschaft und Recht" führt und jeweils deutliche Tendenzen in Richtung Reduktion erkennbar sind.

schehen aus dem Alltag, so dass sich eine schulische Grundlegung erübrigt, und er ist nicht geeignet, bei den jungen Menschen positive Werte und Einstellungen aufzubauen, denn insbesondere die Wirtschaft beruht nur auf Eigennutz und fördert den Egoismus. Zu pflegen ist dieser Lernbereich selbstverständlich an den Berufsschulen, denn sie haben die Jugendlichen gezielt auf eine Berufstätigkeit vorzubereiten, wobei allerdings häufig angeführt wird, diese berufsvorbereitende Bildung sei nur ein Abbild der vorherrschenden wirtschaftlichen Tätigkeit, also rein nutzenorientiert und pädagogisch fragwürdig. Dies mindestens so lange, als die Wirtschaftsverbände starken Einfluss auf die beruflichen Bildungsordnungen hätten. Insgesamt habe deshalb die wirtschaftliche Bildung nur berufsbildende Wirkung. Als allgemeinbildend könne man sie nicht bezeichnen. Obschon diese Kritik unbedacht ist und seit Jahren widerlegt wird (Dubs 1968, Eberle 2006), hält sie sich hartnäckig. Deshalb ist zunächst zu definieren, welchem Ziel der Unterricht in Wirtschaft, Recht und Gesellschaft dienen soll.

3 Die Zweiteilung der wirtschaftlichen Bildung und ihre Rechtfertigung

Wirtschaftliche Bildung und darin eingeschlossen die Behandlung von rechtlichen und gesellschaftlichen Problemen dient nicht nur der Vorbereitung auf eine spätere Berufstätigkeit, sondern sie ist auch auf die Bildung eines allgemeinen Wirtschafts- und Gesellschaftsverständnisses ausgerichtet, d.h. alle Schülerinnen und Schüler sollten darauf vorbereitet werden, persönliche wirtschaftliche und damit verbunden rechtliche und gesellschaftliche, also berufsunabhängige Probleme als Konsumenten, Mitarbeitende in Betrieben und staatlichen Einrichtungen sowie als Staatsbürgerinnen und Staatsbürger zu verstehen, um grundsätzliche und tagesaktuelle Streitfragen mit Sachverstand beurteilen zu können. Daher ist die wirtschaftliche Bildung in zwei Bereiche zu gliedern (siehe Abbildung 2).

Während die wirtschaftsberufliche Bildung, welche im dualen Berufsbildungssystem mit einem schulischen und einem betrieblichen Teil stattfindet, kaum gerechtfertigt werden muss, bedarf die Bildung des allgemeinen Wirtschafts- und Gesellschaftsverständnisses (gelegentlich auch als Wirtschaftsbürgerkunde bezeichnet) einer klaren Begründung, vor allem wenn die Auffassung vertreten wird, alle Schülerinnen und Schüler sollten im Verlaufe ihrer Schulzeit einmal in den Genuss einer solchen Bildung kommen.

Abb. 2: Wirtschaftliche Bildung

Je komplexer das Geschehen in der Gesellschaft und in der Wirtschaft wird, je mehr sich Politik und Wirtschaft vernetzen und je stärker sich die technologischen, wirtschaftlichen und gesellschaftlichen Voraussetzungen und Bedingungen verändern, desto weniger verstehen viele Menschen, was sich genau abspielt. Dieses Nichtverstehen von Vorgängen, denen sie täglich begegnen und die sie häufig persönlich betreffen, verunsichert sie. Werden sie durch gesellschaftliche und wirtschaftliche Vorgänge und Entscheidungen aus ihrer Sicht negativ betroffen und haben sie keine Reaktionsmöglichkeiten, so beschleicht sie das Gefühl des nicht mehr Ernstgenommenwerdens oder der Ohnmacht. Dieses Gefühl führt, vor allem wenn die Erscheinungen nicht verstanden werden, zu zwei möglichen Verhaltensweisen. Entweder suchen sie nach Verantwortlichen und stempeln sie zu Sündenböcken, die alle behaupteten Missstände und Fehlentwicklungen zu verantworten haben. Oder sie suchen nach vermeintlich guten Lösungen, die einigermassen plausibel sind und den eigenen Wunschvorstellungen am ehesten entsprechen. Nicht selten stellen aber solche Lösungen Patentlösungen dar, d.h. sie werden so präsentiert, wie wenn sie nur Vorteile und keine Nachteile hätten. Sündenbockpolitik und Patentlösungen tragen die Tendenz zur gesellschaftlichen Polarisierung in sich, denn sie dienen letztlich nur der Stärkung des eigenen Standpunktes sowie der eigenen Machterhaltung und Machtentfaltung und leisten keine Beiträge zu tragfähigen Lösungen. Je grösser nun die Zahl der Menschen wird, die sich durch diese beiden Phänome einseitig leiten lassen, desto unverträglicher werden wirtschaftliche und politische Entscheidungen für viele dieser Menschen, was das Gefühl der Ohnmacht verstärkt und längerfristig entweder zur Gleichgültigkeit gegenüber politischen und wirtschaftlichen Fragen oder zu ideologisch belasteten Auseinandersetzungen führt. Verstärkt durch massenpsychologisch wirksame Einflüsse einzelner Medien entwickelt sich eine immer stärkere Polarisierung unserer Gesellschaft, die es zunehmend schwieriger macht, nachhaltig wirksame Lösungen für die anstehenden gesellschaftlichen und wirtschaftlichen Probleme zu finden. Als Folge davon wird längerfristig der Fortbestand einer glaubwürdigen, von allen getragenen Demokratie gefährdet.

Diese Rechtfertigung dürfte zweierlei deutlich machen. Einerseits dürfen Lehrplan und Unterricht im Lernbereich Wirtschaft, Recht und Gesellschaft nicht nur auf enge wirtschaftliche Sachverhalte ausgerichtet werden, sondern sie sind mit rechtlichen und gesellschaftlichen Betrachtungsweisen zu verknüpfen. Und andererseits lassen sie sich nicht wertneutral bearbeiten, sondern sie sind mit einer Werterziehung zu verbinden, deren Ziele in transparenter Form zu begründen sind. Deshalb kommt auf der Makroebene der normativen Grundlegung von Lehrplänen grösste Bedeutung zu.

4 Die normativen Grundlagen für die einzelnen Lernbereiche

Eine Frage, die bei Lehrplanarbeiten und im Unterricht häufig unbeantwortet bleibt, muss lauten: Welche Normen [2] sollen einem Lehrplan und dem Unterricht zugrunde gelegt werden? Eine Diskussion darüber führt immer wieder zur Kontroverse, ob

---

2   Die Begriffe Normen, Werte, Werthaltungen und Erziehungsziele werden sehr unterschiedlich

und wie weit sie modernen Strömungen (z.b. Mündigkeit, Partizipation und Gleichberechtigung, Emanzipation, Unabhängigkeit, Wahlfreiheit vor Pflichtgesinnung usw.) oder eher traditionellen Normen (z.b. Akzeptanz einer bestimmten Weltanschauung, Ziele wie Ordnung, Pflichtgefühl, Verantwortung, wirtschaftlicher Leistungsfähigkeit usw.) folgen soll (Brezinka 1993). Der Lernbereich Wirtschaft, Recht und Gesellschaft sieht sich dabei mit einem besonderen Problem belastet. Im Bereich der wirtschaftsberuflichen Bildung spielen im Interesse einer verlässlichen Entwicklung von Güterproduktion und Dienstleistungen eher traditionelle Normen wie Zuverlässigkeit, Sorgfalt, Ordnung usw. eine bedeutende Rolle, während nicht wenige Lehrpersonen ohne wirtschaftswissenschaftliche Ausbildung die Bildung des allgemeinen Wirtschafts- und Gesellschaftsverständnisses zur Diskussion von wirtschaftlichen und gesellschaftlichen Utopien verwenden und traditionelle Normen oft ablehnen. Dieses Spannungsfeld bedarf einer Klärung, denn eine „richtige" Auffassung dazu gibt es nicht. Bei der Entwicklung von Lehrplänen bedarf es eines reflektierten Dialogs, an welchem alle an Erziehung und Bildung Interessierten teilnehmen müssen, um zu einem wegleitenden Konsens zu gelangen.

In den beiden Bereichen der wirtschaftlichen Bildung sind vier Möglichkeiten der normativen Ausrichtung denkbar:

---

definiert, zum Teil aber auch synonym verwendet (Gudjons 2012). In dieser „Unterrichtslehre" wird von einer Stufung ausgegangen.

Grundwerte (z.B. verantwortungsbewusste Unternehmensführung)
Sie wirken als Grundlage für persönliche Wertungen (gut/schlecht, richtig/falsch).

Normen (z.B. faire Behandlung aller Mitarbeitenden)
Überzeugungen oder Sollvorstellungen, die sich über einen längeren Zeitabschnitt entwickelt haben und für einen grösseren Kulturkreis gelten.

Werthaltungen (Erziehungsziele) (z.B. Lohngerechtigkeit)
Praktische Handlungsintentionen, mit denen bestimmte Verhaltensweisen erreicht werden sollen. Die Verhaltensweisen werden geprägt durch Einstellungen oder emotional geprägte Dispositionen gegenüber Personen, Gruppen, Dingen oder Ideen.

Abb. 3: Grundwerte, Normen und Werthaltungen

Werthaltungen, welche Erziehungsziele sind, lassen sich mit fünf Merkmalen charakterisieren (Klausmeier 1975):

(1) Sie werden durch Nachahmung (Modellieren durch ein Vorbild), durch Verstärkung von erwünschten Verhaltensweisen oder durch eigentliche Lernprozesse gelernt.
(2) Sie haben je nach den Lern- und Lebenserfahrungen eine unterschiedliche Stabilität.
(3) Sie haben eine gesellschaftliche Bedeutung, indem sie die Beziehungen zu anderen Menschen oder Gruppen, zu Dingen und zu Ideen prägen.
(4) Sie haben immer eine kognitive (intellektuelle) und eine affektive (Gefühle und Empfindungen) Komponente.
(5) Sie unterliegen einer Annäherungs- oder Vermeidungstendenz, d.h. sie prägen die Art der Beziehung zu Personen, Ideen und Dingen.

Unabhängig von dieser Gliederung spielen bei der Werterziehung auch **Tugenden** eine wichtige Rolle. Beispiele dafür sind Sorgfalt, Verlässlichkeit, Ordnung usw., Tugenden, die vor allem in der Berufsbildung noch sehr bedeutsam sind. Viele Tugenden beruhen auf Grundwerten, sind aber pragmatischer Art.

1. **Möglichkeit:** Der Unterricht wird auf traditionelle Normen ausgerichtet. Ziel der Lehrpläne und des Unterrichts ist es, den Schülerinnen und Schülern die Anpassung an bestehende Normen und Ordnungsbedingungen zu erleichtern.
2. **Möglichkeit:** Die Lernenden sollen das Bestehende verstehen, seine Vorzüge und Nachteile erkennen und beurteilen können sowie fähig werden, Nachteile evolutionär zu überwinden, d.h. im Rahmen der wandelbaren rechtlichen Ordnung an dessen Weiterentwicklung zu arbeiten.
3. **Möglichkeit:** Die Schule zeigt den Lernenden, wie menschliches Verhalten durch Vorstellungen geprägt ist, die Ausdruck des überlegenen und herrschenden Teils der Gesellschaft sind. Durch eine kritische Analyse des Bestehenden soll bei den Lernenden das Bewusstsein und die Bereitschaft zur radikalen Veränderung der bestehenden Ordnung gefördert werden.
4. **Möglichkeit:** Es darf nicht Aufgabe der Schule sein, die Lernenden mit Normen in irgendeiner Richtung zu beeinflussen zu versuchen. Die Schule muss neutral bleiben.

In dieser Unterrichtslehre werden die erste und die vierte Möglichkeit grundsätzlich abgelehnt. Eine auf Bewahrung des Bestehenden ausgerichtete wirtschaftliche Bildung (1. Möglichkeit), wie sie nicht selten von der Unternehmerseite für die wirtschaftsberufliche Bildung gefordert wird, geht von der Vorstellung immerwährender Erziehungszielen aus, was angesichts der raschen Veränderungen heute undenkbar ist. Erziehungsziele müssen in reflektiver Weise dem gesellschaftlichen Wandel folgen, soll es nicht zu einem unlösbaren Widerspruch zwischen Lebenswirklichkeit und Schule kommen. Ein wertneutraler Unterricht (4. Möglichkeit) ist heute undenkbar, denn Normen prägen das Geschehen immer stärker. Fehlt eine Auseinandersetzung damit, so lassen sich nicht hinterfragte Dogmen und fixe Meinungen, welche für die gesellschaftliche Entwicklung immer gefährlicher werden, nicht differenzieren (korrigieren). Abzulehnen ist die 3. Möglichkeit, welche von Exponenten der achtundsechziger Bewegung vertreten wurde (siehe beispielsweise Mollenhauer 1968). Eine Erziehung zur revolutionären Veränderung hat noch nie etwas zu einer „besseren" Gesellschaft beigetragen. Diese ist immer gescheitert.

Deshalb verbleibt die zweite Möglichkeit, welche eine evolutionäre Entwicklung anspricht, wie sie einer freiheitlichen Wirtschafts- und Gesellschaftsordnung am ehesten entspricht. Sie gibt die normative Grundlage für eine wirtschaftliche Bildung, wie sie in dieser Unterrichtslehre vertreten wird. Die **allgemeine Zielformulierung** ist in Abbildung 4 wiedergegeben.

> Am Ende ihres Unterrichts im Lernbereich Wirtschaft, Recht und Gesellschaft sollen die Schülerinnen und Schüler ihren eigenen gesellschaftlichen Standort gefunden und erkannt haben, dass eine Demokratie und eine freiheitliche Wirtschaftsordnung nur solange funktionstüchtig bleiben, als alle ihre Angehörigen sich im sachkompetenten Diskurs um nachhaltige Lösungen gesellschaftlicher und wirtschaftlicher Probleme bemühen und bereit sind, die Regeln einer wandelbaren Rechtsordnung als Grenzen ihres Denkens und Tuns zu akzeptieren. Sie sollen zudem motiviert sein, am gesellschaftlichen Diskurs teilzunehmen und die Folgen ihres eigenen Verhaltens immer wieder selbstkritisch zu beurteilen. Letztes Ziel des Unterrichts muss es sein, die Lernenden im freien Urteil zu einer eigenen Meinung zu führen.

Abb. 4: Normative Grundlage für den Unterricht im Lernbereich Wirtschaft, Recht und Gesellschaft

5 Pädagogische Grundströmungen, welche Lehrpläne beeinflussen

5.1 Allgemeine Tendenz

Seit über fünfzig Jahren beschäftigt sich die pädagogische Forschung mit dem gleichen Problem der Lehrpläne und des Unterrichts: Sie seien zu einseitig auf die Wissensvermittlung in einzelnen Fachgebieten (Disziplinenorientierung) ausgerichtet und damit in keiner Weise interdisziplinär und somit ganzheitlich vernetzt. Als Folge davon fehle ihnen die Ausrichtung auf das Handeln und Denken und damit der Lebensbezug. Dass diese Kritik eine gewisse Berechtigung hat, zeigt sich an den vielen pädagogischen Grundströmungen, welche Auswirkungen auf die Gestaltung von Lehrplänen und Unterricht hatten und haben.

5.2 Exemplarischer Unterricht

Wagenschein (1973) wollte mit dem exemplarischen Lernen die Einseitigkeit der Schule mit der instruktionalen Wissensvermittlung überwinden. Sein Ziel war es, die Lernenden zum Nachdenken zu bringen und Fragen auszulösen, um für das eigene Entdecken zu motivieren. Dazu entwickelte er das exemplarische Lernen, bei welchem sich die Schülerinnen und Schüler an ausgewählten Themen, die nie auf eine Ganzheit ausgerichtet sind, möglichst eigenständig mit den im Thema steckenden, für eine Wissenschaft grundlegenden Problemen auseinandersetzen können. An beispielhaften, für den jeweiligen Wissenschaftsbereich typischen Problemen sollen sie letztlich Zugang zu den verschiedenen Wissenschaften mit ihren Methoden gewinnen. Dieser Unterricht kann disziplinenorientiert gestaltet werden, setzt aber eine Lehrplanorganisation mit Epochenunterricht voraus, d.h. die Schülerinnen und Schüler lernen in Blöcken während jeweils längerer Zeit an Problemen, um selber Entdeckungen zu machen.

Der exemplarische Unterricht wurde für naturwissenschaftliche Lernbereiche entwickelt und macht dort Sinn, wo angestrebt wird, den Lernenden vertiefte Einsichten in das Wesen der Naturwissenschaften, Verständnis für naturwissenschaftliche Zusammenhänge sowie Kenntnisse über naturwissenschaftliche Arbeitsmethoden zu vermitteln. Für den wirtschaftlichen Unterricht eignet er sich nicht, weil normative Ziele, wie sie weiter oben beschrieben sind, erreicht werden sollen. Wirtschaftlicher Unterricht insbesondere mit der Absicht einer Bildung des allgemeinen Wirtschafts- und Gesellschaftsverständnisses setzt zudem ein breites, gut strukturiertes Orientierungswissen voraus, das mit der Behandlung einiger typischer Problemstellungen für Reflexionen über das wirtschaftliche und gesellschaftliche Geschehen nicht ausreicht.

5.3 Handlungsorientierter Unterricht

Der handlungsorientierte Unterricht wurde anfänglich insbesondere für die wirtschaftsberufliche Bildung entwickelt, später aber häufig für alle Schultypen und Schulstufen empfohlen. Bezogen auf die Unterrichtsinhalte orientiert er sich an berufstypischen Situationen, um die theoretischen und praktischen Voraussetzungen für ein Handeln-Können in der beruflichen Praxis zu vermitteln. Erreicht werden soll aber nicht nur ein Handeln-Können, sondern die Lernenden müssen Begründungszusammenhänge für berufsrelevante Handlungen verstehen und reflektieren. Resultieren sollen theoretische Erkenntnisse, die systematisiert und in allgemeiner Form in neuen Situationen angewandt werden können (Riedl & Schelten 2013, Riedl 2010, Euler & Hahn 2007, Dörig 2003). Konkret lassen sich die vielen Modelle, die im Verlauf der Jahre entwickelt wurden, mit folgenden Merkmalen charakterisieren: Ganzheitlicher Unterricht; Schülerselbsttätigkeit (sie planen, erkunden, erproben, verallgemeinern); es entsteht ein Produkt (materiell oder immateriell); die Lernenden wirken bei der Planung des Unterrichts mit; in der Berufsbildung ergibt sich eine dynamische Wechselwirkung zwischen Kopf- und Handarbeit.

Über die Wirksamkeit des handlungsorientierten Unterrichts lässt sich noch nichts abschliessendes aussagen (Nickolaus & Pätzold 2011, Seifried, Wuttke et al. 2010), denn die Forschungsergebnisse sind noch widersprüchlich. Wahrscheinlich trägt er zur Stärkung von Kompetenzen bei, und Lernende empfinden den handlungsorientierten Unterricht emotional und motivational positiv.

5.4 Problemorientierter Unterricht

Beim problemorientierten Unterricht steht ein bedeutsames und hinreichend komplexes Problem im Mittelpunkt des Verlaufs eines Lernprozesses. Das Problem strukturiert ihn, und er ist disziplinär oder interdisziplinär immer auf eine ganzheitliche Betrachtung ausgerichtet. Tendenziell widerspiegelt er exemplarisches Lernen, weil die Suche nach Lösungen eine vertiefte Auseinandersetzung mit Problemen erfordert. Möglich ist dies nur, wenn ein gut strukturiertes Grundlagenwissen vorhanden ist, das vor Beginn des Problemlöseprozesses verfügbar sein muss (Taconis 2013). Dies lässt vermuten, dass ein ausschliesslich problembasierter Unterricht nicht besonders wirksam ist, denn vor allem im Bereich des Lernbereichs Wirtschaft, Recht und Gesellschaft setzt die Lösung von Problemen meistens ein breites Orientierungswissen voraus. Dies hat sich besonders im Rechtskunde-Unterricht bestätigt: Rechtsfälle werden besser gelöst, wenn vorgängig gute Wissensgrundlagen geschaffen werden.

5.5 Schlüsselqualifikationen

Nachdem man anfangs der achtziger Jahre des letzten Jahrhunderts erkannt hat, dass angesichts des raschen Wandels Anforderungsumschreibungen für die Bildung – vor allem was die Lerninhalte betrifft – immer unsicherer wurden, wollte man mit **Schlüsselqualifikationen** tätigkeitsübergreifende Funktionen ermitteln, um diejenigen Fertigkeiten und Fähigkeiten zu fördern, welche die Flexibilität sichern, die in einer sich rasch verändernden Welt benötigt wird (Mertens 1974): Je mehr Qualifikationen in Berufsschulen und allgemeinbildenden Schulen mit **hoher Reichweite** vermittelt werden, desto besser finden sich Lernende mit künftigen Anforderungen (Qualifikationen) zurecht.

Reetz (1990) beeinflusste diese Entwicklung massgeblich, indem er vorschlug, Schlüsselqualifikationen auf Persönlichkeitspotenziale (Kompetenzen) zurückzuführen, die für die Handlungsfähigkeit im späteren Leben und Beruf als grundlegend zu betrachten sind. Rasch wurden unendlich viele Listen mit Schlüsselqualifikationen entworfen, die immer allgemeiner ausfielen und die Wissensüberfülle, welche den Unterricht stets wissenslastiger machte, reduzieren wollten. Riedl & Schelten (2013) schlagen eine mögliche Gliederung der Schlüsselqualifikationen vor (siehe Abbildung 5).

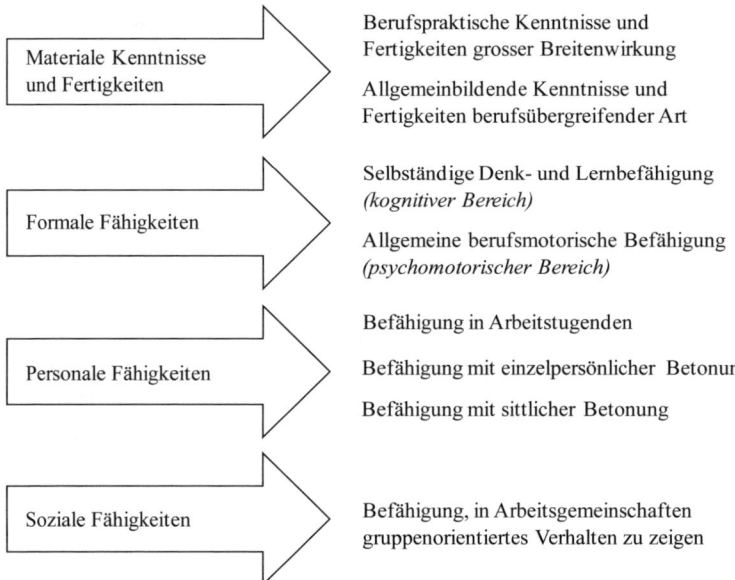

Abb. 5: Mögliche Gliederung der Schlüsselqualifikationen (nach Riedl & Schelten)

Die Idee der Schlüsselqualifikationen wurde sehr rasch kritisiert (Gonon 1996). Die idealistische Vorstellung, nur noch solche Qualifikationen zu vermitteln, welche die Schülerinnen und Schüler lernbereit für und anpassungsfähig an Unprognostizierbares machen (Heid 1995), scheiterte am **Schlüsselqualifikations-Dilemma** (Zabeck 1991): Je allgemeiner und unspezifischer die Schlüsselqualifikationen definiert werden, desto wahrscheinlicher ist es, dass ein Transfer in neue Lebens- und Berufssituationen misslingt. Je enger und situationsspezifischer sie gefasst werden, desto weiter entfernen sie sich von der ihr zugesprochenen Form.

Mit dem Konzept der Schlüsselqualifikationen wurden die Lehrplanprobleme weder theoretisch noch praktisch gelöst. Obschon neuerdings im Zusammenhang mit dem Bologna-Prozess dieser Begriff sogar an Hochschulen mit sehr unterschiedlichem Verständnis wieder verwendet wird, gilt er als überholt. Deshalb wird er hier nicht weiter verfolgt.

5.6 Modularisierung

Bislang orientieren sich die meisten beruflichen Lehrgänge am **Berufskonzept** (oder Berufsprinzip), d.h. die für die Ausbildung für einen bestimmten Beruf notwendigen Qualifikationen bestimmen den Lehrplan. Seit aber bekannt ist, dass schon heute angesichts der raschen Veränderungen in der Berufswelt etwa die Hälfte der Arbeitnehmenden nach fünf Jahren nicht mehr im erlernten Beruf tätig sind, wird das Berufskonzept immer häufiger infrage gestellt und eine **Modularisierung** der Ausbildung vorgeschlagen (siehe die frühen grundlegenden Gedanken bei Kloas 1997). Mit der Modularisierung wird die Ausbildung in Module aufgeteilt, wobei Euler & Severing (2006) dafür den Ausdruck „Ausbildungsbausteine" vorschlagen. Das sind einzelne, in sich geschlossene Teile in einem abgegrenzten Tätigkeitsbereich, die aus einem ganzheitlichen Ausbildungsberufsbild abgeleitet sind, und die zusammengesetzt wieder die Gesamtheit eines angestrebten Ausbildungsberufsbildes ergeben. Unterschieden werden drei Konzepte von Modulen oder Ausbildungsbausteinen (Euler & Severing 2006):

(1) Das **Erweiterungskonzept** versteht Module als Zusatzqualifikationen, d.h. in einer Ausbildung kann ein Modul zur Erweiterung oder Spezialisierung gewählt werden.
(2) Beim **Differenzierungskonzept** werden Module gebildet, welche sich auf bestimmte Kompetenzen und Tätigkeiten konzentrieren und als Teil eines Ganzen zu einem bestehenden oder neuen Ganzen (Ausbildungsberuf) zusammengeführt werden können. Auf diese Weise wird eine hohe Lehrplanflexibilität erreicht, indem einzelne Module für mehrere Berufe verwendet werden können und mittels Modulen neue Ausbildungsgänge entwickelt sowie Wahlfreiheiten in der Reihung von Modulen vorgesehen werden können.
(3) Beim **Singularisierungsprinzip** wird generell auf festgelegte Ausbildungsgänge oder Berufsbilder verzichtet. Module können singulär nachgefragt, variabel durchlaufen und beliebig miteinander kombiniert werden.

Obschon die Modularisierung zunächst für die Berufsbildung gedacht war und in diesem Bereich in England mit dem System der „National Vocational Qualifications, NVQ) am weitesten entwickelt ist, findet sie auch im allgemeinbildenden Schulwesen auf der Sekundarstufe II und im Rahmen des Bologna-Prozesses an Hochschulen Eingang. Angesichts der vielen Vorteile und Nachteile bleibt sie allerdings immer noch umstritten.

Als **Vorteile** werden genannt (Pilz 2009): Flexibilisierung und Individualisierung der Ausbildung, höhere Durchlässigkeit sowie zeitliche Differenzierung oder Unterbrechung einer Ausbildung; bessere Berücksichtigung von Neigungen und Interessen der Lernenden; einfachere Anrechnung bereits erworbener Zertifikate zu Modulen für eine weitere Ausbildung; im Vergleich zum bisherigen Lehrplansystem raschere Anpassung auf Veränderungen der Ansprüche an eine Ausbildung (nur Module sind anzupassen oder neue zu konzipieren gegenüber umfassenden Lehrplanrevisionen); die Wirksamkeit von Modulen ist leichter zu überwachen als die Qualität traditioneller Lehrpläne; Kostenreduktion, weil Module für mehrere Ausbildungswege einsetzbar sind; genügend grosse Gruppen für einzelne Module, was bezüglich Schülerzahlen besonders an kleinen Schulen bedeutsam ist. Das Differenzierungs- und Singularisierungsprinzip haben aber auch **Nachteile**. Durch die Wahlmöglichkeiten entstehen Probleme mit dem Aufbau von Wissensstrukturen. Dem will man mit gewissen Vorgaben in der Reihung der Module begegnen, was aber den Vorzug der Flexibilität und Wahlfreiheit zunichte machen kann; der organisatorische Aufwand wird für die Schulen grösser; Abschlüsse (die vielen Zertifikate für erfolgreiche bestandene Module) werden unübersichtlich und orientieren sich in der Berufsbildung nicht mehr an Ausbildungsberufen, was die Auswahl für die Ersteinstellung in Unternehmungen sowie Vertragsverhandlungen bei Gesamtarbeitsverträgen erschwert. Die Orientierung an einem eindeutigen Berufsabschluss ist einfacher. Vor allem deshalb begegnet die Wirtschaft der Modularisierung mit einer gewissen Skepsis. Für allgemeinbildende Schulen entfällt dieses Argument. Ungeklärt bleibt für sie allerdings die Frage der Strukturierung des Unterrichts offen: Wie lassen sich gute Wissensstrukturen und Freiheiten in der Auswahl und Reihung der Module sicherstellen?

5.7 Konstruktivismus

Den stärksten Einfluss auf den Wandel von Lehrplänen hatte anfangs der neunziger Jahre der Konstruktivismus, der durch folgende Merkmale charakterisiert ist (Duffy & Jonassen 1992):

(1) Es gibt kein objektives Wissen, das weitergegeben werden kann. Wissen als Produkt und Prozess wird individuell konstruiert (Interaktion zwischen Lerngegenstand und lernender Person).
(2) Inhaltlich muss sich der Unterricht an komplexen, lebens- und berufsnahen, ganzheitlich zu betrachtenden Erlebnis- und Problemkreisen (authentische Probleme) orientieren. Einfache reduktionistische Betrachtungsweisen und Regeln

wie „vom Einfachen zum Komplexen" oder „vom Lebensnahen zum Abstrakten" sind überholt, weil sie nicht geeignet sind, das Verstehen zu fördern.
(3) Lernen muss immer in einem aktiven Prozess erfolgen.
(4) Am wirksamsten wird das Lernen, wenn in Gruppen gelernt wird (soziales oder kollektives Lernen), denn nur die Diskussion von individuellen Interpretationen und des eigenen Verstehens bringt neue Einsichten.
(5) Fehler beim Lernen sind bedeutsam, weil sie Unklarheiten und Missverständnisse sichtbar machen und in Gruppen zur Reflexion und Verbesserung anregen.
(6) Die komplexen Lernprobleme sind auf die Interessen der Lernenden auszurichten, um motivierte Lernende zu haben.
(7) Konstruktivismus beschränkt sich nicht nur auf kognitives Lernen. Gefühle (z.B. Umgang mit Freuden und Ängsten) sowie die persönliche Identifikation mit den Lerninhalten sind bedeutsam. Deshalb spielen die affektiven und sozialen Prozesse bei der Bearbeitung authentischer Probleme eine grosse Rolle.
(8) Dank der aktiven Wissenskonstruktion und dem positiven Umgang mit Fehlern erübrigen sich Evaluationen, denn die Arbeit in Gruppen an den Problemen und der lernende Umgang mit Fehlern stellen den Lernerfolg sicher.

Im Verlaufe der Zeit haben sich viele Ausprägungen des Konstruktivismus herausgebildet, wobei sich die Ausprägungen in zweierlei Hinsicht unterscheiden (vergleiche dazu auch Gerstenmeier & Mandl 1995):

(1) Wie viel Wissen und Können sollen sich die Lernenden selbst beschaffen bzw. erarbeiten, und was soll zur Erleichterung der Eigentätigkeit von der Lehrperson bereitgestellt oder vermittelt werden?
(2) Welches Ausmass an Unterstützung sollen die Lehrpersonen ihren Schülerinnen und Schülern bei der Wissenskonstruktion zuteil kommen lassen?

Die **radikalen Konstruktivisten** (z.B. Duffy & Jonassen 1992, Glasersfeld 1996) wollen für die Lernenden nur gute Lernvoraussetzungen schaffen und sie ohne grosse Anleitung und Unterstützung in ihren Gruppen arbeiten lassen.

Bei den **gemässigten Konstruktivisten** steht auch die Arbeit an komplexen Problemen im Unterricht im Vordergrund. Die Lehrpersonen bieten aber mehr Anleitung und Hilfen an und konzentrieren sich dabei auf die Unterstützung von Arbeits- und Denkprozessen.

Heute hat der radikale Konstruktivismus in der Wissenschaft nicht mehr viele Vertreter, weil deutlich belegt ist, dass die Lernenden mit diesem Ansatz über geringere, weniger gut strukturierte und jederzeit verfügbare Wissensbestände verfügen, was weiteres Lernen immer erschwert (schon früh von Bednar, Cunningham et al. [1992] erkannt). In der wissenschaftlichen Auseinandersetzung haben sich für den Unterricht im Verlaufe der Jahre zwei Konzepte entwickelt, welche im Schulalltag immer noch kontrovers diskutiert werden: das Konzept der Instruktion (objektivistisches Paradigma) und die Konstruktion (konstruktivistisches oder subjektivistisches Paradigma) (siehe Abbildung 6) (vergleiche auch Nickolaus 2008).

Paradigma	Objektivismus	Subjektivismus (Konstruktivismus)
Merkmal	Zu einem bestimmten Zeitpunkt gibt es ein bestimmtes Wissen, das objektiv ist. Deshalb kann es vermittelt werden.	Wissen wird von jedermann unterschiedlich (subjektiv) verstanden und interpretiert. Deshalb konstruiert jedermann sein Wissen selbst, und verstanden ist nur individuell konstruiertes Wissen.
Unterrichtsansatz	Instruktion	Konstruktion
Lehrplan- und Unterrichtsaufbau	Disziplinen-(fächer)orientiert (systematisch)	Interdisziplinär (kasuistisch, problemorientiert)
Lerninhalte	Schwergewichtig vorgegeben (verbindlicher Lehrplan/durch den Lehrer bestimmt)	Lehrplan und Unterricht: Mitwirkung der Schüler bei der Inhaltsauswahl (Autonomie)
Lehrerverhalten	Direktes und indirektes Lehrerverhalten	Lernberatung (Coaching)
Lernverhalten	Fremdgesteuert	Kollektiv und selbstgesteuert

Abb. 6: Instruktion und Konstruktion

Die Instruktion in ihrer extremen Ausprägung mit dem noch stark verbreiteten schwergewichtig darbietenden Unterricht führt häufig zu trägem Wissen (Renkl 1998), fördert das strategieorientierte Denken kaum, verleitet zu einer Überbetonung des disziplinen-(fach-)orientierten Lernens und ist wenig für den Transfer geeignet. Leider wurden aber diese Nachteile in den letzten Jahren übergeneralisiert. Neuere Forschungen zeigen, dass die Instruktion richtig eingesetzt durchaus lernwirksam sein kann (z.B. Pauli 2006). Nicht bewährt hat sich hingegen die Konstruktion im radikalen Verständnis mit ausschliesslich autonomem und selbstgesteuertem Lernen sowie blosser Lernberatung. Sehr aufgekommen ist aber in den letzten Jahren ein gemässigter Konstruktivismus, der aus wissenschaftlich weitgehend übereinstimmender Sicht durch folgende Merkmale gekennzeichnet ist:

- Die Lernenden müssen ihr Wissen und Können in angemessene komplexe Situationen einbetten und in grössere Zusammenhänge einordnen können (komplexe Lehr-Lern-Arrangements, Achtenhagen 1992). Starke Lernumgebungen sollen also das Lernen fördern.
- Deshalb müssen möglichst authentische Lernkontexte geschaffen und problemorientiert bearbeitet werden. Daher dürfen keine künstlich isolierten Problemstellungen vorgelegt werden, sondern das Wissen und Können ist anhand von lebens- und berufsnahen Problemkreisen zu erarbeiten. Prinzipien wie vom

Einfachen zum Anspruchsvollen oder vom Linearen zum Vernetzten gelten als überholt.
- Die Lernenden müssen Strategien erarbeiten und in neuen Situationen anwenden können (Arbeitstechniken, Lernstrategien, Denkstrategien, metakognitive Strategien, soziale und kommunikative Strategien) (Mandl & Friedrich 2006, Dubs 2009, Metzger 2010).
- In der Auseinandersetzung mit einem Lerngegenstand müssen Lernende die Möglichkeit haben, verschiedene Betrachtungsweisen und Perspektiven bedenken zu können (mit der Verbreiterung des Fachwissens in den einzelnen Disziplinen zunehmende Interdisziplinarität).
- Lernen ist gegenstandsgebunden. Deshalb müssen die Lernenden über ein genügendes Fachwissen verfügen, das vornehmlich anhand von Problemstellungen zu erarbeiten ist (Steiner 2006). Dieses Wissen muss auf dem Vorwissen und auf Vorerfahrungen aufbauen. Und es muss gut strukturiert sein (Weber 1994).
- Dem Einüben von Grundfähigkeiten und von Grundwissen ist alle Aufmerksamkeit zu schenken (Verfügbarkeit von basalen Kompetenzen, Eberle 2012).
- Die Lernenden müssen zur Selbstevaluation ihres Lernens fähig sein (Metzger 2010a).

5.8 Folgerungen

Die pädagogischen Grundströmungen werden häufig übergeneralisiert und während einer beschränkten Zeit oft dogmatisiert. So gibt es Entwürfe einer handlungsorientierten Didaktik, einer problemorientierten Didaktik usw. Oder die Exponenten des radikalen Konstruktivismus haben die herkömmlichen Lehrpläne mit disziplinenorientierten Fächern sowie die Instruktion (Frontalunterricht) konsequent abgelehnt. Daher entstehen auch laufend neue Lehrplan-Konzepte. Tanner & Tanner (2000) zeigen, wie sich in den Vereinigten Staaten regelmässig neue Lehrplan-Konzepte entwickeln, nach einiger Zeit verworfen und später unter neuen Titeln wieder eingeführt werden. Wahrscheinlich wird es nie gelingen nachzuweisen, welche Grundströmung zu den besten Lernerfolgen führt. Deshalb sollte bei Schulreformen überlegt werden, wie sich die verschiedenen pädagogischen Grundströmungen in wirksamer Weise kombinieren lassen und die Lehrplan-Konzepte darauf ausgerichtet werden können. Daher werden im nächsten Abschnitt gängige Lehrplan-Konzepte besprochen.

6 Lehrplan-Konzepte

6.1 Fächerverbindung und Fächerfusion

Eine bessere Integration von Lerninhalten in einem disziplinenorientierten Lehrplan ist ein Versuch, die Zergliederung von Lernstoffen in verschiedene Fächer zu überwinden und Möglichkeiten für einen stärker interdisziplinären Unterricht zu schaffen. Die Formen sind die **Fächerverbindung** (die Lerninhalte der einzelnen

Fächer werden systematisch aufeinander abgestimmt, z.B. alle Wirtschaftsfächer an kaufmännischen Berufsschulen); die **Fächerfusion** (bestehende Fächer werden zu einem neuen Fach zusammengefasst; z.B. alle allgemeinbildenden Fächer an schweizerischen gewerblichen Berufsfachschulen wurden in ein einziges Fach [allgemeinbildender Unterricht, ABU-Lehrplan] vereinigt; oder **multidisziplinäre** (thematische) Organisation (z.B. der Lehrplan wird thematisch [problemorientiert] aufgebaut, und die Probleme werden in allen Fächern gleichzeitig bearbeitet).

Die Fächerverbindung hat sich schon vor vielen Jahren an den schweizerischen kaufmännischen Berufsschulen nicht bewährt, weil die Abstimmung unter den Lehrkräften trotz ehrlichem Bemühen nicht gelungen ist. Erfolgreicher war die Fächerfusion von Buchhaltung und Kaufmännischem Rechnen, weil mehr Ganzheitlichkeit erreicht wurde. Auch die multidisziplinäre Organisation scheiterte, weil nicht nur die Abstimmung zu aufwändig war, sondern auch die Lehrfreiheit beschränkt wurde.

6.2 Lehrplan der Inselbildung

Dieses Lehrplan-Konzept beruht auf einem disziplinenorientierten Aufbau, indem sich der fachbereichsbezogene, stärker instruktive Unterricht und der konstruktive problemorientierte Unterricht abwechseln (siehe Abbildung 7). In den Phasen des fachbereichsbezogenen Unterrichts wird das Fundament für den jeweils daran anschliessenden konstruktiven und interdisziplinären Teil gelegt. Dies hat den Vorteil, dass für den problemorientierten interdisziplinären Bereich gute fachwissenschaftliche Grundlagen gelegt werden können (Wissen, Fertigkeiten, Fähigkeiten), denn Interdisziplinarität setzt fachliche Kompetenzen voraus. Ein weiterer Vorteil ergibt sich aus der Möglichkeit, bereits mit ersten fachbezogenen Kompetenzen einen einfachen problemorientierten und interdisziplinären Unterrichtsabschnitt verwirklichen zu können, wodurch dieser Abschnitt nicht – wie im Schulalltag so oft – zu einer ziellosen und inkompetenten Diskussion wird. Nachteilig ist, dass für die interdisziplinären, problemorientierten Teile eine Abstimmung mit anderen Fächern nötig ist, damit die problemorientierte Interdisziplinarität gelingen kann. Auch stellen diese Teile hohe Anforderungen an den Fachlehrer, der selber interdisziplinär einigermassen kompetent sein muss.

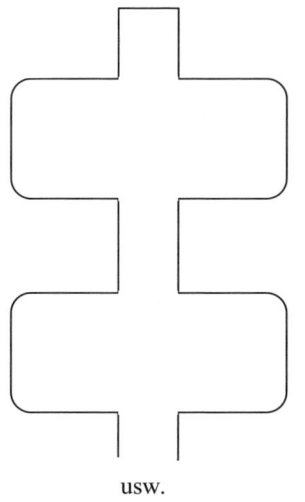
Disziplinäre Grundlegung
(schwergewichtig instruktiv)

„Insel": Problemorientierter, interdisziplinärer Unterricht, der auf der disziplinären Vorarbeit aufbaut; schwergewichtig konstruktiv

Fortführung der disziplinären Grundlegung
(schwergewichtig instruktiv)

„Insel": Problemorientierter, interdisziplinärer Unterricht, der auf der weiteren disziplinären Vorarbeit aufbaut; schwergewichtig konstruktiv

usw.

Abb. 7: Lehrplan der Inselbildung

6.3 Integrationsfach

Denkbar ist eine Lehrplangestaltung mit einem oder mehreren Integrationsfächern (siehe Abbildung 8). Dieses Lehrplan-Konzept sieht in einer ersten Phase eines Lehrgangs eine disziplinenorientierte Lehrplangestaltung vor, in welcher die fachwissenschaftliche Basis gelegt wird.

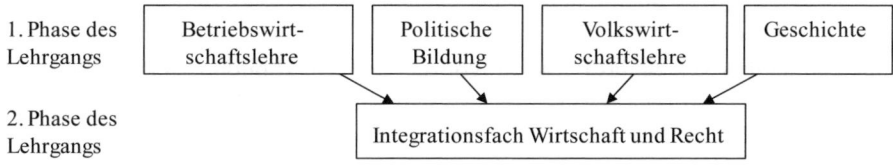

Abb. 8: Integrationsfach

In einer zweiten Phase in höheren Klassen tritt an die Stelle der Disziplinenorientierung ein integrierendes Fach, in welchem konstruktivistisch gearbeitet werden kann. Dieses Lehrplan-Konzept wurde an schweizerischen kaufmännischen Berufsschulen mit gutem Erfolg verwirklicht (Capaul 1991) und später wieder abgeschafft, hauptsächlich weil Lehrpersonen, die für das Integrationsfach nicht ausgebildet waren, dagegen opponierten.

6.4 Lernfelder

Das Lernfeld-Konzept, das in Deutschland [3] anfangs der neunziger Jahre des letzten Jahrhunderts entwickelt wurde, widerspiegelt die damaligen normativen und theoretischen Entwicklungen in der Berufspädagogik vom disziplinären zum interdisziplinären Unterricht oder von der Instruktion zur Konstruktion (Riedl & Schelten 2013). Ausgangspunkt eines lernfeldbezogenen Unterrichts sind nicht mehr fachwissenschaftliche (disziplinäre) Bezüge, zu deren Verständnis im Unterricht möglichst viele Beispiele herangezogen werden, sondern es wird von beruflichen Problemstellungen ausgegangen, die aus dem beruflichen Handlungsfeld entwickelt und didaktisch aufbereitet werden (KMK 2011). Merkmale des Lernfeld-Konzepts sind (in freier Anlehnung an Bader 2003 sowie Riedl & Schelten 2013):

- Lernfelder werden auf das Handeln in beruflichen Situationen ausgerichtet und nicht allein auf Inhalte bezogen (Handlungsorientierung).
- Lernfelder orientieren sich an einem Kompetenzbegriff und keinesfalls an verwertbaren Qualifikationen, die sich aus Handlungsfeldern ergeben.
- Lernfelder müssen dazu anleiten, über Fachkompetenzen hinaus auch Human- und Sozialkompetenzen zu entwickeln.
- Methoden- und Lernkompetenzen sowie kommunikative Kompetenz sind integrale Bestandteile der Fach-, Human- und Sozialkompetenzen. Die Methodenkompetenz bezieht sich nicht nur auf die Fachkompetenz, sondern auf alle drei Kompetenzen.
- Die in den Lernfeldern geforderten Handlungen müssen von den Lernenden möglichst selbständig geplant, durchgeführt, überprüft, gegebenenfalls korrigiert und schliesslich bewertet werden. Mit ihnen soll die gesamte berufliche Wirklichkeit erfasst werden (ökonomische, technische, ökologische, soziale Aspekte), um zu einer Ganzheitlichkeit der Lernprozesse zu gelangen.

Konzeptionell lässt sich das Lernfeld-Konzept gemäss Abbildung 9 darstellen (Bader 2003, 213).

---

[3] Das Konzept der Lernfelder geht in Deutschland auf eine Initiative der KMK zurück, welche in den achtziger Jahren den Tendenzen in der berufspädagogischen Forschung folgte. Es wurde gleich nach seiner Einführung seitens der Wissenschaft, die nicht zur Mitarbeit eingeladen war, kritisiert, weil eine überzeugende theoretische Fundierung fehlte und mit zur damaligen Zeit üblichen Schlagworten wie Kompetenzorientierung, Handlungsorientierung, situiertes Lernen operiert wurde, ein Problem, das auch heute noch besteht.

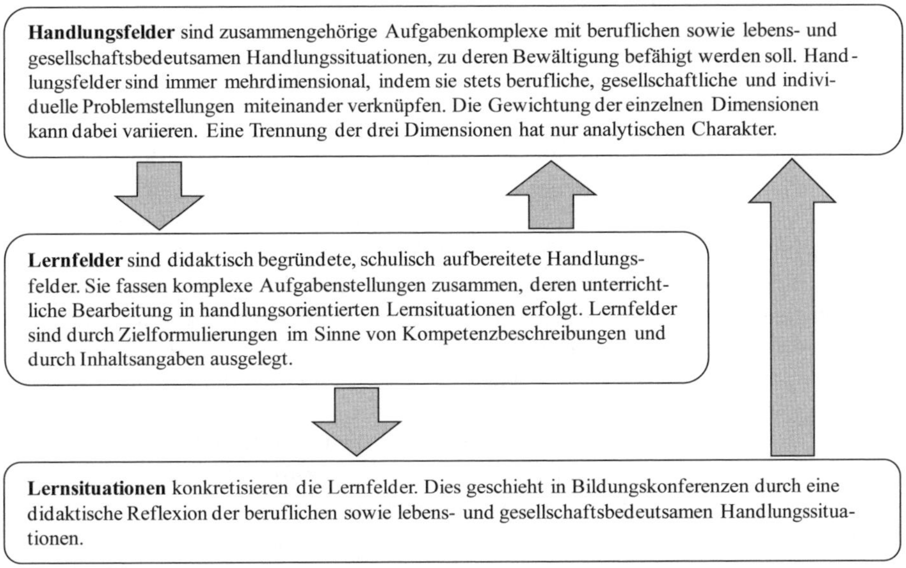

Handlungsfelder sind zusammengehörige Aufgabenkomplexe mit beruflichen sowie lebens- und gesellschaftsbedeutsamen Handlungssituationen, zu deren Bewältigung befähigt werden soll. Handlungsfelder sind immer mehrdimensional, indem sie stets berufliche, gesellschaftliche und individuelle Problemstellungen miteinander verknüpfen. Die Gewichtung der einzelnen Dimensionen kann dabei variieren. Eine Trennung der drei Dimensionen hat nur analytischen Charakter.

Lernfelder sind didaktisch begründete, schulisch aufbereitete Handlungsfelder. Sie fassen komplexe Aufgabenstellungen zusammen, deren unterrichtliche Bearbeitung in handlungsorientierten Lernsituationen erfolgt. Lernfelder sind durch Zielformulierungen im Sinne von Kompetenzbeschreibungen und durch Inhaltsangaben ausgelegt.

Lernsituationen konkretisieren die Lernfelder. Dies geschieht in Bildungskonferenzen durch eine didaktische Reflexion der beruflichen sowie lebens- und gesellschaftsbedeutsamen Handlungssituationen.

Abb. 9: Das Lernfeld-Konzept

Die Hauptlast bei der Erarbeitung der Lehrpläne (Mesoebene) liegt in Deutschland bei den einzelnen Berufsschulen. Der Staat schreibt die Rahmenlehrpläne vor [4], die sehr allgemein gehalten sind.

Pädagogisch geht das Lernfeld-Konzept in eine gemässigt konstruktivistische Richtung. Es stellt traditionelle Muster der Berufsbildung radikal infrage. Deshalb ist es auch nach 15 Jahren nicht unbestritten. Obschon inzwischen in Deutschland [5] für viele Ausbildungsberufe Rahmenlehrpläne nach dem Lernfeld-Ansatz eingeführt sind, lässt sich über die Frage, ob sich die Berufsbildung verbessert hat, noch nichts Verbindliches aussagen. Es bestehen immer noch Akzeptanzprobleme, weil sich viele Lehrpersonen mit radikalen Veränderungen nicht zurecht finden, gar wenn sie darauf nicht rechtzeitig und praxisorientiert vorbereitet sind. Hemmend wirken sich auch die Abschlussprüfungen aus, die noch selten an das Lernfeld-Konzept angepasst, sondern auf die bisherige Disziplinenorientierung ausgerichtet sind. Tenberg (2011) spricht vom heimlichen Lehrplan, in welchem trotz Lernfeldern im täglichen Unterricht noch häufig wenig integriert, sondern weiterhin disziplinenorientiert unterrichtet wird. Bedeutsamer als diese eher zu korrigierenden Probleme sind die lerntheoretischen Bedenken. Erstens gehen bei diesem Lehrplan-Konzept die fachwissenschaftlichen Strukturen verloren, was nicht nur das selbstgesteuerte Lernen, sondern auch den Transfer erschwert. Um dies an einem Beispiel zu zeigen:

---

4   Zum Beispiel: Rahmenlehrplan für den Ausbildungsberuf Industriekaufmann/Industriekauffrau. Beschluss der Kultusministerkonferenz vom 14. Juni 2002.
5   In der Schweiz und Österreich wird dieses Lehrplan-Konzept noch nicht umfassend angewandt.

Im Rahmenlehrplan Industriekaufmann/Industriekauffrau werden im Lernfeld 1 „In Ausbildung und Beruf orientieren" als Inhalte „Berufsbildungsgesetz, Ausbildungsordnung und Ausbildungsvertrag" vorgegeben. Die Zielformulierung gibt dazu vor: „… Aus gesetzlichen und vertraglichen Bestimmungen leiten sie Rechte und Pflichten als Auszubildende ab. Dabei arbeiten die Lernenden mit Gesetzestexten." Ohne Einsicht in das Wesen des Rechts und die Rechtsordnung mit den Merkmalen ihrer Erlasse bleibt der Unterricht erstens an der Oberfläche, denn ohne ein gutes rechtliches Strukturwissen werden sich die Lernenden in Gesetzestexten nicht zurechtfinden, so dass auch eine Generalisierung und der damit verbundene Transfer nicht zustande kommen. Der Einwand, deshalb sei in diesem Lernfeld vorgängig eine kurze grundlegende Einführung in das Recht zu unterrichten, ist systemwidrig, weil damit ausgesagt ist, dass Unterricht ohne fachwissenschaftliche Fundierung nicht gelingen kann. Zweitens lässt sich im alltäglichen Unterricht beobachten, wie infolge des grossen Zeitaufwands mit der Problem- und Handlungsorientierung das systematische Einüben von Grundfertigkeiten (Routinen) vernachlässigt wird, was später eine Ursache für Lernschwierigkeiten ist (siehe auch Hesse & Lasko, 2011). Drittens sind viele Begriffe wie Kompetenz, Handlungssituationen usw. auch wissenschaftlich ungeklärt, was vor allem die Entwicklungsarbeit von Lernfeldern an den einzelnen Schulen erschwert.

6.5 Empfehlung

Sicher wird es nie möglich sein wissenschaftlich zu belegen, welches das „beste" Lehrplan-Konzept bezüglich Einfluss auf die Lernleistungen sowie auf die Zufriedenheit und das Wohlbefinden der Schülerinnen und Schüler ist. Belegt ist aber schon lange, dass organisatorische Fragen der Lehrplangestaltung nur einen kleinen Einfluss auf den Lernerfolg haben (Fraser, Walberg et al. 1987). Deshalb lässt sich nur argumentativ eine Empfehlung abgeben.

Weil die Lektionenzahlen vor allem an Berufsschulen begrenzt sind, ist ein umfassender Übergang zu konstruktiven interdisziplinären Lehrplänen kaum möglich. Er ist auch lerntheoretisch wenig sinnvoll, weil Interdisziplinarität gute fachwissenschaftliche Kompetenzen voraussetzt. Deshalb ist ein Lehrplan mit einer Kombination von disziplinen-orientierten und Integrationsfächern (Fächerfusion) zu empfehlen. Abbildung 10 zeigt ein solches Lehrplan-Konzept für eine kaufmännische Berufsschule. Lernbereiche werden anfänglich in disziplinenorientierten Fächern unterrichtet, um das grundlegende Wissen und Können zu entwickeln. Darauf aufbauend werden Integrationsfächer in der Form von Fächerfusionen angeboten, in denen interdisziplinär und konstruktiv Problembereiche (komplexe Lehr-Lern-Arrangements) bearbeitet werden, für welche das Vorwissen aus dem fächerorientierten Unterricht vorhanden ist (also können beispielsweise in einem Integrationsfach „Kultur" aufgrund des sprachlichen Vorwissens kulturelle Probleme, oder in einem Integrationsfach „Staat und Gesellschaft" gesellschaftlich bedeutsame Wirtschaftsprobleme behandelt werden).

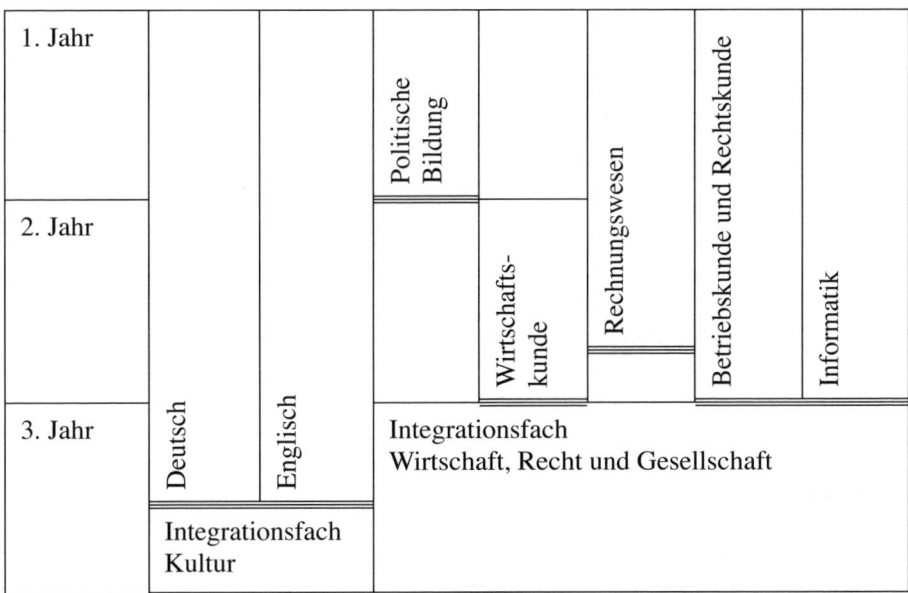

Abb. 10: Lehrplan-Konzept für eine Kaufmännische Berufsschule

Für Diskussionen über die Zukunft der Bildung im Lernbereich Wirtschaft, Recht und Gesellschaft entscheidend ist, dass in allen Diskussionen über Lehrpläne und zuzuteilende Lektionenzahlen auf der Makroebene genau überlegt wird,
(1) welche generellen Absichten (Bildung des allgemeinen Wirtschafts- und Gesellschaftsverständnisses, wirtschaftsberufliche Bildung oder Mischformen) verfolgt werden sollen,
und
(2) welche Rahmenbedingungen (Lehrplan-Konzepte) zugrunde gelegt werden sollen.

KAPITEL III:
DIE MESOEBENE

1 Übersicht

Die Mesoebene betrifft die Ausgestaltung von Lehrplänen (curriculare Vorgaben) aufgrund eines üblicherweise im Voraus bestimmten Lehrplan-Konzepts. In dieser Unterrichtslehre werden keine Modelle zur Entwicklung von Lehrplänen vorgestellt (siehe dazu beispielsweise Müller 2009). Noch immer schenken viele Lehrpersonen den Lehrplänen keine grosse Beachtung und lassen sich eher von den „heimlichen" Lehrplänen, wie Lehrbüchern, langer Erfahrung und persönlichen Überzeugungen leiten. Zurückzuführen ist dies vor allem auf die zu allgemeine und vage Form von Lehrplänen, denen der Anregungscharakter für „guten" Unterricht fehlt, und die nicht geeignet sind, erwünschte Lernerfolge in gültiger Form nachzuweisen. Dies dürfte sich mit dem Trend zur Outputorientierung der Schule ändern. Qualitätsnachweise der einzelnen Schulen, zielgerichtete Überwachung der Schulen (Schulaufsicht und Schulinspektion) sowie internationale Vergleichsuntersuchungen (PISA) werden die Lehrerschaft zwingen, die Lehrpläne stärker zu beachten. Im Interesse des Lernerfolgs der Schülerinnen und Schüler kann dies von Vorteil sein. Kritisch können aber die Konsequenzen für die Lehrfreiheit der Lehrpersonen sein. Je enger die Lehrpläne die Lerninhalte umschreiben, desto weniger interessant ist es zu unterrichten. Je offener sie sind, desto uneinheitlicher werden sie gehandhabt (Chancenungleichheit infolge zu grosser Freiräume für jede einzelne Lehrperson), und desto weniger objektiv lassen sich die Lernerfolge erfassen. Die traditionelle Darstellungsform mit der blossen Vorgabe von Lerninhalten und allenfalls einer Präambel oder allgemeinen Zielsetzung wird mit der Theorie der operationalen Lernziele heute grundsätzlich infrage gestellt. Aber auch die Reaktion darauf mit operationalen Lernzielen (Mager 1994) wird heute kritisch hinterfragt – an ihre Stelle treten Kompetenzen und Bildungsstandards.

In diesem Kapitel werden aus der Theorie der Lehrpläne nur zwei Aspekte besprochen: die Richtziele sowie die Darstellung von Lehrplänen.

> In dieser „Unterrichtslehre" werden Lehrpläne gefordert, welche auf ein ausgewogenes Verhältnis zwischen präzisen und zwingend vorgegebenen Zielen und klar festgelegten Freiräumen ausgerichtet sind.

2 Richtziele

2.1 Begriff

Jedem Lehrplan sollte eine generelle Absichtserklärung vorangestellt werden, welche das „so what?" (was soll das Ganze) beantwortet. Zu diesem Zweck muss sowohl für einen Lehrgang als auch für seine einzelnen Abschnitte (Fächer, grössere Lernbereiche) ein **Richtziel** (allgemeines Bildungsziel, Präambel) vorangestellt werden. Dieses Richtziel soll aufgrund von zwei Fragen die „Marschrichtung" eines Lehrplans und seiner Abschnitte umschreiben oder aufzeigen, was letztlich unter welchen Umständen gewollt ist:

1. **Didaktische Gestaltungsidee:** Welcher **Schwerpunkt** bezüglich Wissen, Können und Verhalten soll mit welcher Absicht mit dem Unterricht erreicht werden? Zur Begründung des Schwerpunkts bedarf es Legitimationsquellen (siehe dazu in etwas unterschiedlicher Weise Euler & Hahn 2007):
   a) Wissenschaftliche Aussagen, d.h. Erkenntnisse, die auf wissenschaftlichen Theorien und deren Anwendung im Leben beruhen,
   b) künftige Lebens- und Berufsansprüche der Lernenden,
   c) Zumutbarkeit für die Lernenden, insbesondere Über- und Unterforderung sowie Verträglichkeit.
2. **Normative Grundlagen:** Welche Normen sollen dem Unterricht zugrunde gelegt, und welche Werthaltungen sollen mit dem Unterricht angestrebt werden? (Dazu sei auf den Abschnitt 3 im Kapitel I verwiesen.)

Sonderbarerweise wird bei der Lehrplanerarbeitung dem Richtziel nicht sehr viel Aufmerksamkeit gegeben, was sich an den vielen pädagogischen Leerformeln immer wieder zeigt, obschon die Erfahrung lehrt, dass mit reflektierten Richtzielen die Ausarbeitung der Lehrpläne viel einfacher wird, weil immer wieder aufkommende Meinungsverschiedenheiten der Lehrplankonstrukteure mit Bezug auf die Marschrichtung rasch hinfällig werden.

Dort wo gute Richtziele fehlen, sollten sich Lehrerinnen und Lehrer eigene Richtziele setzen, weil sich dadurch einerseits die Unterrichtsgestaltung vereinfacht, und sie andererseits ihren Unterricht besser legitimieren können.

2.2 Überlegungen zu den didaktischen Gestaltungsideen und Werten im Lernbereich Wirtschaft, Recht und Gesellschaft

2.2.1 Volkswirtschaftslehre (Wirtschaftskunde oder Wirtschaftsbürgerkunde)

Für die Festlegung des Richtziels im Fach Volkswirtschaftslehre sind im Prinzip drei didaktische Gestaltungsideen und damit verbundene normative Grundlagen denkbar:

(1) **Wissenschaftlich-exemplarische Gestaltungsidee:** Die Lernenden sollen in die wissenschaftlichen Paradigmen, die Denk- und Arbeitsweisen der wissenschaftlichen Volkswirtschaftslehre eingeführt werden, um ein wissenschaftspropädeutisches Verständnis für diesen Fachbereich zu gewinnen. Dazu sind einige typische Konzepte aus dieser Wissenschaft auszuwählen (z.B. Gesetze der Preisbildung auf vollkommenen und unvollkommenen Märkten) und vertieft zu behandeln, um mit der wissenschaftlichen Methode der Volkswirtschaftslehre vertraut zu werden. Diese exemplarische Gestaltungsidee bedingt weder ein umfassendes Orientierungswissen noch werden Aspekte der politischen Ökonomie angesprochen. Die Betrachtungsweise bleibt wertneutral, und aufgrund von Modellannahmen lässt sie objektive Aussagen zu. Leider besteht für diese Gestaltungsidee in reiner Form nur ein einziges altes Lehrmittel von Schneider (1968), das diese Gestaltungsidee konsequent umsetzt.

(2) **Wirtschaftsgeographische Gestaltungsidee:** Das Schwergewicht für Lehrplan und Unterricht nach dieser Gestaltungsidee wird auf die wirtschaftliche Betrachtung des eigenen Landes gelegt: Seine Institutionen, seine Struktur, seine Bevölkerung, seine natürlichen, technischen und wirtschaftlichen Gegebenheiten, seine Entwicklungstendenzen sowie seine Probleme. Die volkswirtschaftlichen Gesichtspunkte werden in diese Themen eingebaut, sofern sie für das Verständnis des Geschehens in einem Land bedeutsam sind. Schwergewichtig sollen also die Lernenden die Struktur eines Landes und dessen Probleme kennen lernen. Diese didaktische Gestaltungsidee steht bei Lehrplanreformen immer wieder zur Diskussion und wird hauptsächlich von Lehrkräften des Fachs Geographie dann vertreten, wenn die Lektionenzahl der Geographie zugunsten einer eigenständigen Wirtschaftskunde gekürzt werden soll. In dieser Auseinandersetzung ist das Lehrbuch Reichenbach und Ruetz (1990) entstanden, das diese didaktische Gestaltungsidee konsequent verwirklicht.

(3) **Wirtschaftsbürgerliche Gestaltungsidee:** Hier bestimmen wirtschaftliche Fragen, die alle Menschen als Konsumenten, Mitarbeitende in Unternehmungen und beim Staat sowie als Staatsbürger betreffen, den unterrichtlichen Schwerpunkt. Es geht also um die Bildung des allgemeinen Wirtschafts- und Gesellschaftsverständnisses, welche normative Fragen bewusst anspricht. Die Begründung dieser Gestaltungsidee ist bereits im Abschnitt 2 des Kapitels II angeführt.

Empfehlung

Angesichts der immer grösseren Betroffenheit aller Menschen durch wirtschaftspolitische Entscheidungen und der zunehmenden Komplexität des Geschehens, sollte für **alle Lernenden** der **Sekundarstufe II** die **wirtschaftsbürgerliche Gestaltungsidee** gewählt werden, um ihnen im Interesse einer möglichst stabilen Weiterentwicklung von Wirtschaft und Gesellschaft das Verständnis für wirtschaftspolitische Probleme zu erweitern und die Beurteilungsfähigkeit zu stärken.

Dafür sollte im Lehrplan ein 1½ – 2 jähriger disziplinenorientierter Unterricht und zwei Wochenstunden nach dem Lehrplankonzept der Inselbildung vorgesehen werden, der allenfalls durch einen Einbau einzelner grösserer Problemkreise in ein Integrationsfach noch etwas ausgeweitet werden kann.

2.2.2 Betriebswirtschaftslehre (Betriebskunde)

Im betriebswirtschaftlichen Lernbereich sind vier didaktische Gestaltungsideen denkbar:

(1) **Wirtschaftsberufliche Bildung:** Lehrplan und Unterricht sind zweckgerichtet auf eine spätere Berufstätigkeit auszurichten. Grundlage dazu sind Tätigkeitsanalysen, die zu Berufsfeldern entwickelt werden können. Zu entscheiden ist, ob diese wirtschaftsberufliche Bildung zur Berufsfertigkeit (die Schule bildet so aus, dass die Lernenden die betreffende Berufsaufgabe ohne weitere Hilfe unmittelbar ausüben können) oder zur Berufsfähigkeit (die Berufsaufgabe kann erst nach einer praktischen Einführung in einem Betrieb erfüllt werden) führen soll. Tendenziell steht die Berufsfähigkeit im Vordergrund, denn die Schule allein kann die berufliche Fertigkeit nicht in jedem Fall schaffen. Im kaufmännischen Arbeitsbereich gibt es allerdings Lernbereiche, in denen eine Berufsfertigkeit zur Entlastung der Schule den Ausbildungsbetrieben übertragen werden sollte (z.B. Zahlungsverkehr, Lohn- und Versicherungsabrechnungen).

(2) **Bildung des allgemeinen Wirtschafts- und Gesellschaftsverständnisses:** Denkbar ist ein betriebswirtschaftlicher Lehrplan, dessen Ziel es ist, die junge Generation in die Wesensmerkmale einer Unternehmung und deren Tätigkeit sowie deren Einbettung in das gesamtwirtschaftliche und nicht bloss ökonomische Geschehen einzuführen. Die Lernenden sollen erkennen, wie sich Führungskräfte und Manager im Interesse einer geordneten, möglichst störungsfreien Weiterentwicklung der Wirtschaft und der Gesellschaft verhalten müssen. Dieses Verständnis lässt sich nur mit einem betriebswirtschaftlichen Grundwissen aufbauen, das aber nicht eindimensional betriebswirtschaftlich sondern interdisziplinär auszurichten ist und sich im Sinne einer betriebswirtschaftlichen Allgemeinbildung für jedermann versteht. Verwirklicht wurde diese didaktische Gestaltungsidee auf der Grundlage eines ganzheitlichen Managementmodells (Dubs 2012).

(3) **Abbild der wissenschaftlichen Betriebswirtschaftslehre:** Diese didaktische Gestaltungsidee orientiert sich in den meisten Fällen an einem auf einem be-

stimmten wissenschaftlichen Konzept beruhenden Abbild einer disziplinenorientierten Betriebswirtschaftslehre, welche häufig alle Prozesse der Führung einer Unternehmung nachzeichnet und oft auf einer breiten wirtschaftswissenschaftlichen Wissensbasis beruht (siehe beispielsweise Waibel & Käppeli 2006, Hugentobler, Schaufelbühl & Blattner 2013) und – eher ausnahmsweise – Ansätze zu einer interdisziplinären Betrachtungsweise beinhaltet (siehe beispielsweise Capaul & Steingruber 2010). Verallgemeinernd lässt sich auch sagen, dass diese Gestaltungsidee ein Abbild des Hochschulunterrichts darstellt.

(4) **Entrepreneurship-Ausbildung:** Die Gestaltungsidee einer Entrepreneur-Ausbildung ist der wirtschaftsberuflichen Bildung zuzuordnen. Ursprünglich diente diese aus den Vereinigten Staaten stammende Idee der Ausbildung künftiger Unternehmer mit dem Ziel, sie auf die Gründung einer Unternehmung vorzubereiten. Inzwischen hat sie sich vor allem in Österreich etwas weiter in Richtung des allgemeinen Wirtschafts- und Gesellschaftsverständnisses mit einem starken Gewicht auf der Betriebswirtschaftslehre entwickelt. Hauptinhalte dieser Gestaltungsidee sind die Bearbeitung der Gründung einer Unternehmung sowie der Entwurf von Businessplänen (Lindner 2009, Aff 2012).

Empfehlung

Die Lehrpläne an **kaufmännischen Berufsschulen** in Betriebswirtschaftslehre im dualen Berufsbildungssystem sind schwergewichtig auf die wirtschaftsberufliche Bildung auszurichten, indem die Schülerinnen und Schüler theoretische Aspekte der beruflichen Tätigkeit erlernen und zur Berufsfähigkeit geführt werden. Vor einer zu starken Vertheoretisierung ist jedoch zu warnen, um zu verhindern, dass die Wirtschaft immer weniger Lehrstellen anbietet. Sie legt immer noch grossen Wert auf eine arbeitsbezogene Ausbildung. Wünschenswert ist aber eine knappe Einführung der wirtschaftsberuflichen Bildung in die Einbettung der Unternehmung in ihre gesamte Umwelt, damit die Lernenden unternehmerische Entscheidungen besser verstehen. Einen praktischen Ansatz dazu zeigt Dubs (2011).

Für **Vollzeit-Wirtschaftsschulen** schlagen Lindner (2009) und Aff (2012) ein Drei-Ebenen-Modell vor, indem sie auf der ersten Stufe am Beispiel der Unternehmung die Studierfähigkeit fördern, auf der zweiten Ebene die Voraussetzungen für die Employabilität mittels betriebswirtschaftlichem Anwendungswissen schaffen und auf der dritten Ebene anhand ökonomisch-gesellschaftlicher Zusammenhänge das ökonomische Reflexionswissen in Verbindung mit volkswirtschaftlichen Zusammenhängen stärken.

Ob an einem **Gymnasium** auch betriebswirtschaftliche Lehrinhalte bearbeitet werden sollen, ist umstritten. Hier wird die Auffassung vertreten, dass ein volkswirtschaftlicher Unterricht allein nicht genügt, sondern ein gutes Wirtschafts- und Gesellschaftsverständnis auch Einsichten in die Zusammenhänge von der Unternehmung mit ihren Umwelten ohne spezifisches fachliches betriebswirtschaftliches Wissen nötig macht. Ein Unternehmungsmodell kann dazu die nötigen Grundlagen geben (vergleiche dazu das Lehrbuch von Dubs 2012, das auf diese Zielsetzung ausgerichtet ist).

2.2.3 Rechtskunde (Rechtslehre)

Schon früh hat man sich in den Vereinigten Staaten vertieft mit didaktischen Gestaltungsideen für den Rechtskunde-Unterricht auseinandergesetzt (Gerlach & Lamprecht 1975). In Deutschland folgten Diskussionen über den Rechtskundeunterricht im Zusammenhang mit der emanzipatorischen Pädagogik (z.B. Sandmann 1975). Theoretische Auseinandersetzungen mit einer Didaktik der Rechtskunde fehlen weitgehend. Vor allem in der Schweiz wurde die Rechtskunde an Wirtschaftsschulen aufgrund fallorientierter Lehrbücher vorangetrieben (siehe beispielsweise Tuor & Heinzelmann 1991). Denkbar sind die folgenden didaktischen Gestaltungsideen:

(1) **Institutionelle Gestaltungsidee:** Das Schwergewicht wird auf die Institutionenlehre gelegt, indem vor allem die rechtlichen Institutionen (Organisation des Staates und seiner Organe, Entstehung und Aufbau der Gesetzgebung sowie Rechte und Pflichten der Bürgerinnen und Bürger) bearbeitet werden.

(2) **Disziplinenorientierte (strukturelle) Gestaltungsidee:** Hier geht es um eine Abbildung der Rechtswissenschaft und um rechtliches Denken. Deshalb wird das Schwergewicht auf eine sorgfältige Begriffsbildung (ein gezieltes Orientierungswissen) sowie auf die Anwendung der Rechtsmethodik bei alltäglichen (einfacheren) Rechtsproblemen gelegt. Die Schülerinnen und Schüler müssen also über dasjenige Rechtswissen verfügen, das sie befähigt, Rechtstatbestände richtig zuzuordnen und es ihnen ermöglicht, einfachere Rechtsprobleme mithilfe von Unterlagen (Gesetze, Verordnungen, einfache Kommentare) systematisch zu lösen.

(3) **Problemorientierte Gestaltungsidee:** Typische, alltägliche Rechtsprobleme werden mithilfe von Gesetzen gelöst, und aufgrund der getroffenen Lösung werden die Wissensgrundlagen erarbeitet. Es wird also ausdrücklich auf eine systematische Wissenserarbeitung verzichtet und pragmatisch dasjenige Wissen erarbeitet, das unmittelbar benötigt wird. Verwirklicht werden kann diese Gestaltungsidee in einem eigenen Fach oder – was üblicher ist – im Zusammenhang mit betriebswirtschaftlichen Themen in einem betriebswirtschaftlichen Unterricht oder in Lernfeldern.

(4) **Emanzipatorische Gestaltungsidee:** Ziel dieses Ansatzes ist es, das Recht im Hinblick auf künftige Entwicklungen kritisch zu hinterfragen und mit den Interessen der einzelnen Menschen zu konfrontieren, um die jungen Menschen zu selbstbestimmtem Handeln zu führen. Deshalb wird die Rechtskunde als Beitrag zur Befreiung von unnötiger Herrschaft und zur Verwirklichung von Selbstbestimmung gesehen und damit in den Dienst der rechtlich akzentuierten gesellschaftspolitischen Sensibilisierung und Veränderung gestellt.

> **Empfehlung**
>
> Je stärker Lehrpläne und Unterricht auf lebenslanges Lernen ausgerichtet werden, desto weniger eignet sich die problemorientierte Gestaltungsidee, denn sie schafft keine Voraussetzungen zum lebenslangen Lernen. Möglich wird es erst, wenn die Grundbegriffe des Rechts jederzeit verfügbar sind (Nievelstein, van Gog et al. 2010). Deshalb sollte anfänglich disziplinenorientiert die Wissensbasis gelernt und angewandt werden. Dazu zählen: Rechtsideen, Formen und Gliederung des Rechts, Rechtsquellen und Umgang damit. Erst auf dieser Grundlage lassen sich Rechtsprobleme im Unterricht der übrigen Fächer integriert behandeln (problemorientierte Gestaltungsidee).

2.2.4 Rechnungswesen

Die Diskussion über die Gestaltungsidee des Rechnungswesens hat Reinisch (2005) in einer Beschreibung der Geschichte treffend mit einem Aufsatz zum Thema „Denkender oder praktischer Buchhalter? – Zur unabgeschlossenen Kontroverse um das „richtige" Leitbild für den Rechnungswesenunterricht" zusammengefasst. Er zeigt zunächst die Kontroverse über die Einführung in die Finanzbuchhaltung mit dem Einstieg über den bilanziellen Ansatz (Einstieg mit dem Hin- und Herbuchen von Bestandesveränderungen unter Ausklammerung erfolgswirksamer Vorgänge) gegenüber dem Einstieg über das Konto (Erfassen aller Buchungstatsachen, die sowohl Vorgänge aufnehmen, bei denen das Buchhaltungssubjekt mit anderen Wirtschaftseinheiten in Beziehung tritt, als auch innerbetriebliche Leistungsverrechnungen aufzeigt). Im Schulalltag und in den Lehrbüchern herrscht immer noch der bilanzielle Ansatz vor, weil er von vielen Schülerinnen und Schülern als einfacher wahrgenommen wird und vom Einfachen her zum Komplizierten aufgebaut werden kann. Der Einstieg über das Konto hat sich – insbesondere in der Schweiz – noch nicht richtig durchgesetzt, obwohl dieser Ansatz weniger zum mechanischen Anlernen von Buchungsvorgängen anleitet und bessere Voraussetzungen für das Verständnis der Kapital- und Geldflussrechnung schafft. Die zweite Kontroverse betrifft die Gesamtgestaltung des Unterrichts im Rechnungswesen. Gegenüber stehen sich das wirtschaftspropädeutische und das wirtschaftsinstrumentelle Rechnungswesen (Achtenhagen 1990, Preiss 1995, Tramm o.J.) (siehe Abbildung 11).

Wirtschaftspropädeutisches Rechnungswesen	Wirtschaftsinstrumentelles Rechnungswesen
– Rechnungswesen als Vorstufe zum ökonomischen Denken – Betriebswirtschaftliche Anwendungsbezüge am Ende – Primat der Systemlogik – Dominanz der Struktur – Externe vor interner Rechnungslegung	– Rechnungswesen als Instrument zum Verstehen ökonomischer Strukturen und Prozesse – Buchführung als wertakzentuierendes Modell – Rechnungswesen als Planungs- und Kontrollinstrument – Durchgängiger Bezug auf die Verfolgung ökonomischer Ziele

Abb. 11: Wirtschaftspropädeutisches und wirtschaftsinstrumentelles Rechnungwesen (Tramm o.J.)

Seifried (2002) propagiert den seiner Meinung nach notwendigen Übergang vom wirtschaftspropädeutischen zum wirtschaftsinstrumentellen Rechnungswesen mit einer Gegenüberstellung von Soll- und Ist-Lagen (siehe Abbildung 12).

Ist-Lagen (herkömmliche Qualifizierung)	Soll-Lagen (gewünschte Qualifizierung)
– Isolierte Vermittlung von Rechen- und Buchungsalgorithmen unter Vernachlässigung der ökonomischen Realität, Fokussierung auf Buchungssätze und Rechenoperationen	– Sinn und Zweck wirtschaftsmathematischer Operationen verstehen und beurteilen können, Interpretation selbständig ermittelter Daten
– Isolierte, fachwissenschaftliche Betrachtung des Unterrichtsgegenstands	– Fächerverbindender, lernfeldübergreifender Unterricht unter Beachtung der Komplexität der Realität (betriebs- und volkswirtschaftliche, ökologische und soziale) Folgen ökonomischer Entscheidungen abschätzen und bewerten können
– (unzulässige) Verkürzung komplexer ökonomischer Sachverhalte	– Berufsrelevante Problemstellungen mit Praxisbezug, Problemstellungen der Praxis
– Repetitives, lehrergesteuertes Lernen, Betonung von Reproduktion und Reorganisation	– Entdeckendes, selbständiges, problemlösendes Lernen mit Risiko – Kooperatives Lernen in Gruppen
– Lernen ohne Relevanz und Betroffenheit	– Subjektive Bedeutungserschliessung – Dokumentation und Präsentation von Lern(fort)schritten – Konstruktive Rückmeldung

= repetitiv lernender Schüler mit einem verkümmerten ökonomischen Grundverständnis	= interessierter, ganzheitlich in Systemen denkender und selbständig arbeitender Lerner mit einem aufgeklärten ökonomischen Grundverständnis

Abb. 12: Ist-Soll-Lagen-Zuordnung im Rechnungswesenunterricht (Seifried 2002)

Die Darstellung dieser beiden Kontroversen führt zu den didaktischen Gestaltungsideen des Unterrichts im Rechnungswesen:

(1) **Wirtschaftspropädeutisches Rechnungswesen:** Rein disziplinenbezogene Anwendung der Finanzbuchhaltung und der Kostenrechnung mit dem Ziel, das formale Verständnis für die Aufarbeitung und Interpretation von Daten zu schaffen. Die Handlungssicherheit wird an typischen Problemstellungen aus technischer und interpretativer Sicht sichergestellt, ohne dass im Anfängerunterricht die Vernetzung mit dem gesamten Geschehen in einer Unternehmung sichergestellt wird (siehe dazu insbesondere Schneider 2005).

(2) **Wirtschaftsinstrumentelles Rechnungswesen:** Bei dieser interdisziplinären Gestaltungsidee soll den Schülerinnen und Schülern die Grundlage für das Verständnis der Kosten- und Leistungsprozesse als Kernbereich des betrieblichen Geschehens gegeben und deutlich gemacht werden, in welcher Weise die Buchhaltung und die Kostenrechnung für betriebliche Planungs-, Steuerungs- und Kontrollprozesse genutzt werden können. Dies ist nur möglich, wenn die Erarbeitung der dazu nötigen Bereiche aus Buchhaltung und Kostenrechnung in Verbindung mit betriebs- und volkswirtschaftlichen Fragen fächerübergreifend erfolgt. Am besten verwirklicht werden kann diese Gestaltungsidee mit unternehmerischen Planspielen, in denen die Buchhaltung und die Kostenrechnung im Rahmen eines Unternehmungsmodells am Beispiel einer Unternehmung und mit Originalunterlagen sowie Informationsmitteln erarbeitet werden. Ein grundlegendes Beispiel hat Achtenhagen (1996) mit seiner Jeansfabrik vorgelegt und dessen Wirksamkeit überprüft.

(3) **Finanzwirtschaftliche Grundkenntnisse (Financial Literacy):** Im Mai 2012 forderte der Präsident der Vereinigten Staaten aufgrund der verbreiteten Unkenntnis der jungen Generation in Finanzfragen, dass die finanzwirtschaftliche Ausbildung mit dem Ziel einer Financial Literacy auszubauen sei (Sloan 2012, Schlösser, Neubauer et al. 2011). Dazu zählen Grundlagen der Buchhaltung, Budgetierung, Bank- und Börsengeschäfte. Mit dieser Gestaltungsidee soll der persönliche Umgang mit Finanzfragen im weitesten Sinne gefördert werden, wozu auch die Gestaltung einer persönlichen Buchhaltung zählt.

Empfehlung

Angesichts der zunehmenden Verschuldung der jungen Generation muss die Financial Literacy Eingang in die Lehrpläne finden. Dies aber rechtzeitig auf die Sekundarstufe I, wenn die Jugendlichen beginnen mit grösseren Geldbeträgen umzugehen. Darauf wird hier nicht eingetreten.

Aus lerntheoretischer Sicht ist der Übergang zu einem wirtschaftsinstrumentellen Rechnungswesen zu befürworten, weil selbst bei einer wirtschaftsberuflichen Bildung an Berufsschulen die Lernenden nicht nur befähigt werden dürfen, Bilanzen und Erfolgsrechnungen aufzustellen sowie komplexe Geschäftsvorfälle zu buchen und einen Abschluss zu erstellen, sondern sie sind darauf vorzubereiten, zu verstehen, was hinter den Zahlen steht. Zu fragen ist aber, ob diese Gestaltungsidee in jedem Fall richtig ist. Würde die Betriebswirtschaftslehre vor Aufnahme des Unterrichts in Rechnungswesen mit einer Beschreibung der Unternehmung (z.B. anhand eines Unternehmungsmodells) eingeführt, so könne der Unterricht im Rechnungswesen wirtschaftspropädeutisch ausgerichtet werden, denn es gibt Gründe, wenigstens in einer Anfangsphase die wirtschaftspropädeutische Gestaltungsidee zu wählen. Erstens besteht die Gefahr, dass sich die Schülerinnen und Schüler während einer längeren Anfangsphase im Buchhaltungsunterricht ob der vielen Begriffe und Sachverhalte im wirtschaftsinstrumentellen Ansatz nicht zurecht finden und demotiviert werden (so auch Schneider 2005). Zweitens darf die Bedeutung der Routine und des Übens im Rechnungswesen nicht unterschätzt werden. Wer über keine Routinen und Techniken verfügt, wird nie in der Lage sein, Daten differenziert zu analysieren und zu interpretieren. Im universitären Unterricht lässt sich immer wieder beobachten, wie Lernende von Wirtschaftsgymnasien mit Daten aus dem Rechnungswesen als Folge mangelnder rechnungstechnischer Routinen (Üben zur Automation) nicht mehr sicher umgehen können. Dies ist wahrscheinlich eine Folge der wirtschaftsimmanenten Gestaltungsidee mit einer Vernachlässigung von vielen Übungen.

Zusammenfassend wird deshalb folgende Lehrplanlösung vertreten: Mit dem Unterricht in Rechnungswesen an Wirtschaftsschulen sollte erst nach einer Einführung in die Unternehmung mit dem Rechnungswesen mit der wirtschaftspropädeutischen Gestaltungsidee und im Interesse eines besseren Verständnisses mit dem Einstieg über das Konto begonnen und später mit einem fortschreitenden Unterricht in Betriebswirtschaftslehre zur wirtschaftsimmanenten Gestaltungsidee übergegangen werden.

Kritisch ist angesichts der geringen Lektionenzahl des Lernbereichs Wirtschaft an allgemeinbildenden Schulen die Einordnung des Rechnungswesens in den Lehrplan. Aufgrund langjähriger Erfahrung und Rückmeldungen von ehemaligen Schülerinnen und Schülern sollte man nicht völlig darauf verzichten, sondern wenigstens das System der doppelten Buchhaltung nach der wirtschaftspropädeutischen Gestaltungsidee bearbeiten.

2.2.5 Staatskunde (politische Bildung)

Für die Staatskunde (politische Bildung) sind folgende didaktische Gestaltungsideen denkbar:

(1) **Verfassungskunde:** Das Schwergewicht des Unterrichts wird auf die Auseinandersetzung mit der Staatsverfassung gelegt: Geschichte der Verfassung, Merkmale der Verfassung, Rechte und Pflichten der Bürgerinnen und Bürger sowie Staats- und Behördenorganisation. Dabei kann der Lehrplan stärker deskriptiv, begründend und verstehend (wertneutral) oder problemorientiert (wertorientiert) gestaltet werden.

(2) **Partnerschaftliche Erziehung:** Bei dieser Gestaltungsidee, die nach dem zweiten Weltkrieg in Deutschland recht verbreitet war (Oetinger 1953), wurde aus politisch verständlichen Gründen eine politisch neutrale Gestaltungsidee vorgeschlagen, welche auf sozialen Problemen aus dem Kreis der Familie, der Schule und von Freundschaftsgruppen beruhte. Dies mit dem Ziel, Einsichten in soziale Prozesse, Machtstrukturen und Entscheidungsfindung zu vermitteln. Angenommen wurde, solche Erkenntnisse liessen sich ohne weiteres auf die politische Realität übertragen.

(3) **Aktualitätenschau:** Bearbeitet werden bei dieser didaktischen Gestaltungsform ausschliesslich aktuelle Probleme, um damit die Motivation für das Politische zu fördern.

(4) **Aktionsorientierte politische Bildung:** Dazu wurden zwei Ansätze vorgeschlagen: Einerseits konkrete Projekte zu politischen Problemen (z.B. Altersprobleme mit einem Besuch in einem Altersheim, oder Integration von Menschen aus fremden Kulturen mit direkten Kontakten); andererseits Durchführung von politischen Aktionen, um die Beteiligungsfähigkeit zu fördern (z.B. Demonstrationen, Standaktionen). Die erste Idee wird in den Vereinigten Staaten auch heute noch häufig umgesetzt. Die zweite Idee fand in den kritischen achtundsechziger Jahren in Deutschland Unterstützung (siehe als typisches Beispiel Giesecke 1972).

(5) **Politische Theorie und Kompetenz:** Bei dieser didaktischen Gestaltungsidee werden politische Theorien behandelt und mit Problemstellungen, Projekten, Fällen und Rollenspielen vertieft, um politische Kompetenz und (theoretisch) politische Partizipationserfahrung zu erfahren.

> **Empfehlung**
>
> Ziel der Staatskunde (politische Bildung) in einer demokratischen Gesellschaft muss es sein, die Lernenden auf die Teilnahme am politischen Prozess vorzubereiten. Dazu bedarf es einer genügenden Wissensbasis über die Institutionen sowie über Grundzüge der politischen Theorie. Dieses Wissen ist mit politischen Kompetenzen zu verknüpfen, damit die Schülerinnen und Schüler lernen, mit aktuellen politischen Problemen umzugehen. Dieses Ziel lässt sich mit einer der fünf didaktischen Gestaltungsideen allein nicht erreichen, sondern es ist nach Kombinationen zu suchen, wobei aber einzelne Gestaltungsideen auszuschliessen sind: Die partnerschaftliche Gestaltungsidee geht von Transferwirkungen aus, welche es nicht gibt: Partnerschaftlicher Umgang ist etwas ganz anderes als Auseinandersetzungen mit politischen Problemen. Eine Aktualitätenschau mag kurzfristig motivieren. Weil ihr aber häufig eine strukturierte Wissensbasis fehlt, bleibt sie an der Oberfläche. Die aktionsorientierte Gestaltungsidee kann oft gefährlich werden, weil beobachtet wurde, wie Aktionen negative Vorurteile verstärken (z.B. ein Besuch mit einer Aussprache mit Menschen aus anderen Kulturen verstärkt Vorurteile häufig), oder eine Standaktion kann entgleiten.

2.3 Beispiel eines Richtziels

Abbildung 13 zeigt ein Richtziel für das Fach Wirtschaft für Gymnasien.

> **Richtziel Wirtschaft**
>
> Das Fach Wirtschaft umfasst die Lernbereiche Volkswirtschaftslehre und Betriebswirtschaftslehre. Es dient zwei Zwecken: Einerseits vermittelt es ein grundlegendes Strukturwissen in diesen beiden Lernbereichen, das später in Integrationsfächern integrierend und vertiefend verwendet werden kann, und andererseits bereitet es die jungen Menschen auf den Umgang mit Wirtschaftsproblemen vor, wie sie ihnen als Konsumenten, Mitarbeitenden beim Staat oder in Unternehmungen sowie als Staatsbürgerinnen und -bürgern immer wieder begegnen.
> Ein verständnisvoller Umgang mit wirtschaftlichen Problemen setzt zunächst ein gut strukturiertes Grundlagenwissen (Orientierungswissen) über die Gesellschaft und die Wirtschaft voraus, damit die dort vorhandenen Probleme und Konflikte differenziert wahrgenommen und verstanden werden.
> Dieses Grundlagenwissen ist so mit den wichtigsten gesellschaftlichen und wirtschaftlichen Problemen zu verknüpfen, damit die Schülerinnen und Schüler erkennen, dass

- hinter allen gesellschafts- und wirtschaftspolitischen Problemen Interessen und Machtansprüche stehen;
- die meisten dieser Probleme Zielkonflikte enthalten, die Patentlösungen ausschliessen und Entscheidungen immer mehr zu einem Abwägen von Vorteilen und Nachteilen zwingen, weshalb das sachkompetente Abschätzen langfristiger Konsequenzen besonders bedeutsam ist;
- dieses Abwägen der Vorteile und Nachteile nicht nur rational erfolgen kann, sondern auch die jeweiligen normativen Zielvorstellungen und Emotionen mitzuberücksichtigen sind;
- rein disziplinenorientiertes Denken nicht mehr ausreicht, sondern die gesellschaftlichen und wirtschaftlichen Gesichtspunkte miteinander zu vernetzen sind.

Deshalb sollen die Schülerinnen und Schüler lernen,

- ihr Wissen für die Lösung gesellschaftspolitischer und wirtschaftspolitischer Fragestellungen immer wieder zu aktivieren und allenfalls selbständig zu erweitern,
- gesellschaftliche und wirtschaftliche Aussagen und Probleme zu definieren und zu analysieren, Tatsachen und Behauptungen zu unterscheiden und den normativen Gehalt von Aussagen und Forderungen zu erkennen,
- Möglichkeiten zur Lösung von gesellschaftlichen und wirtschaftlichen Problemen und Konflikten zu suchen und die Konsequenzen für die Gesellschaft als Ganzes, einzelne Gruppen und Einzelpersonen abzuschätzen,
- und sich schliesslich über alle gegenwärtigen und künftigen staats-, rechts- und wirtschaftspolitischen Probleme im freien Urteil eine eigene Meinung zu bilden.

Am Ende des Unterrichts sollen die Schülerinnen und Schüler ihren eigenen gesellschaftlichen Standort gefunden und erkannt haben, dass eine Gesellschaft nur solange funktionstüchtig bleibt, als alle ihre Glieder die Regeln der wandelbaren Rechtsordnung als Grenze ihres Denkens und Tuns akzeptieren. Sie sollen zudem so motiviert sein, dass sie am gesellschaftlichen und wirtschaftlichen Diskurs aktiv teilhaben und die Folgen eigener Verhaltensweisen abschätzen können.

Abb. 13: Richtziel für den Lernbereich Wirtschaft für ein Gymnasium

Dieses Richtziel ist für Schülerinnen und Schüler im mittleren Gymnasialalter und mit einer Lektionenzahl von 120 – 160 gedacht. Es diente als Grundlage für ein Lehrbuch (Dubs 1994) und beruht auf der wirtschaftsbürgerlichen Gestaltungsidee (Bildung des allgemeinen Wirtschafts- und Gesellschaftsverständnisses). Dieses Richtziel kann auch für wirtschaftliche Vollzeitschulen und kaufmännische Berufsschulen gelten, wobei im Vergleich zu den Gymnasien die Lerninhalte verschieden zu gestalten sind.

3 Lehrpläne

3.1 Begriff

Lehrpläne sind zentrale Steuerungsinstrumente für das Schulwesen eines Hoheitsgebietes, die allgemeingültig und rechtsverbindlich sind (Riedl & Schelten 2013). Sie orientieren über den Erziehungs- und Bildungsauftrag einer Schule, setzen die normativen Grundlagen sowie die Schwerpunkte für den Unterricht und bestimmen die Lehr- und Lerninhalte, die im Unterricht zu vermitteln sind. Den Lehrpersonen dienen sie als Planungsvorgabe für den Unterricht. Als Grundlage für das pädagogische Wirken entlasten sie die Lehrkräfte bei ihrer täglichen Arbeit. Sie bilden die Grundlage für die Lernleistungen der Schülerinnen und Schüler und ermöglichen die Beurteilung der Wirksamkeit einzelner Schulen oder ganzer Schulsysteme. Sie informieren die Lernenden, ihre Eltern und die Öffentlichkeit über die Ziele und die zu vermittelnden Lerninhalte.

Anfangs der sechziger Jahre des letzten Jahrhunderts wurde der Begriff Lehrplan, der schwergewichtig auf die traditionelle Darstellung von Lerninhalten ausgerichtet war, durch den Begriff **Curriculum** ersetzt (Tyler 1969, Taba 1962). Darunter wird ein umfassendes System eines Lehrplans verstanden, in welchem nicht nur Ziele und Inhalte für den Unterricht, sondern auch Hinweise auf Lehrformen und Tests vorgegeben sowie Lehr- und Unterrichtsmaterial bereitgestellt werden.

Der Übergang vom Lehrplan zum curricularen Denken gab zudem die entscheidenden Anstösse von der Inputorientierung zur Outputorientierung von Schule und Unterricht. Schulen sollen nicht mehr mittels Lehrplänen, sondern aufgrund erbrachter und festgestellter Leistungen gesteuert werden. Die Kontroverse über diesen Wandel ist noch nicht abgeschlossen (Brenner 2009). Die Befürworter der Outputorientierung meinen, dass mit der Outputorientierung und mit den damit verbundenen neueren lerntheoretischen Ansätzen, wie Kompetenzen oder Handlungsorientierung, im Unterricht vermehrt Fähigkeiten an lebensnahen Aufgabenstellungen und nicht mehr nur Faktenwissen angeboten werden. Die Kritiker sind der Auffassung, dass die Konzentration auf Fähigkeiten und Aufgabenlösungen die Bildung verkürzt, weil „eine mehrperspektive Deutung und Vertiefung von Welterfahrung und zwischenmenschlichem Umgang aus dem Blick geraten" (Brenner 2009, 57). Dieser Unterrichtslehre liegt die Outputorientierung zugrunde. Mit guten Zielen im Lehrplan und im Unterricht lässt sich der Nachteil einer blossen aufgabenorientierten Fähigkeitsbeurteilung überwinden.

3.2 Die Formulierung von Lehrplänen

Bis anfangs der sechziger Jahre waren die Lehrpläne inputorientiert, indem einzig **Lerninhalte** vorgegeben wurden, allenfalls mit einer Präambel (oder allgemeinen Bildungsabsichten). Diese inputorientierte Form gab den Lehrkräften viele Freiheiten, nicht zuletzt weil blosse Inhaltsvorgaben immer sehr vage sind. Mit dem Übergang zur curricularen und outputorientierten Form entwickelte sich die **lernzielorientierte Didaktik** mit dem lernzielorientierten Unterricht, bei welchem sich die

Unterrichtsplanung, die Lernorganisation und die Lernkontrolle an präzisen operationalen Lernzielen orientieren. Daran konnte dann der Lernerfolg auch gemessen werden. Obschon während mehr als zwanzig Jahren vielerorts **lernzielorientierte Lehrpläne** eingeführt wurden, hat sich die lernzielorientierte Didaktik nie richtig durchgesetzt. Die Ursachen dafür lagen weniger in der fundamentalen Kritik an den Lernzielen (zu detaillierte Lernziele, oft behavioristische Prägung mit wenig Anstössen für Denkprozesse und Reflektion, Verarmung von Zielen, die nur zur Wissensvermittlung und Anwendung führten, um die Lernergebnisse messen zu können), als am Schematismus der Formulierung und der oft bescheidenen pädagogischen Reflexion. Die Einflüsse der kognitiven Lerntheorie und des Konstruktivismus führten zu einem Bedeutungsverlust der lernzielorientierten Didaktik und damit zum nächsten Ansatz, den **kompetenzorientierten Lehrplänen**. Nicht mehr Lernziele stehen im Vordergrund, sondern Kompetenzen sind im Unterricht zu entwickeln, wobei bis heute noch nicht genau definiert ist, was Kompetenzen sind, und vor allem wie sie unterrichtlich aufgebaut werden können. Eine einfache Definition besagt: Kompetenzen sind „kontextspezifische kognitive Leistungsdispositionen, die sich funktional auf Situationen und Anforderungen in bestimmten Domänen beziehen" (Klieme & Leutner 2006). Im Interesse einer besseren Steuerung eines ganzen Schulsystems entstand ergänzend zur Kompetenzorientierung das Konzept der **Bildungsstandards** (beginnend mit dem Gutachten von Klieme 2003). Bildungsstandards sollen einerseits eine Leitfunktion für die nationale Steuerung und gleichzeitig die Orientierungsfunktion von Lehrplänen übernehmen, und andererseits den Schulen mehr Freiheit in der Lehrplangestaltung geben. Sie legen in Kernbereichen (Muttersprache, Mathematik und Naturwissenschaften) fest, welche Kompetenzen die Lernenden zu einem bestimmten Zeitpunkt ihrer Schullaufbahn erreicht haben sollen (Outputorientierung). Die Kompetenzen ergeben sich kumulativ aus Teilkompetenzen im Rahmen grösserer Anforderungsbereiche. Die Entwicklung von Bildungsstandards ist in vollem Gange (z.B. das Projekt HARMOS der schweizerischen EDK); dort wo sie bereits verbindlich erklärt wurden ist es allerdings gelegentlich schwierig, sie von guten Lernzielen zu unterscheiden.

Für die Unterrichtsgestaltung und Vorbereitung ist ganz entscheidend, wie Lehrpläne formuliert sind, denn die Formulierung entscheidet über den Aufwand der Umsetzung von Lehrplänen im täglichen Unterricht (konkrete didaktische und methodische Hilfestellung) sowie über die Freiheiten, welche Lehrpersonen im Unterricht zugestanden werden. Deshalb ist im Folgenden auf die Darstellung der Lehrpläne einzugehen.

3.3 Darstellung von Lehrplänen

3.3.1 Lernzielorientierte Lehrpläne

Aufbauend auf Mager (1952/1994) hat in den deutschsprachigen Ländern Möller (1973) die Idee von Lernzielen und lernzielorientierten Lehrplänen vorangetrieben. Sie haben bis um die Jahrhundertwende die Lehrplangestaltung massgeblich beeinflusst. Absicht war und ist es, mit möglichst genauen Beschreibungen Lernprozesse auf eine verhaltensmässige Zielsetzung auszurichten und deren Erreichbarkeitsgrad genau zu kontrollieren. Angestrebt wird eine **Operationalisierung** der Lernziele.

Die Operationalisierung der Lernziele orientiert sich an drei Kriterien:

(1) Beschreibung des Endverhaltens nach einem Lernprozess: *Am Ende des Unterrichts sind die Lernenden in der Lage ...* zu tun (Inhalt und Verhalten).
(2) Bedingungen für das Endverhalten: *Unter Zuhilfenahme von Hilfsmitteln für das Tun* (z.B. Statistiken).
(3) Beschreibung des Massstabes des erwarteten Endverhaltens als Ergebnis des Lernprozesses zur Lernkontrolle: z.B. *fehlerfrei*.

Beispiel:

Am Ende des Unterrichts sind die Lernenden in der Lage

mithilfe einer Steuerstatistik eine Lorenzkurve fehlerfrei zu entwickeln und fünf
....
② ① ③ ① ③

sozialpolitische Massnahmen als Mittel des sozialen Ausgleichs herauszufinden.
....
①

Lernzielorientierte Lehrpläne verstehen die Lernvorgänge als verhaltensverändernde Prozesse, die in der Planungsphase so vorstrukturiert werden, dass angestrebte Erfahrungen durch die Lernorganisation nahezu unausweichlich sind und auf die vorher festgelegten Lernziele hinführen müssen (Riedl 2010).

Im Verlaufe der Jahre wurden immer mehr Modelle von lernzielorientierten Lehrplänen mit vielen unterschiedlichen Lernzielbegriffen entworfen, wie Richtziele und Grobziele oder Richtziele und Informationsziele für die Mesoebenen und Feinziele oder Planungsziele für die Mikroebene (Möller 1973, Dubs, Metzger & Hässler 1974).

In der schweizerischen Berufsbildung hält man in Lehrplänen an den Lernzielen fest. Verwendet wird die Triplexmethode (Bundesamt für Berufsbildung und Technologie [BBT] 2007), mit welcher die Lernziele die anzustrebende Handlungskompetenz beschreiben. Abbildung 14 erklärt die Methode.

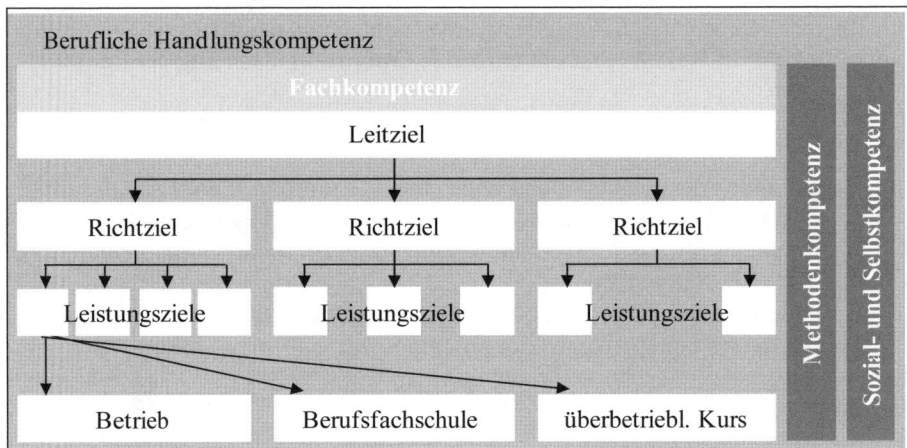

- Leitziele umschreiben Handlungsfelder und begründen, weshalb diese in den Bildungsplan aufgenommen werden. Ein Leitziel wird durch Richtziele konkretisiert.
- Richtziele beschreiben Verhaltensbereitschaften, die bei den Lernenden zu fördern sind.
- Leistungsziele beschreiben konkretes, beobachtbares Verhalten in bestimmten Situationen und verdeutlichen so die Richtziele.
- Leitziele sollen für einen längeren Zeitraum (ca. zehn Jahre) gültig bleiben, Richt- und Leistungsziele sind auf kürzere Frist angelegt. Sie werden laufend überprüft und falls nötig neuen Gegebenheiten angepasst.
- Fachkompetenzen werden auf allen drei Zielebenen beschrieben, Sozial-, Methoden- und Selbstkompetenzen werden allgemein umschrieben und können unterschiedlichen Ebenen zugeordnet werden.
- Leistungsziele sind den einzelnen Lernorten zugeordnet und entsprechend gekennzeichnet. Leit- und Richtziele gelten für alle Lernorte in gleicher Weise.
- Um den Bezug von untergeordneten fachlichen Zielen zu übergeordneten sichtbar zu machen, werden die Ziele in geeigneter Weise nummeriert.
- Die Qualifikationsverfahren sind so ausgestaltet, dass sie alle Kompetenzdimensionen integral überprüfen.
- Im Bildungsplan werden alle Ziele ausführlich beschrieben. In der Verordnung über die berufliche Grundbildung werden die Fach-, Sozial-, Methoden- und Selbstkompetenzen stichwortartig aufgeführt.

Abb. 14: Lernzieldefinition im schweizerischen Berufsbildungssystem (Triplexmethode)

Abbildung 15 zeigt einen Ausschnitt aus dem schweizerischen Bildungsplan 2003 für kaufmännische Berufsschulen im Lernbereich Wirtschaft, der aber noch nicht an die Begriffe der Triplexmethode angepasst ist.

Kernkompetenz

3.1 Voraussetzungen der Weltwirtschaft verstehen und Wechselwirkung zwischen Unternehmen und Mitwelt erkennen

Leitidee
Unternehmungen erfüllen ihren Auftrag in einem wirtschaftlichen, gesellschaftlichen und geografischen Umfeld. Betriebswirtschaftliche Handlungen haben Auswirkungen auf dieses Umfeld. Kaufleute sind in der Lage, Auswirkungen der Wirtschaft auf das Allgemeinwohl zu beurteilen. Sie handeln als verantwortungsbewusste Berufsleute und Bürgerinnen/Bürger.

Dispositionsziel
3.1.1 Kaufleute handeln in Beruf und Alltag nach ethischen Gründen.

Dispositionsziel
3.1.2 Kaufleute interessieren sich für das aktuelle wirtschaftliche Geschehen, insbesondere für dasjenige der Schweiz und Europas. Sie sind in der Lage, volks- und weltwirtschaftliche Zusammenhänge und ihre Auswirkungen auf die Unternehmung und sich selber zu erkennen. Sie verstehen wirtschaftspolitische Prozesse und Steuerungsmassnahmen.

	Leistungsziele	Trägt bei zur Methodenkompetenz	Trägt bei zur Sozialkompetenz
Ziele wirtschaftlichen Handelns	B 3.1.2.1 Kaufleute umschreiben die wichtigsten Ziele des wirtschaftlichen Handelns (magische Vierecke). Diese Darstellungen sind einsichtig und plausibel K2	2.1 Analytisches und geplantes Vorgehen Ev. 2.6 Präsentationstechniken	Ev. 1.12 Teamfähigkeit
Wirtschaftskreislauf	B. 3.1.2.2 Kaufleute stellen einem Dritten den „Wirtschaftskreislauf" mit seinen Elementen Haushalte, Unternehmungen, Staat, Bankensystem und Ausland dar und erklären ihn grafisch vollständig. K2	2.6 Präsentationstechniken	1.6 Kommunikationsfähigkeit Ev. 1.12 Teamfähigkeit

Abb. 15: Ausschnitt aus dem Bildungsplan für kaufmännische Berufsschulen der Schweiz

Die Leistungsziele entsprechen operationalen Lernzielen, die durch Hinweise auf Methoden- und Sozialkompetenzen ergänzt werden. Die Lehrpersonen fördern die Kompetenzen in ihrem Unterricht nach eigenen Vorstellungen. Mit dieser Darstellungsform wurde versucht, die Nachteile der operationalen Lernziele zu überwinden, indem mit der Abstufung mit den verschiedenen Zielen die Ganzheitlichkeit und die Kompetenzorientierung der Bildung angestrebt wird. Diese Lösung mag aber nicht zu befriedigen. Erstens überzeugt die Darstellung der Kompetenzen nicht, zweitens bleiben die Leistungsziele typische operationale Lernziele, und drittens gibt diese Form keine Anregung für die Planung von Lektionen. Interessant ist, dass viele Lehrpersonen nur die Leistungsziele zur Kenntnis nehmen und die weiteren Hinweise als Ballast empfinden.

Im Interesse der Vielgestaltigkeit von Lehrplänen und Unterricht werden die Lernziele mit Taxonomien in Verbindung gebracht. Eine **Taxonomie** ist ein Ordnungsgefüge für Lernziele und Testaufgaben (Bloom 1956 sowie Krathwohl, Bloom & Masia 1964). Mit der kognitiven Taxonomie [6] (siehe Abbildung 16) glaubte man, neben einer Sicherung der Vielgestaltigkeit auch eine Ordnung für das kognitive Anspruchsniveau gefunden zu haben. Dies erwies sich aber als Trugschluss, weil das Anspruchsniveau auch durch die Ansprüche an das Wissen geprägt ist. Dadurch lässt sich allgemein gültig keine Steigerung des Anspruchsniveaus konstruieren. Hingegen behält die Taxonomie ihre Bedeutung als Instrument der Anregung für einen kognitiven vielgestaltigen Unterricht sowie als Kontrollinstrument für die Vielgestaltigkeit von Prüfungen (siehe dazu Dubs 2006).

Taxonomiestufe	Beispiel
K6 Bewertung Bestimmte Informationen und Sachverhalte nach bestimmten Kriterien beurteilen.	Die Antiinflationspolitik des Landes X im Jahr 2010 beurteilen.
K5 Synthese (Kreativität) Einzelne Elemente eines Sachverhalts kombinieren und zu einem Ganzen zusammenfügen.	Für eine reale Inflationssituation eine Antiinflationspolitik vorschlagen.
K4 Analyse Sachverhalte in Einzelelemente gliedern, die Beziehung zwischen Elementen aufdecken und Strukturmerkmale herausfinden.	Ursachen der Inflationsphase 2010 im Land X ermitteln.
K3 Anwendung Informationen über Sachverhalte in verschiedenen Situationen brauchen	Antiinflationsmassnahmen mit bestimmten Situationen verbinden.
K2 Verstehen Informationen nicht nur wiedergeben, sondern auch mit eigenen Worten erklären.	Inflation und Antiinflationsmassnahmen mit eigenen Worten erklären.

---

[6] Auf die Darstellung der affektiven Taxonomie wird hier verzichtet, weil sie sich nie richtig durchgesetzt hat.

K1 Wissen Informationen wiedergeben und in gleichartigen Situationen abrufen.	Inflation und Antiinflationsmassnahmen erklären.

Abb. 16: Vereinfachte Darstellung der kognitiven Taxonomie

Lernziele wegen den in der Praxis immer wieder beobachteten Mängeln generell abzulehnen, ist fragwürdig, denn wer nicht weiss, wo er hinkommen will, gelangt leicht irgendwohin, wohin er gar nicht wollte. Die bereits angedeuteten Mängel sollten aber vermieden werden:

- Nicht alle Lernziele können messbar sein. Der Lernerfolg sollte aber wenigstens beobachtbar oder spürbar sein.
- Die Lernziele dürfen nicht behavioristisch gestaltet und in kleine Lernschritte zergliedert sein.
- Sie dürfen nicht so gestaltet sein, dass sie zu einem mechanistischen Lernen verführen.
- Sie müssen die zu erreichenden Kompetenzen umschreiben.
- Sie müssen pädagogisch reflektiert sein und den Lehrpersonen Anregungen geben.

Die Abbildungen 17 und 18 zeigen ein nicht optimales und ein verbessertes Lernziel.

Lernziel (Leistungsziel)	**Taxonomiestufe (Abbildung 15)**
Kaufleute unterscheiden die soziale, ökonomische, ökologische und technologische Umwelt	K2 Verstehen
Kaufleute können den Einfluss der verschiedenen Anspruchsgruppen (Mitarbeiter, Konkurrenz, Kapitalgeber, Kunden, Lieferanten, Institution) auf die Unternehmung aufzeigen.	K2 Verstehen
Kaufleute beschreiben Zielkonflikte der Unternehmung mit den Anspruchsgruppen und den Umweltsphären.	K2 Verstehen

Abb. 17: Nicht optimales Lernziel

Abbildung 18 zeigt eine verbesserte Fassung.

Lernziel (Leistungsziel)	Taxonomiestufe
Die Lernenden sind in der Lage, die Einflüsse der Umweltsphäre und die Anspruchsgruppen auf die Gestaltung und Führung einer Unternehmung zu erkennen, die dabei entstehenden Zielkonflikte zu beurteilen und daraus Erkenntnisse für die Unternehmungsführung abzuleiten.	K4 Analyse K6 Bewertung K5 Synthese

Abb. 18: Verbessertes Lernziel

Diese Fassung des Lernziels regt zu einer besseren Umsetzung der Inhalte an; bleibt nicht auf das Verstehen beschränkt und verleitet weniger zur blossen Wissensvermittlung.

3.3.2 Kompetenzorientierte Lehrpläne

3.3.2.1 Kompetenzorientiertes Lehren und Lernen

Noch besteht unter Wissenschaftlern keine Einigkeit darüber, was unter Kompetenzen sowie kompetenzorientiertem Lehren und Lernen zu verstehen ist. In dieser Unterrichtslehre wird von folgenden Annahmen ausgegangen (siehe Abbildung 19) (siehe auch Dubs 2006a):

- Letztes Ziel eines jeden Unterrichts muss es sein, die Lernenden auf lebenslanges, selbstinitiiertes und selbstgesteuertes Lernen vorzubereiten.
- Dazu bedarf es eines gut strukturierten Basiswissens, das nicht träge [7] sein darf, sondern als Wissen zur Erschliessung von neuem Wissen dient und für die Anwendung und den fortlaufenden Aufbau des sich stets veränderten Wissens eignet (deklaratives Wissen [8]).
- In Verbindung damit sind Strategien aufzubauen sowie die Metakognition zu stärken (prozedurales Wissen [9]). Dieses Zusammenspiel von deklarativem und prozeduralem Wissen einschliesslich der metakognitiven Strategien [10], ergänzt durch die Motivation und den Willen, bewusst etwas lernen zu wollen, führt zum Aufbau von Teilkompetenzen, die sich in gebündelter Form zu Kompetenzen entwickeln. Über je mehr Kompetenzen die Schülerinnen und Schüler ver-

---

7 Träges Wissen heisst: Wissen das einmal erworben wurde, später aber nicht mehr oder erst mit unterstützender Hilfe wieder verfügbar ist, wenn es konkret benötigt wird (Renkl 1998).
8 Deklaratives Wissen: Wissen was (Fakten und deren Beziehung zueinander).
9 Prozedurales Wissen heisst: Verfahrenswissen (Techniken und Strategien) zu Prozeduren oder Verfahren.
10 Metakognition heisst: Wissen einer Person über ihr Wissen sowie Wissen über das eigene Lernen.

fügen, desto besser sind sie zum selbstgesteuerten Lernen befähigt, das eine grundlegende Voraussetzung für das lebenslange Lernen ist.
– Um Teilkompetenzen entwickeln und bündeln zu können, ist ein situatives (handlungsorientiertes) Lernen an sinnvollen Problemstellungen (komplexe Lehr-Lern-Arrangements, Achtenhagen 1992, Dubs 1996) nötig.
– Mit dem ständigen Erarbeiten von Teilkompetenzen und deren Bündelung werden das deklarative und das prozedurale Wissen nicht nur aktiviert, sondern es wird für neue Problemstellungen immer wieder „re-konstruiert". Mit dieser Rekonstruktion führt der Lernprozess zu sich laufend verändernden Wissensstrukturen (Gruber, Prenzel & Schiefele 2006).

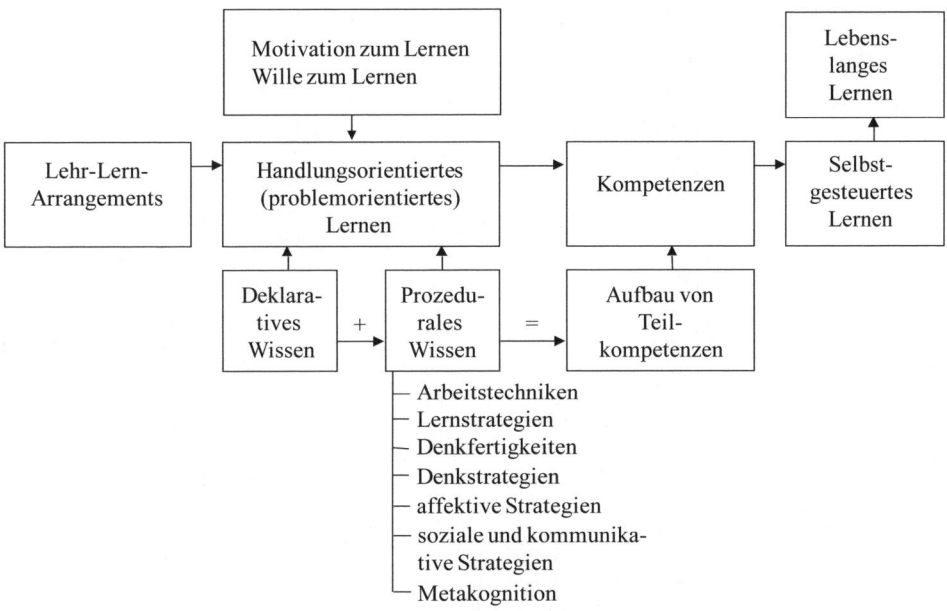

Abb. 19: Modell zum selbständigen lebenslangen Lernen

Diese Umschreibung beruht auf der Definition von Kompetenzen von Weinert (2001): Kompetenzen sind **„die bei den Individuen verfügbaren oder von ihnen erlernbaren kognitiven Fähigkeiten und Fertigkeiten, bestimmte Probleme lösen zu können, sowie die damit verbundenen motivationalen, volitionalen und sozialen Bereitschaften und Fähigkeiten, die Problemlösungen in variablen Situationen erfolgreich und verantwortungsvoll nutzen zu können".**

3.3.2.2 Taxonomie von Arbeitstechniken und Strategien

Hinter Teilkompetenzen und Kompetenzen stehen Arbeitstechniken und Strategien (prozedurales Wissen), die erlernt werden können, deren Gliederung wissenschaftlich aber immer noch umstritten ist (siehe Weinstein & Mayer 1986, Mandl & Friedrich 2006). Im Sinne von Good-Practice für den Lernbereich Wirtschaft, Recht, Gesellschaft wird in dieser Unterrichtslehre von der in Abbildung 20 wiedergegebenen Taxonomie ausgegangen. Diese Abbildung verweist auf viele kognitive Teilkompetenzen. Wichtig ist, sie insbesondere bei der Unterrichtsvorbereitung und -durchführung gebündelt zu betrachten. Abbildung 21 zeigt eine mögliche Gliederung und Beschreibung von Teilkompetenzen.

Arbeitstechniken/ Strategien	Charakteristiken	Beispiele
Arbeitstechniken	Sie schaffen die handwerklichen Voraussetzungen für eine erfolgreiche Arbeit.[a]	– Sich konzentrieren – Zeitmanagement – Notizen nehmen – Informationen suchen (Internet, Literatur) – Gruppenarbeiten gestalten – Präsentieren (Vortragstechnik) – Selbstorganisation – Ressourcennutzung (Informatik)
Lernstrategien	Sie stellen eine Abfolge von einzelnen Lernschritten dar, die flexibel und zielführend eingesetzt sowie automatisiert werden, um im Bewusstsein zu bleiben.	– Lernen ab Texten (z.B. SQ3R-Methode[b]) – Schnelllese-Technik – Texte entwerfen – Konzept-Mappen[c] – Webbing[d]
Denkfertigkeiten	Einzelne Lern- und Denkschritte, die von der gleichen Person immer wieder in etwa gleicher Weise durchgeführt werden (Algorithmen) und zu anspruchsvolleren Denkstrategien ausgeweitet werden.	Voraussetzungen zum – interpretativen Denken – kritischen Denken – kreativen Denken – beurteilenden Denken (siehe Abbildung 21)
Denkstrategien	Denkpläne, welche die Anwendung und Erweiterung des Wissens und Könnens im Zusammenhang mit umfassenderen Problemen ermöglichen (Heuristiken).	die zum – vernetzten Denken – Probleme lösen – Entscheidungen treffen befähigen

Affektive Strategien	Abläufe, die zum Umgang mit Gefühlen und Empfindungen sowie Werthaltungen befähigen.	– Willens und fähig sein, für Gefühle und Empfindungen empfänglich zu werden – Eigene Gefühle und Empfindungen erkennen. Eigene Gefühle und Empfindungen ausdrücken – Werte erkennen – Werthaltungen beurteilen
Soziale und kommunikative Strategien	Vorgehensweisen, die den Umgang mit Menschen und die Kommunikation fördern.	– Moderation und Präsentation – Teamsituationen (Verhalten, Umsetzung) – Konfliktsituationen (Bewältigung) – Beratungs- und Führungssituationen (Verwirklichung) – Kommunikation/Information (Optimierung) [e]
Metakognitive Strategien	Sie dienen der Planung, Überwachung und Regulierung der eigenen Lernprozesse.	– Eigene Lernprozesse beschreiben und verbessern

[a] Siehe Metzger 2010.
[b] Arbeitstechnik für das Lesen mit dem Zweck des Lernens (**S**urvey-**Q**uestion-**R**ead-**R**ecite-**R**eview) (Hofer 1988).
[c] Graphische Darstellung von Beziehungen zwischen Merkmalen, Begriffen oder Ideen (Jonassen, Beissner & Yacci 1993).
[d] Bildliche, strukturierte Darstellung von Informationen (Texten) (Norton 1989), auch als thematische Strukturen bezeichnet (Schneider, Posch & Mann 1989).
[e] Siehe Euler 2007.

Abb. 20: Taxonomie der Arbeitstechniken und Kompetenzen

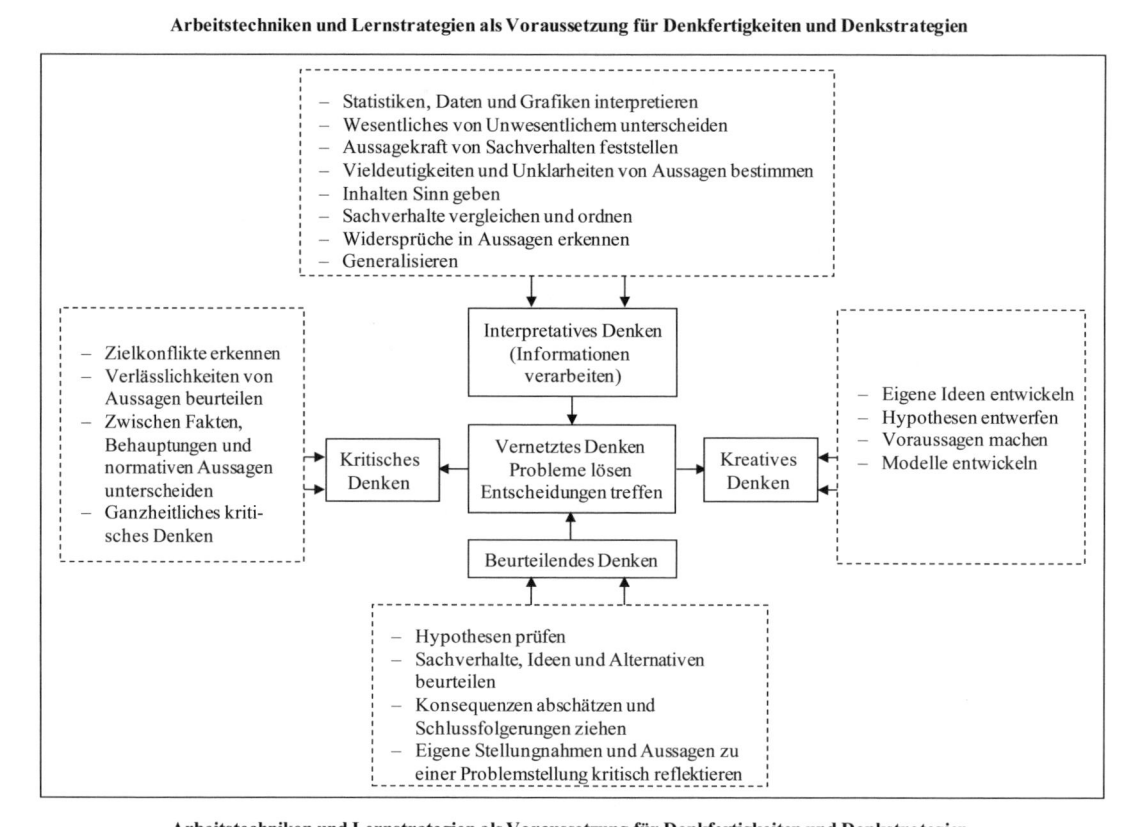

Abb. 21: Arbeitstechniken, Denkfertigkeiten und Denkstrategien kumuliert

Auf die Frage, wie Kompetenzen und Teilkompetenzen in Lehrplänen formuliert und kompetenzorientierter Unterricht geplant und durchgeführt wird, ist später zurückzukommen (siehe Abschnitt 7 im Kapitel IV).

3.3.2.3 Überfachliche Kompetenzen und basale Kompetenzen

Nach der hier vertretenen Auffassung (siehe Abbildung 19) sind Kompetenzen durch eine Kombination von deklarativem und prozeduralem Wissen gekennzeichnet. Angesichts der immer grösseren Stofffülle, der Verbesserung der Durchlässigkeit zwischen Schultypen (insbesondere zwischen allgemein- und berufsbildenden Schulen) sowie der Forderung nach allgemeiner Studierfähigkeit für den Beginn eines Hochschulstudiums (z.B. Artikel 5 MAR in der Schweiz) werden aus der Praxis immer wieder **überfachliche Kompetenzen** (oft auch als allgemeine Bildungsziele bezeichnet) gefordert. Maag Merki (2002) hat auf empirischem Weg für Gymnasien die folgenden drei Formen von überfachlichen Kompetenzen definiert:

(1) **Personale Kompetenzen:** Das sind Fähigkeiten, die eigenen Stärken und Schwächen einzuschätzen, die eigenen Gefühle wahrzunehmen oder mit schlechten Erfahrungen gut umgehen zu können.

(2) **Interpersonale Kompetenzen:** Das sind Fähigkeiten, mit anderen zusammenzuarbeiten, konstruktive Kritik zu üben oder ein Gespräch zu führen.

(3) **Gesellschaftsbezogene Kompetenzen:** Dazu gehören die Bereitschaft, Verantwortung für die Gesellschaft zu übernehmen, umweltschonendes Verhalten zu zeigen oder politisch interessiert zu sein.

Diesner, Isler, Nüesch et al. (o.J.) schlagen die in Abbildung 22 dargestellten überfachlichen Kompetenzen vor.

Selbstlernkompetenzen	Kompetenzen zur positiven Gestaltung der Lernsituation – Sich motivieren – Mit der Zeit umgehen – Sich konzentrieren – Mit Angst und Stress umgehen
	Kompetenzen zur aktiven Erarbeitung von Wissen – Wesentliches erkennen – Informationen anreichern und ordnen
	Kompetenzen zur Aufbereitung und Vermittlung von Wissen – Verfassen einer wissenschaftlichen Arbeit – Präsentation, Moderation und Verteidigung wissenschaftlicher Ergebnisse
Teamkompetenzen	Planungsmassnahmen vor der Teamarbeit
	Verhalten während der Teamarbeit
	Reflexion auf der Inhalts- und Prozessebene während der Teamarbeit
	Reflexion auf der Inhalts- und Prozessebene nach der Teamarbeit
Medienkompetenzen	Medientechnische Kompetenz
	Situationsgerechter Einsatz der Medien
	Kompetenz im Umgang mit Information
	Kommunikationskompetenz

Abb. 22 Katalog überfachlicher Kompetenzen

Meistens werden heute personale, soziale und methodische Kompetenzen unterschieden, die während der gesamten Schulzeit immer wieder gefördert werden müssen (siehe Abbildung 23).

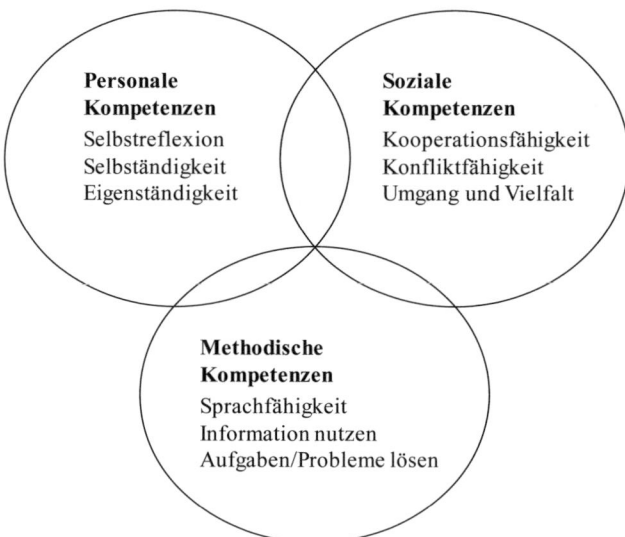

Abb. 23: Personale, soziale und methodische Kompetenzen und ihre Überschneidungen

Der Begriff überfachliche Kompetenzen führt immer wieder zur falschen Vorstellung, sie seien geeignet, den Umfang des Wissens in Lehrplänen und im Unterricht zu reduzieren. Das Erlernen von Kompetenzen ist jedoch viel gegenstandsgebundener als allgemein angenommen wird. So gibt es beispielsweise entgegen den vielen Angeboten für die betriebliche Weiterbildung keine überfachliche Kompetenz „Problemlösen", denn jedes Fachgebiet hat seine fachspezifische Problemlösestrategie. Deshalb sind Diesner, Isler, Nüesch et al. (o.J.) auf dem richtigen Weg, wenn sie in ihrer Schrift Beispiele dafür geben, wie die wenigen überfachlichen Kompetenzen nicht für sich allein, sondern im Fachunterricht zu fördern sind. Auch Eberle (2012) verweist auf überfachliche Kompetenzen in seiner Umschreibung der „basalen fachlichen Studierkompetenzen" zur Vorbereitung der **allgemeinen Studierfähigkeit**, die aus drei Komponenten besteht.

(1) Überfachliche Kompetenzen: Sie entsprechen dem Begriff „Arbeitstechniken" in Abbildung 20.
(2) Fachliches Wissen und Können, das nur in einzelnen Studienfächern vorausgesetzt wird.
(3) Fachwissen und -können, das nicht nur von einzelnen, sondern von vielen Studienfächern vorausgesetzt wird (Voraussetzung für Integrationsfächer).

Fehlende überfachliche Kompetenzen (Arbeitstechniken) erschweren das Lernen und den Lernerfolg auf höheren Schulstufen ganz wesentlich. Infolge der Wissensgebundenheit des Lernens bleibt ihre Zahl aber beschränkt. Ob sie in einem eigenen Fach (Lern- und Arbeitstechnik) erarbeitet oder in den Fachunterricht eingebaut werden, ist im Einzelfall zu entscheiden. Tendenziell ist der Einbau im Fachunterricht wirksamer. Fachspezifische Denkstrategien und dahinterstehende Denkfertigkeiten sind zwingend, soziale und kommunikative Kompetenzen weitgehend in den Fachunterricht einzubringen. Wer über kein Wissen verfügt, wird beispielsweise nie überzeugend argumentieren können. Wohl lassen sich allgemeine kommunikative Kompetenzen, wie beispielsweise die dialektische Argumentation, fächerübergreifend vermitteln, wenigstens solange als es vorerst nur um Regeln und Prinzipien der dialektischen Diskussion geht.

3.3.3 Bildungsstandards

3.3.3.1 Merkmale

Bildungsstandards lassen sich wie folgt umschreiben (ähnlich wie Riedl & Schelten [2013], für die Berufsbildung siehe auch Sloane 2007):

1. Sie beziehen sich auf den Kernbereich eines abgegrenzten Wissens- oder Lernbereichs. Dieser Kernbereich wird auch als Domäne bezeichnet (disziplinenorientiertes Fach oder theoretische Lehrplanorganisation).
2. Sie legen verbindlich und möglichst genau fest, welche Kompetenzen (fachliche und überfachliche Kompetenzen) mit den zugrunde liegenden Wissensbeständen die Schülerinnen und Schüler zu einem bestimmten Zeitpunkt ihres Bildungsgangs erreicht haben sollten. Sie orientieren sich an langfristig aufgebauten Lernergebnissen.
3. Angestrebt wird ein systematisches und vernetztes Lernen mittels eines kumulativen Kompetenzerwerbs (Bündelung von Teilkompetenzen zu Kompetenzen).
4. Bei der Unterrichtsplanung ist sicherzustellen, dass die Interdisziplinarität schrittweise erreicht wird.
5. Bildungsstandards sind outputorientiert, das heisst die gesetzten Ziele müssen erfolgsbezogen überprüfbar sein, was eine genügend genaue Zielumschreibung voraussetzt.
6. Bildungsstandards haben eine Leitfunktion für die Weiterentwicklung eines Schulsystems und eine Orientierungsfunktion für die Öffentlichkeit und die Lehrerschaft. Sie sind aber so ausformuliert, dass die Schulen und ihre Lehrpersonen im Rahmen der für einen längeren Zeitraum vorgegebenen Ziele Freiräume für ihre pädagogische Arbeit haben.
7. Länderweise unterschiedlich werden die Bildungsstandards als staatlich verbindliche Ziele vorgegeben. Sie können an der Stelle von Lehrplänen erlassen oder als Ergänzung der Lehrpläne verstanden werden. Bildungsstandards können für alle Fächer oder nur für einzelne Fächer vorgesehen werden sowie Fächer durch interdisziplinäre Themenbereiche ersetzen. Darstellungsmässig zeichnet sich eine Vereinheitlichung ab, indem Kompetenzen und Teilkompetenzen mit Kompetenzstufen und Lernzielen (manchmal auch als Disposi-

tionsziele bezeichnet) vorgegeben werden. Gelegentlich werden auch Leitideen (welche im Wesentlichen der Idee von Richtzielen entsprechen) entworfen.

Entwickelt werden Bildungsstandards in vier Schritten:

(1) Die Bildungsstandards decken nicht alle möglichen Lerninhalte ab, sondern sie beschränken sich auf zu definierende Kerngebiete, d.h. auf unstrittige, für die Zukunft bedeutsame Lernbereiche und Lerninhalte. Abgeleitet werden sie aus Kerncurricula, welche für die Entwicklung von Lehrplänen für jede Schule (Schullehrpläne) als strukturierende Grundlage und für die zeitliche Sequenzierung dienen. Das Kerncurriculum und die Bildungsstandards geben genügend genau vor, was die Schullehrpläne beinhalten sollen.

(2) Das Konzept der Bildungsstandards ist immer in einem grösseren Entwicklungs- und Schulzusammenhang zu sehen, wie dies Abbildung 24 zeigt.

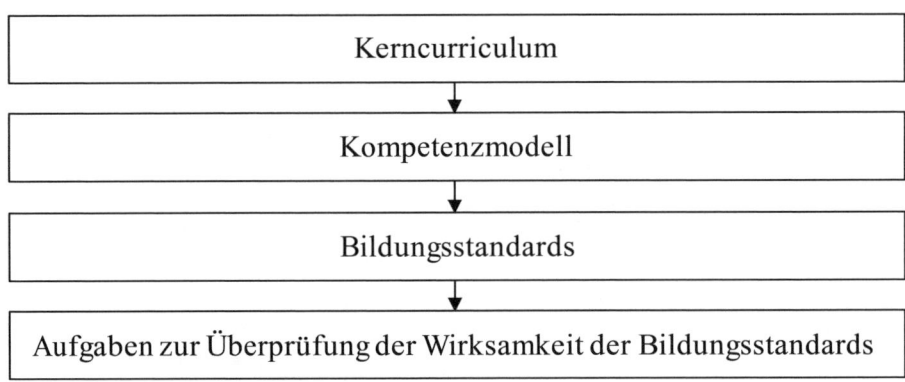

Abb. 24: Bildungsstandards im Gesamtzusammenhang

Grundlage bildet das **Kerncurriculum**, das vorgibt, welche Bildungsziele zu erreichen sind. Erforderlich ist eine Curriculumarbeit, die sich von früheren Modellen der Curriculumentwicklung nicht unterscheidet.

In einem **zweiten** Schritt ist ein **Kompetenzmodell** zu erarbeiten, welches festlegt, über welche Kompetenzen Schülerinnen und Schüler verfügen müssen, wenn die als wichtig erachteten Ziele als erreicht gelten. Bislang besteht noch in keiner Weise Einigkeit darüber, wie Kompetenzmodelle konkret aussehen. Deshalb gibt es eine kaum mehr übersehbare Zahl von theoretischen Kompetenzmodellen. Neuerdings gibt es sogar Tendenzen, welche die Kompetenzmodelle wieder infrage stellen. Wahrscheinlich werden bei konkreten Lehrplanarbeiten laufend neue Modelle entwickelt, denn „richtige" Kompetenzmodelle wird es nie geben, sondern sie werden immer das Ergebnis eines Aushandelns unter Lehrplankonstrukteuren sein. Einen wissenschaftlich sehr interessanten Vorschlag zur Erfassung und Evaluation von Kompetenzen schlagen Achtenhagen & Winter (2008) vor, der für die praktische Umsetzung aber wahrscheinlich zu anspruchsvoll ist. Frühe Vorarbeiten leistete das PISA-Konsortium (OECD 2000). Zur Illustration soll das Modell für die

Kompetenz „Leseverständnis" mit allen Teilkompetenzen aus dieser PISA-Arbeit dargestellt werden (siehe Abbildung 25).

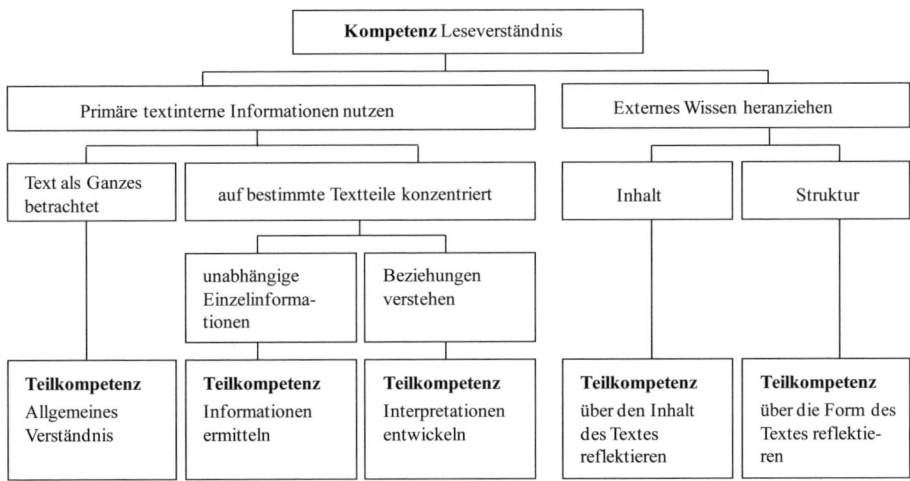

Abb. 25: Kompetenz Leseverständnis mit fünf Teilkompetenzen

Ergänzend werden – insbesondere für Vergleichszwecke – für die einzelnen Teilkompetenzen Stufenmodelle entworfen, um ihren Erreichbarkeitsgrad zu ermitteln. Abbildung 26 zeigt das Stufenmodell für die Teilkompetenz „Informationen ermitteln".

Stufe 5	**Sehr hohe Lesekompetenz** in sehr komplexen Texten verschiedene, tief eingebettete Informationen zu eher unbekanntem Inhalt ermitteln und geordnet wiedergeben
Stufe 4	**Hohe Lesekompetenz** in komplexen Texten mit unbekanntem Kontext mehrere in Verbindung stehende Informationen ermitteln und dabei konkurrierende Informationen beachten
Stufe 3	**Mittlere Lesekompetenz** in Texten mittlerer Komplexität mit weniger vertrautem Kontext einzelne Informationen ermitteln und dabei auch die Beziehungen dieser Informationen beachten
Stufe 2	**Schlechte Lesekompetenz** in eher einfachen Texten mit eher vertrautem Kontext einzelne abhängige und nicht explizit angegebene Informationen ermitteln
Stufe 1	**Sehr schlechte Lesekompetenz** in einfachen Texten mit vertrautem Kontext einzelne unabhängige und explizit angegebene Informationen ermitteln

Stufe < 1	**Nicht mehr messbare Lesekompetenz** Informationen in einfachsten Texten mit vertrautem Kontext nicht mehr finden bzw. identifizieren können

Abb. 26: Stufenmodell für die Teilkompetenz „Informationen ermitteln"

In einem **dritten** Schritt sind die **Bildungsstandards** zu formulieren. Leider besteht auch dazu noch keine Einigkeit. Sehr häufig entsprechen die Formulierungen noch weitgehend herkömmlichen Lernzielen. Als Beispiel soll ein Ausschnitt der Bildungsstandards für Wirtschaft aus dem Bildungsplan 2004 von Baden-Württemberg für die Klasse 10 gezeigt werden (Abbildung 27). .

---

2. Wirtschaftspolitik

Die Schülerinnen und Schüler können
- Funktionen des Staates in der sozialen Marktwirtschaft erläutern,
- die wirtschaftliche Entwicklung in der Bundesrepublik Deutschland und in Frankreich anhand ausgewählter Indikatoren beschreiben,
- Wirkungsweisen nationaler und europäischer Wirtschaftspolitik darlegen (auch Konjunktur-, Geld- und Strukturpolitik),
- ein aktuelles wirtschaftliches Problem unter Einbeziehung internationaler Verflechtungen erläutern (auch Arbeitslosigkeit, Staatsverschuldung, Wirtschaftskonzentration).

Bezüge

Gemeinschaftskunde – Demokratie und Herrschaftskontrolle
in der Bundesrepublik Deutschland
Gemeinschaftskunde – Die Zukunft Europas und die Europäische Union

---

Abb. 27: Bildungsstandards Wirtschaft (Klasse 10 Baden-Württemberg)

Auch hier werden eigentlich traditionelle Lernziele vorgegeben, die kaum etwas über anzustrebende Kompetenzen aussagen. Auch ein Bemühen um Ganzheitlichkeit ist nicht zu erkennen. Der blosse Hinweis auf Bezüge zu anderen Fächern gibt zu wenig Anregungen für einen interdisziplinären Unterricht, der gegen Ende der Schulzeit zwingend sein müsste.

Im **vierten** Schritt schliesslich wird überprüft, ob die Bildungsstandards aussagekräftig sind. Deshalb werden **Testaufgaben** konstruiert, um zu überprüfen, ob die erwünschten Kompetenzen mit ihrer Umschreibung auch tatsächlich erfassbar und aussagekräftig sind.

(3) Immer noch diskutiert wird, ob die Bildungsstandards als Maximalstandards (sie sind auf maximal zu fordernde Leistungen auszurichten), Minimalstandards (sie sind von allen Schülerinnen und Schülern zu erreichen) und Regelstandards (sie entsprechen einem mittleren Kompetenzniveau) zu verstehen sind. Maximalstandards machen wenig Sinn, denn viele Lernende werden sie nicht erreichen. Minimalstandards führen längerfristig mit aller Wahrscheinlichkeit zu einem Leistungsabbau. Hier werden Minimalstandards vertreten, die folgendermassen defi-

niert sind: 70 % der reinen Unterrichtszeit sind verbindlich für die Erreichung der Standards zu verwenden, während 30 % für eigene Schullehrpläne, welche die Lehrerschaft selbst entwickelt, zur Verfügung stehen. Erwartet wird, dass möglichst viele Lernende die Minimalstandards in der verbindlichen Zeit erreichen. Eine alte amerikanische Regel besagt, dass 80 % der Lernenden 80 % der Ziele erreichen sollten.

(4) Bildungsstandards werden nicht für jedes Schuljahr vorgegeben, sondern nur für strategisch wichtige Schnittstellen festgelegt (z.B. am Ende der Basisstufe oder nach Abschluss der Sekundarstufe II). Mit dieser Konzentration soll gegen zu viele Überprüfungen der Leistungsstandards (Tests) gewirkt werden.

(5) Die Bildungsstandards sollen den Lehrpersonen Einsichten über den Bildungsstand ihrer Klassen (nicht aber der einzelnen Lernenden) ermöglichen sowie den Schulbehörden Erkenntnisse für die Beeinflussung und Steuerung des Schulsystems (Bildungsmonitoring, systembezogene Evaluation) geben. Nicht bezweckt wird aber ein Ranking, denn ein verlässliches Ranking verlangt die Beachtung vieler weiterer Faktoren wie familiäre Herkunft der Lernenden, welche den Lernerfolg massgeblich beeinflussen.

(6) Bildungsstandards sind mehr als herkömmliche, detaillierte Lehrplanvorgaben. Sie schaffen in einem klar definierten Rahmen Freiräume für die unterrichtliche Umsetzung in den einzelnen Schulen. Diese Freiräume ermöglichen Schulentwicklungsarbeiten, mit denen die Lehrerschaft ihrer Schule ein Profil geben kann.

3.3.3.2 Lehrpläne, Bildungsstandards, Kompetenzorientierung

Bildungsstandards müssen kompetenzorientiert sein. Deshalb und ganz generell mit dem Ziel, die Schülerinnen und Schüler nachhaltiger zu fördern, müssen auch die Lehrpläne kompetenzorientiert abgefasst werden. Dazu gibt es vier Varianten:

Variante 1:
Ein Lehrplan baut auf einem Kompetenzmodell auf, aus dem Kompetenzen und Teilkompetenzen abgeleitet werden, welche im Lehrplan veröffentlicht werden. Darauf aufbauend werden kompetenzorientierte Lernziele festgelegt und in den Lehrplan aufgenommen. Dieser Weg wurde von der Arbeitsgruppe ökonomische Bildung (Retzmann 2011) gewählt, die in einem Schulversuch wie folgt vorging:

(1) Unterschieden werden sieben Kompetenzbereiche: Entscheidung und Rationalität, Beziehung und Interaktion, Ordnung und System, Handlungssituationen ökonomisch analysieren, ökonomische Systemzusammenhänge erklären, Rahmenbedingungen des Wirtschaftens verstehen und mitgestalten sowie Konflikte perspektivisch und ethisch beurteilen. Für jeden dieser Kompetenzbereiche wurden Teilkompetenzen festgelegt. Abbildung 28 zeigt als Beispiel den Kompetenzbereich „Entscheidung und Rationalität" mit den Teilkompetenzen.

Kompetenzbereich
Entscheidung und Rationalität

In dieser Fähigkeit kommen die Grundprinzipien des wirtschaftlichen Handelns (vor allem Alternativabwägung, Rationalität, Effizienz) in verschiedenen Lebenssituationen problemorientiert zur Anwendung.

A. Teilkompetenz Situationen analysieren	B. Handlungsalternativen bewerten	C. Handlungsmöglichkeiten beurteilen

Abb. 28: Kompetenzbereich „Entscheiden und Rationalität" mit Teilkompetenzen

Für diese Kompetenzanforderungen wurden die in Tabelle 29 wiedergegebenen Lernziele festgelegt.

A 1	**Situationen analysieren**
	Die Schülerinnen und Schüler …
A 1.1	analysieren – auch mithilfe formaler Darstellungen – die Anreize, Spielräume und Handlungsbeschränkungen in ökonomisch geprägten Situationen,
A 1.2	zeigen Zusammenhänge (z.B. kausale) zwischen verschiedenen Entscheidungssituationen (z.B. in unterschiedlichen Rollen und zu unterschiedlichen Zeitpunkten) auf.
A 2	**Handlungsalternativen bewerten**
	Die Schülerinnen und Schüler …
A 2.1	ermitteln die voraussichtlichen Folgen von Handlungsalternativen und -strategien unter Berücksichtigung von Zeit und Wahrscheinlichkeit (z.B. den Erwartungswert von Schäden),
A 2.2	bewerten Handlungsalternativen und -strategien anhand ökonomischer Konzepte, Kriterien und Kennziffern,
A 2.3	wenden systematische Entscheidungs- und Optimierungsverfahren bei komplexen ökonomischen Problemstellungen an (z.B. Marginalanalysen bei Zielkonflikten).
A 3	**Handlungsmöglichkeiten gestalten**
	Die Schülerinnen und Schüler …
A 3.1	deuten Informationen über ökonomisch relevante Entwicklungen (z.B. in Technik, Wirtschaft, Gesellschaft, Staat) im Hinblick auf die Situation verschiedener Akteure,
A 3.2	bewerten ökonomische Theorien, Hypothesen und Befunde anhand wissenschaftlicher Kriterien und leiten daraus gegebenenfalls Schlussfolgerungen für wirtschaftliches Handeln ab,
A 3.3	erkennen die Reichweite und Tragfähigkeit ökonomischer Modelle zur Erklärung menschlichen Verhaltens (z.B. Homo-oeconomicus-Ansatz) für die Orientierung individuellen Handelns.

Abb. 29: Lernziele zum Kompetenzbereich „Entscheiden und Rationalität"
(Stufe Maturität/ Abitur)

Diese Variante beinhaltet systematisch durchdachte kompetenzorientierte Lernziele, die allerdings vom Wissen her wenig Verbindliches aussagen. Dadurch erhalten die Lehrpersonen inhaltliche Freiräume, was jedoch die Vergleichbarkeit von Schulleistung verschiedener Schulen erschwert. Kritisch ist, dass nur kognitive Kompetenzen ausdrücklich angeführt sind. Der Vorschlag erfüllt aber die Bedingung der Anregungsfunktion für Lehrpersonen.

Variante 2:
Bei dieser Variante (Dubs 2006a) sind die Kompetenzen mit dem Raster der kognitiven Taxonomie aufgrund einer Analyse von wirtschaftlichen Informationen in den Medien ermittelt worden. Sie werden in den Lehrplan aufgenommen und mit Hinweisen auf das notwendige deklarative Wissen ergänzt (siehe Abbildung 30).

Teilkompetenzen	*Deklaratives volkswirtschaftliches Wissen (Grundbegriffe in den elementaren Zusammenhängen verstehen)*
1. ….. 2. ….. 3. Verstehen 3.1. Volkswirtschaftliche Daten und Graphiken interpretieren 3.2. Volkswirtschaftliche und wirtschaftspolitische Texte aus normativer und fachlicher Sicht verstehen 3.3. Die Hauptaussage oder die Botschaft einer wirtschaftspolitischen Aussage erkennen 3.4. Beeinflussbare und nicht beeinflussbare Faktoren in einem volkswirtschaftlichen Prozess ermitteln und deren Einfluss auf das Geschehen bestimmen 4. Analyse 4.1 Belegbare Tatsachen, unbelegte Behauptungen, Unwahrheiten und Halbwahrheiten sowie normative Prämissen und Feststellungen in volkswirtschaftlichen und wirtschaftspolitischen Aussagen unterscheiden 4.2. Interessenpositionen in wirtschaftspolitischen Aussagen ermitteln und deren Konsequenzen abschätzen 4.3. Zielkonflikte in volkswirtschaftlichen und wirtschaftspolitischen Problemstellungen erkennen 4.4. Normative und sachliche Widersprüche in wirtschaftspolitischen Aussagen aufdecken 4. ….. 5. …..	C. Inflation, Deflation und Stagflation mit ihren Merkmalen und Erscheinungsformen D. Konjunkturverlauf mit den Merkmalen der einzelnen Phasen der Konjunktur E. Monetäre und nicht monetäre Konjunkturpolitik F. Wirtschaftspolitik, Sozialpolitik, Strukturpolitik G. Staatshaushalt und Staatsverschuldung H. Zahlungsbilanz und Wechselkurse I. Internationale Wirtschaftsbeziehungen und Globalisierung

Abb. 30: Ausschnitt aus einem Lehrplan des Fachs Volkswirtschaftslehre mit Kompetenzen und Lerninhalten

Diese Variante gibt den Lehrpersonen viel Freiheit in der Auswahl der Inhalte und überlässt es ihnen zu entscheiden, an welchen Inhalten welche Kompetenzen zu erarbeiten sind. Diese Freiheit erfordert ein gutes didaktisches Verständnis bei der Formulierung der kompetenzorientierten Lernziele für die einzelnen Lektionen (siehe dazu Abschnitt 7 im Kapitel IV).

Variante 3:
Es werden im Lehrplan generelle Kompetenzbeschreibungen (fächerübergreifende Kompetenzen) für den ganzen Lehrplan und Lernziele für die einzelnen Fächer vorgegeben. Die Lernziele können operational oder kompetenzorientiert formuliert werden. Diese Variante wird für den neuen Lehrplan 21 für die Volksschule in der Schweiz vorgeschlagen, wobei die Lernziele zum Teil operational und zum Teil kompetenzorientiert formuliert sind (Abbildung 31).

Die Schülerinnen und Schüler können Wünsche und Bedürfnisse von Menschen beschreiben, ordnen, vergleichen.				Querverweise BNE – Konsum und Lebensstil
		Schülerinnen und Schüler …		
1	a	»	können über Wünsche und Traumwelten sprechen und erkennen, warum nicht alle Wünsche wahr werden können (z.B. Schlaraffenland, Eldorado, Hans im Glück).	
	b	»	können unterschiedliche Formen von Bedürfnissen benennen, ordnen und austauschen (z.B. immaterielle und materielle Bedürfnisse, körperliche und seelische Bedürfnisse).	
	c	»	können individuelle Bedürfnisse beschreiben, priorisieren und mit den Bedürfnissen von anderen vergleichen.	
2	d	»	kennen wichtige Grundbedürfnisse von Menschen und können ihre Bedeutung einschätzen (z.B. Ernährung, Unterkunft, Bekleidung, medizinische Versorgung).	
	e	»	können Faktoren beschreiben und vergleichen, die die Bedürfnisse von Menschen beeinflussen (z.B. Soziale Gruppen, Gesellschaft, Lebensraum).	
	f	»	können Informationen zu Formen von Überfluss und Mangel sammeln und dokumentieren (z.B. Geld, Konsum, Liebe, Partizipation) und sich über Ursachen und mögliche Folgen austauschen.	BNE – Wohlstand, Wachstum und Umwelt
	g	»	kennen unterschiedliche Güterarten und erkennen die Problemstellungen bei der Nutzung (private Güter z.B. Kleider; Klubgüter z.B. Pay-TV; öffentliche Güter z.B. Strassenbeleuchtung; Allmendgüter z.B. Luft).	

Abb. 31 Lernziele mit allgemeinen einheitlichen Kompetenzbeschreibungen für alle Fächer

Diese Variante ist sehr anspruchsvoll, weil bei der Planung von Lektionen die vielen im Lehrplan vorgegebenen personalen, sozialen und methodischen Kompetenzen mit den vorgegebenen Lernzielen zu verknüpfen sind. Verschiedene Lernziele sind operationale Lernziele, die von den Lehrkräften verlangen, dass sie diese Lernziele bei der Planung mit Kompetenzen kombinieren können. Andernfalls besteht die Gefahr blosser Wissensvermittlung.

Variante 4:
Die Lehrpläne erhalten nur kompetenzorientierte Lernziele. Diese Variante ist zu vermeiden, weil es zu einem zufälligen Erarbeiten von Kompetenzen kommen kann und die Gefahr des Abgleitens zu operationalen Lernzielen gross ist (siehe dazu das Beispiel in Abbildung 27).

3.3.3.3 Lernfelder und Kompetenzorientierung

Bislang beinhalten Lehrpläne mit Lernfeldern vielerorts für jedes Lernfeld nur eine Zielformulierung und Inhaltsangaben (siehe das Beispiel in Abbildung 32). Besser wäre es, diese Lehrpläne in Zukunft auch kompetenzorientiert zu verfassen.

Lernfeld 7: Personalwirtschaftliche Aufgaben wahrnehmen

Zielformulierung:

Im Rahmen der Bedarfsplanung werten die Schülerinnen und Schüler einfache Personalstatistiken aus. Dazu nutzen sie Daten aus vorhandenen informationstechnischen Systemen und beachten Datenschutz und Kapazitätsplanungen. Unter Berücksichtigung der betrieblichen Ziele und des Absatz- und Produktionsplans planen sie den Personalbedarf.

Im Rahmen der internen und externen Personalbeschaffung treffen sie eine begründete Auswahl der einzusetzenden Beschaffungsinstrumente und stellen Kriterien zur Bewerberauswahl zusammen. Sie leiten die Aufnahme neuer Mitarbeiter in den Personalbestand ein. Zur Vorbereitung der notwendigen Entscheidungen beachten sie die Einbeziehung der betriebsverfassungsrechtlichen Organe des Unternehmens.

Unter Berücksichtigung personalrechtlicher Regelungen aus Arbeits- und Sozialrecht, Tarifrecht und Betriebsvereinbarungen bewerten sie Arbeitsverträge und Konsequenzen für Umsetzungen und Entlassungen. Sie entwickeln Konzepte zur Aus-, Weiter- und Fortbildung zur aktiven Gestaltung der Personalentwicklung und Verbesserung der Mitarbeitermotivation. Dabei erkennen sie auch die Bedeutung lebenslangen Lernens für die persönliche Entwicklung und die aktive Gestaltung der eigenen beruflichen Zukunft.

Sie beurteilen Kriterien der Arbeitsbewertung und der Entgeltsysteme, berechnen Entgelte und buchen sie.

Im Rahmen der Personalführung stellen die Schülerinnen und Schüler Auswirkungen von Unternehmenskulturen, Führungsstilen und -methoden auf die Zusammenarbeit im Betrieb dar. Sie bewältigen ausgewählte Konfliktsituationen u.a. mit Kenntnissen über Arbeitsschutz, Formen der Arbeitsplatzerhaltung und Mitbestimmungsmöglichkeiten.

> **Inhalte:**
>
> Personalbestands- und -bedarfsanalyse
> Personalbeschaffung und -auswahl – Betriebsverfassungsgesetz
> Personaleinsatz – Vollmachten
> Personalführung und -entwicklung – Kommunikationsregeln, Konfliktregelung, Argumentation und Rhetorik
> Personalentlohnung – Lohnnebenkosten
> Personalfreisetzung – Kündigungsschutz
> Personalcontrolling

Abb. 32: Lernfeld aus dem Rahmenlehrplan Industriekaufmann/Industriekauffrau der Deutschen KMK vom 14. Juni 2002

Lehrpläne mit Lernfeldern in dieser Darstellungsform sind aus mehreren Gründen nicht zu empfehlen: Die Umsetzung dieser Vorgaben in kompetenzorientierte Lernziele ist sehr anspruchsvoll. Die Aufzählung der Inhalte verleitet zu einem traditionelleren Unterricht. Und die interdisziplinäre Vernetzung im Lernfeld ist nicht ohne Weiteres erkennbar. Insgesamt ist die Gefahr gross, dass die Kompetenzorientierung nicht erfolgt.

3.3.4 Bildungsstandards und Lernziele

In der Praxis wird immer wieder darüber gespottet, dass Bildungsstandards nur „alter Wein in neuen Schläuchen" seien. Angesichts vieler schlechter Beispiele von Bildungsstandards, welche letztlich operative Lernziele geblieben sind, ist dieser Spott bis zu einem gewissen Grad zu verstehen.

Retzmann (2011) legt eine Gegenüberstellung von Lernzielen und Bildungsstandards vor. Zunächst zählt er „bemerkenswerte Gemeinsamkeiten" auf: Lernziele und Bildungsstandards sind ergebnisorientiert, sie sind auf einen bestimmten Zeitpunkt einer individuellen Lernbiographie ausgerichtet, sie sind verhaltensorientiert, sie streben eine Disposition an (Eigenart oder Eigenschaft eines Menschen auf eine Klasse von Situationen in einer ihren spezifischen Weise zu reagieren), die Zielerreichung ist messbar oder beobachtbar. Die Unterschiede beschreibt er mit folgenden Merkmalen: Kompetenzmodelle sind eine pragmatische Antwort auf das ungelöste Deduktionsproblem lernzielorientierter Lehrpläne (die Lernziele werden einzeln aus allgemeinen Bildungszielen abgeleitet). An seine Stelle tritt eine Lernprogression mit Kompetenzen, die über lange Zeit und mit Teilkompetenzen systematisch so zu entwickeln sind, dass ein kumulativer Kompetenzaufbau verwirklicht wird. Dem Fachgebiet und seinen Vernetzungen wird mehr Bedeutung beigemessen, indem man sich nicht mit blossen Formalstufen wie bei der kognitiven Taxonomie begnügt, sondern die Kompetenzen aus der Sicht der jeweiligen Fachwissenschaft unterschiedlich festgelegt werden. Mit der Überwindung des Behaviorismus der Lernziele gelangt man zum Postulat eines Unterrichts, in welchem neben den Wissensstrukturen das prozedurale Wissen nicht atomistisch, sondern kumulativ gefördert wird.

Obschon diese Unterscheidung auf den ersten Blick als sehr theoretisch erscheint, ist sie bedeutsam. Sie führt jedoch zum Schluss, dass auf Lernziele nicht verzichtet werden kann, ihre Formulierung aber herausfordernder wird, sollen sie zu einem kompetenzorientierten Unterricht anregen. Darauf ist im Abschnitt 7.1 von Kapitel IV zurückzukommen.

Empfehlungen

Zwischen Lehrplänen und Lehrfreiheit wird immer ein Spannungsverhältnis bestehen. Zu dessen Überwindung wird hier eine Zweiteilung der Lehrpläne vorgeschlagen. Etwa 70 % der reinen Unterrichtszeit sind der verbindliche Teil des Lehrplans, der mit Minimalstandards (kompetenzorientierten Lernzielen) verbindlich vorgegeben ist, mit dem Ziel, dass etwa 80 % der Lernenden 80 % der Ziele erreichen sollen. 30 % der reinen Unterrichtszeit sollen jeder Schule zur Gestaltung ihres schuleigenen Lehrplans zur Verfügung stehen, mit dem Ziel, den Bildungsbedürfnissen der engeren Schulumgebung sowie den besonderen Interessen der Lehrkräfte und der Schülerschaft Rechnung zu tragen.

Der verbindliche Teil soll auf eindeutigen Vorgaben beruhen. Mit Vorteil werden die kompetenzorientierten Lernziele auf Kompetenzmodellen aufgebaut, welche Bestandteil des Lehrplans sind und veröffentlicht werden.

Die kompetenzorientierten Lernziele sollen auch eine Anregungsfunktion für die Lehrpersonen erfüllen, ohne dass sie aber die methodische Lehrfreiheit beschränken.

Kompetenzorientierte Lehrpläne und Bildungsstandards sollen für alle und nicht nur für die Kernfächer vorgegeben werden, um der Tendenz „wichtige" und „unwichtige" Fächer zu unterscheiden, entgegenzutreten.

KAPITEL IV:
DIE MIKROEBENE

1 Übersicht

1.1 Absicht

Die Mikroebene betrifft die Umsetzung der Lehrpläne in Unterrichtseinheiten (mehrere zusammenhängende Lektionen zu einem oder mehreren Lernzielen) oder in einzelne Lektionen. Ausgegangen wird von einem Gedankenmodell zur Planung von Lektionen. Dieses Modell will Anstösse zur Planung von Lektionen, aber keinesfalls starre Regeln geben. Es soll als Richtschnur gelten. Zunächst werden zu einzelnen Aspekten der Planung einer Lektion wissenschaftliche Grundlagen vermittelt, um anschliessend eine praktische Anleitung zur Planung zu geben. Die Grundthese soll nochmals in Erinnerung gerufen werden: Unterrichten ist und bleibt eine Kunst. Diese Kunst wird aber vielgestaltiger und wirksamer, wenn sie auf einer wissenschaftlichen Basis beruht (Gage 1975).

1.2 Eine Kontroverse

Vor vielen Jahren gab es eine Kontroverse über die Frage, wie angehende Lehrpersonen in die Planung (Vorbereitung) von Lektionen oder Unterrichtseinheiten eingeführt werden sollen. Czycholl (1983) war der Auffassung, man sollte bewusst auf das Einüben eines bestimmten „Planungsmodells" verzichten und verschiedene „Planungsmodelle" oder „Ansätze zur Unterrichtsvorbereitung" aufzeigen, damit Studierende des Lehramts ihren eigenen Weg und Stil finden können, die ihrer Persönlichkeit, ihren Erfahrungen und ihrer Schulumwelt am besten gerecht werden. Dubs (1999) vertrat hingegen die Meinung, die Einführung in ein einziges Modell sei besser, um für die Anfangsphase des Unterrichtens Sicherheit zu geben. Die Entwicklung in Richtung eines eigenen Modells erfolge im Verlaufe der Zeit aus der eigenen Erfahrung (siehe dazu auch Schneider 2011). Aerne (1990) hat die Wirkungen des zweiten Ansatzes bei einer grossen Zahl von Lehrpersonen mit verschieden langer Unterrichtserfahrung systematisch untersucht. Die Ergebnisse waren widersprüchlich, doch generell fasste er seine Erkenntnisse folgendermassen zusammen: „Für die untersuchten Versuchspersonen ergab sich, dass ihr Wissen bezüglich des in der Ausbildung vermittelten Unterrichtsschemas gering ist, dass aber andererseits – je weiter weg das theoretische Unterrichtsmodell in den Hintergrund trat – eigene Vorstellungen bezüglich der Unterrichtsvorbereitung entwickelt wurden. Dass im Bereich der Unterrichtsvorbereitung (im Studium) noch Verbesserungsmöglichkeiten bestehen, zeigt auch die Beurteilung dieses Ausbildungsteils: Obwohl insgesamt auch der Bereich der Unterrichtsvorbereitung positiv beurteilt wird, so wird er doch im Vergleich zur gesamten pädagogischen Ausbildung signifikant schlechter bewertet. Es sollte deshalb Ziel der Ausbildung sein, jeden Absolventen des wirtschaftspädagogischen Lehrgangs bei der Entwicklung und Internalisierung eines individuellen Vorbereitungsschemas, das er nach seinen spezifischen Wünschen und Bedürfnissen adaptieren und verändern kann, zu unterstützen." (S. 190).

Es scheint also, dass die Unterrichtsplanung mit einem festgefügten Planungsmodell eine geringere Wirkung hat, als ein konstruktivistisch orientiertes Modell. Dafür sprechen Erkenntnisse aus der Forschung zur Lehrerbildung: Angehende Lehrerinnen und Lehrer übernehmen für ihren Unterricht Vieles von denjenigen eigenen Lehrkräften, die für sie ein Vorbild waren. Im Weiteren beeinflussen eigene Erfahrungen und Erwartungen das eigene Unterrichtsverhalten stärker als jede systematische Anleitung (naive Theorien scheinen stärker zu beeinflussen). Und die Reflexionen über Unterricht mit anderen Lehrpersonen haben eine grössere Wirkung als starre Anleitungen (siehe vor allem Wideen, Mayer-Smith & Moon 1998).

Aufgrund dieser Erkenntnisse wird in diesem Kapitel nicht ein fixes Modell für die Unterrichtsplanung vorgegeben, sondern es orientiert sich an Kriterien zur Reflexion der Unterrichtsplanung mit Fragen, die eine eigene Ablaufplanung in einem iterativen Prozess ermöglichen und sich nicht an einem fixen Modell orientieren. Wesentlich ist, dass die Reflexion zu den einzelnen Kriterien immer zu **möglichen Varianten** des Unterrichtsverlaufs führt, damit in einem iterativen Prozess schliesslich über die Gestaltung der Lektion entschieden werden kann.

1.3 Beachtete Kriterien bei der Unterrichtsplanung

Seit langem ist bekannt, dass Lehrkräfte die einzelnen Kriterien für die Planung einer Lektion sehr unterschiedlich gewichten, wobei sich die Kriterien trotz allen Neuerungen in der Pädagogik kaum verändert haben. Interessanterweise verstärken sich mit zunehmender Lehrerfahrung lernstoffbezogene Kriterien immer mehr. Von einer ganzheitlichen Reflexion anhand vieler verschiedenartiger Kriterien kann keine Rede sein (Aerne 1990, Euler & Hahn 2007, Radil, Daniels & Wagner 2013).

Bei der Planung schenken die Lehrpersonen die meiste Zeit der Stoffauswahl sowie der Festlegung der Sequenzierung der Lernschritte und der Festlegung der Phasen des Unterrichts. Als Grundlage dazu dienen die Schulbücher und notfalls die fachwissenschaftliche Literatur. Es folgen Entscheidungen über die zu verwendenden Unterlagen und Hilfsmittel. Erst dann wird über die Ziele und die Methoden nachgedacht, was eine Ursache dafür sein mag, dass auf höheren Schulstufen der traditionelle Unterricht immer noch vorherrscht. Wenig Bedeutung wird der Interpretation des Lehrplans, den möglichen zu erwartenden Lernschwierigkeiten und – was besonders kritisch ist – den Überlegungen zur Motivation der Schülerinnen und Schüler beigemessen. Auch wenig Beachtung über den gedanklichen Entwurf der Lektion wird didaktischen und methodischen Varianten geschenkt. Erkenntnisse aus neuerer pädagogischen Literatur werden kaum zur Kenntnis genommen. Vor allem in den Vereinigten Staaten werden immer mehr Überlegungen über die Frage, was bei den Lernenden gut ankommt, angestellt. Leider trägt dieses bei vielen Lehrkräften vorzufindende Verhalten zu einer gewissen Oberflächlichkeit des Unterrichts und zu einem blossen „Verkäuferverhalten" bei.

2   Ein Gedankenmodell zur Reflexion bei der Unterrichtsplanung

2.1 Modellannahmen

Dieses Gedankenmodell will zur Reflexion und nicht zu einem Schematismus bei der Unterrichtsplanung anregen: Deshalb ist es

– umfassend gestaltet, d.h. es ist nicht nur auf Kompetenzen und Lernziele ausgerichtet, sondern sensibilisiert auch auf Gegebenheiten und Ansprüche der Schülerinnen und Schüler;
– auf eine Reflexion über Alternativen bei der Entscheidungsfindung ausgerichtet, d.h. bei der Unterrichtsplanung soll immer über mögliche Varianten nachgedacht werden;
– nicht schematisch anzuwenden, d.h. der Unterrichtsverlauf soll nicht immer nach dem gleichen Stufenschema Motivation, Entwicklung des Neuen, Vertiefung (Übung) und Zusammenfassung ablaufen;
– auf regelmässige Lernkontrollen mit Hilfestellungen bei Lernschwierigkeiten (Lerndiagnostik) und
auf einen interativen Planungsprozess ausgerichtet.

2.2 Das Gedankenmodell (Anstösse zur Unterrichtsplanung)

Abbildung 33 gibt einen Überblick über das Gedankenmodell.

EIN GEDANKENMODELL ZUR REFLEXION BEI DER UNTERRICHTSPLANUNG **77**

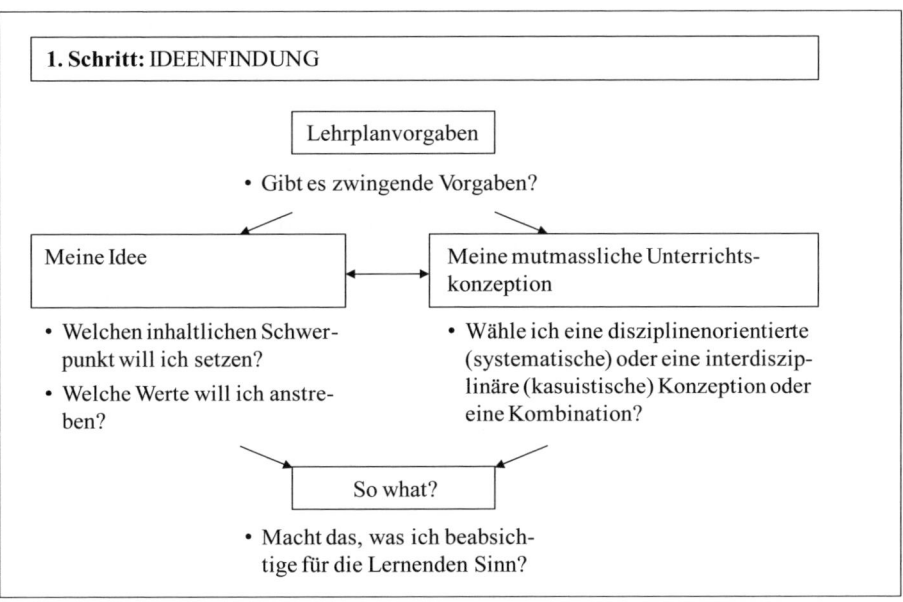

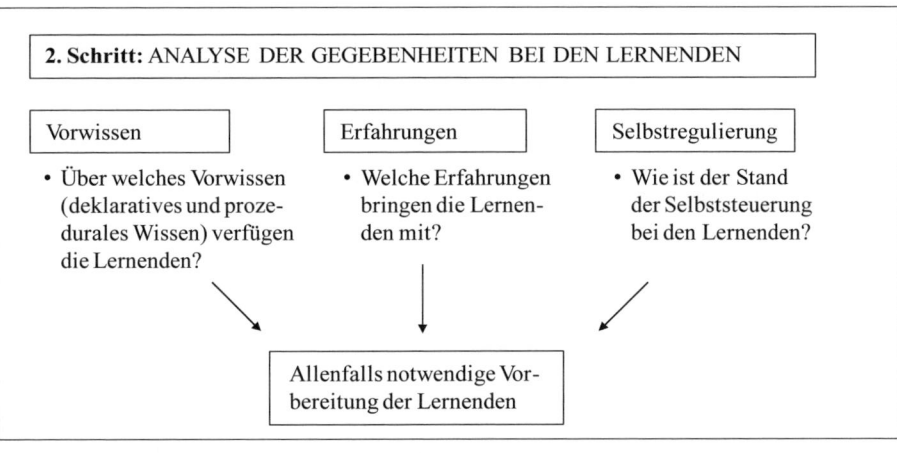

3. Schritt: MOTIVATION

Gegebenheiten für die Motivation

- Welche Gegebenheiten für die Motivation sind bei den Lernenden zu beachten?

4. Schritt: WISSENSGRUNDLAGEN

Deklaratives Wissen

- Welches deklarative Wissen (Fakten, Definitionen, Regeln usw.) muss erarbeitet werden?
- Wie sehen dafür die thematischen Strukturen aus?

Sinnhaftigkeit des Wissens

- Muss dieses Wissen für weiteres Lernen zwingend erarbeitet werden?
- Ist es grundlegend und zukunftsträchtig?

Oder

- Kann dieses Wissen jederzeit nachgeschlagen werden?

---

5. Schritt: KOMPETENZORIENTIERTE LERNZIELE UND GESAMTKONZEPTION DER LEKTION

Kognitive, soziale und affektive Kompetenzen + Deklaratives Wissen → Kompetenzorientiertes Lernziel ↕ Gesamtkonzeption der Lektion

- Wie soll die Lektion grundsätzlich gestaltet werden?
- Welche Unterrichtsverfahren sollen gewählt werden?

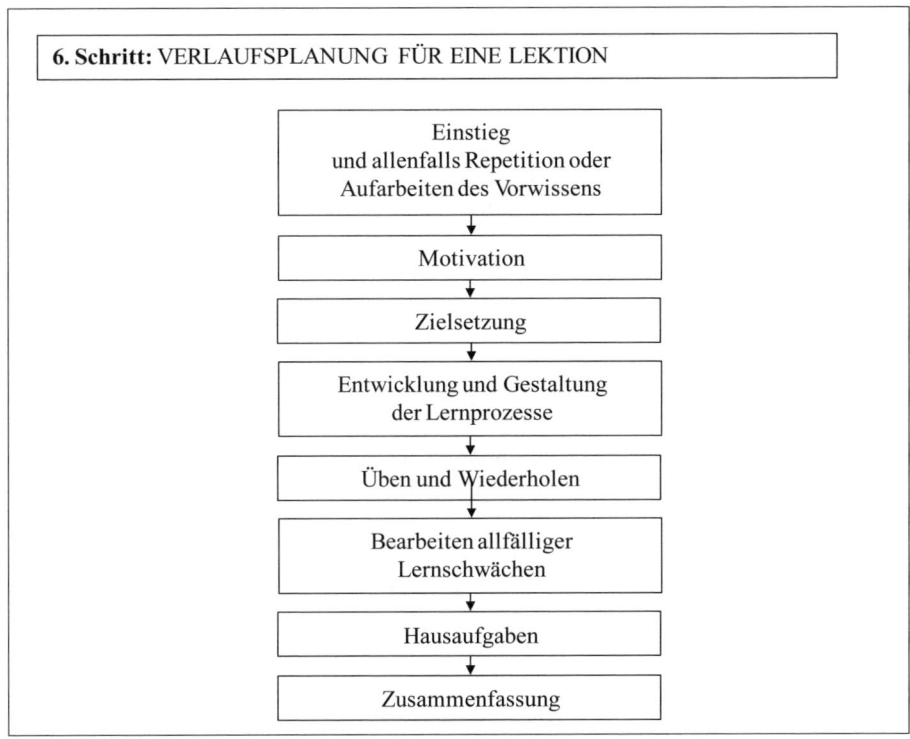

Abb. 33 Gedankenmodell für die Planung von Unterricht

3 Erster Schritt: Ideenfindung

3.1 Lehrplanvorgaben und eigene Ideen

Zunächst ist der Lehrplan zu analysieren, um zu erkennen, welche verbindlichen Vorgaben zwingend einzuhalten sind. Je nach Darstellungsform der Lehrpläne ist der Entwurf von Ideen für Lektionen unterschiedlich anspruchsvoll. Lehrpläne mit blossen Inhaltsangaben geben viele Freiräume, während lernzielorientierte Lehrpläne einen zwingenderen Charakter haben.

Lehrpläne mit Bildungsstandards lassen wiederum mehr Freiheiten zu, weil zu überlegen ist, wie Kompetenzen und Inhalte kombiniert werden können, was den „Wurf" von Gestaltungsideen anspruchsvoller macht, weil viele Varianten für eine Lektion denkbar sind. Entscheidend ist, dass man aufgrund der Vorgaben im Lehrplan nach grundsätzlichen Ideen sucht, ohne sich jedoch bereits in Einzelheiten zu verlieren.

Dann ist zu überlegen, welcher **Schwerpunkt** gesetzt werden soll, um eine inhaltliche Zersplitterung zu vermeiden. Für die Schwerpunktsetzung sind viele Möglichkeiten denkbar: Aufbau von Orientierungswissen, Einüben von Routinen (grundlegende Fertigkeiten), Lernen mithilfe einer Unterlage (z.B. Analyse eines

Textes als Grundlage für das Lernen), Lösen eines Problems (komplexes Lehr-Lern-Arrangement), Entwickeln einer neuen Idee zum Lernbereich usw.

Und schliesslich ist zu überlegen, ob die Lektion geeignet ist, einen Aspekt einer **Werterziehung** einzubringen und im bejahenden Fall, welche Werthaltungen mit welchen normativen Zielen angesprochen werden sollen.

Der Entscheid, wie der Schwerpunkt gesetzt werden soll, hängt von der verfügbaren Unterrichtszeit, einer ersten Einschätzung der Gegebenheiten bei den Lernenden, der Verfügbarkeit von Unterrichtsmaterial sowie dem Bemühen um Abwechslung im Unterricht ab.

3.2 Mutmassliche Unterrichtskonzeption

Steht die Idee für die Lektion fest, so ist zu überlegen, welche Unterrichtskonzeption gewählt werden soll: Wähle ich eine disziplinenorientierte (systematische, objektivistische) oder eine interdisziplinäre (kasuistische, konstruktivistische) Konzeption, oder ist eine Kombination der beiden während bestimmten Phase der Lektion sinnvoll?

Für den Entscheid dieser konzeptionellen Frage mag Abbildung 34 eine Anregung geben, die wissenschaftlich recht gut vertretbar ist (Zimmerman & Schunk 2001, Hattie 2009, Liem & Martin 2013).

Lernende	Konzeption der Lektion (Unterrichtseinheit)	Unterrichtsgestaltung
Anfänger in einem Lernbereich		
– geringes Vorwissen – wenig Erfahrung – weniger lerngewandt und ängstlich **sowie** – eher aus sozialer Unterschicht mit wenig familiärer Lernunterstützung	– Disziplinenorientierter Unterricht ausgerichtet auf disziplinenorientierte Kompetenzen sowie überfachliche Kompetenzen	– Schwergewichtig angeleiteter Unterricht mit gemässigt konstruktivistischem Charakter und direktem Lehrerverhalten ↓ – mit zunehmend indirektem Lehrerverhalten und gezieltem Unterricht in Richtung eigenständiges Lernen ↓ – stete Abnahme der Anleitung und mehr selbstgesteuertes Lernen mit Scaffolding
Fortgeschrittene in einem Lernbereich		
– grösseres Vorwissen – mehr Erfahrung – steigende Fähigkeit zur Selbstregulierung (siehe im Abschnitt 4.4 dieses Kapitels)	– kasuistischer Unterricht mit interdisziplinären Lerninhalten und höher entwickelten Kompetenzanforderungen	

Abb. 34: Modell für die situationsabhängige Konzeption einer Lektion

Diese modellartige Darstellung weist auf die vielfältigen Möglichkeiten der Unterrichtsgestaltung hin. Im Interesse des Lernerfolgs darf diese Vielgestaltigkeit aber nicht zufällig sein, sondern sie soll den dargestellten Prinzipien folgen.

Wesentlich ist, dass das Lehrerverhalten auf die Konzeption abgestimmt ist. Die unfruchtbare Diskussion über den „richtigen" Führungsstil im Unterricht, wie sie aufgrund der Arbeiten von Tausch & Tausch (1998) auch heute noch geführt wird, ist zu überwinden. Situativ ist nach dem heutigen Erkenntnisstand zwischen drei Formen des Lehrerverhaltens zu unterscheiden (vergleiche Dubs 2009 und die dort zitierte Literatur):

(1) **Direktes Lehrerverhalten:** Die Lehrperson legt die Grundlagen und die Struktur für das Lernen selbst fest. Sie steuert das Lernen. Sie wählt diese direkte Form der Unterrichtsführung im Anfängerunterricht, wenn wenig Lernerfahrung und Vorwissen vorhanden sind, sowie im Unterricht mit schwächeren Lernenden und solchen aus unteren sozialen Schichten sowie mit eher ängstlichen und wenig leistungsbereiten Lernenden.

(2) **Indirektes Lehrerverhalten:** Die Lernenden beeinflussen mit ihren Beiträgen die Struktur der Unterrichtseinheiten; die Lehrkraft wird mit Fragen und Impulsen zunehmend zurückhaltend, und sie setzt die Verstärkung weniger ausgeprägt ein. Die Klassendiskussion und Rollenspiele sowie Kleingruppenarbeiten werden verstärkt verwendet. Dieser Führungsstil wird mit den Lernfortschritten häufiger eingesetzt und eignet sich für lernerfahrene, wenig ängstliche, leistungsbereite Lernende und für solche aus einem lernreichen Milieu besser.

(3) **Lernberatung (Coaching):** Die Lernenden lernen und arbeiten allein oder in Gruppen selbständig. Die Lehrpersonen bleiben dabei aber aktiv, indem sie die einzelnen Schülerinnen und Schüler oder die Gruppen ständig beobachten und ihnen bei Problemen oder Lernschwierigkeiten beistehen. Dies tun sie aber nicht in der Form des Darbietens (Lösungswege aufzeigen, Arbeitsabläufe vorgeben), sondern sie beraten die Lernenden. Sie verwenden dazu das **Scaffolding** (vom Englischen „Gerüst bauen") (Hogan & Pressley 1997). Darunter versteht man ein beratendes (unterstützendes) Lehrerverhalten beim selbständigen Lernen, indem die Lehrperson Anstösse und Anregungen für die selbständige Konstruktion von Wissen sowie zum Aufbau von Lern- und Denkprozessen (aber keine Arbeitsanweisungen oder Lösungen) gibt.

Das in Abbildung 34 vertretene Modell entspricht nicht der heute verbreiteten konstruktivistisch geprägten Auffassung, nur die Schülerselbständigkeit sei lernwirksam und auf angeleiteten Unterricht (Steuerung des Lernens mit direktem Lehrerverhalten mit Frontalunterricht [direct teaching] sei zu verzichten. Seit langem zeigt die Forschung, dass ein Unterricht unter den in Abbildung 34 dargestellten Gegebenheiten zu den besten Lernerfolgen führt. Hattie (2009) beschreibt diese Form mit folgenden Merkmalen: (a) Die Lehrperson gibt den Lernenden klare Lernziele vor. (b) Sie überprüft das Vorhandensein des notwendigen Vorwissens. (c) Sie erklärt die Schlüsselelemente in klarer Weise. (d) Sie überprüft anhand von Beispielen und mit Fragen, ob die Lernenden die Lerninhalte verstanden haben und korrigieren Falschverstandenes. (e) Sie schaffen Gelegenheit für praktische Anwendungen. (f) Sie überwachen den Lernerfolg. (g) Sie schaffen Gelegenheiten zur praktischen Anwendung in Gruppen- oder Einzelarbeit im Unterricht oder als Hausaufgaben. Dies ist jedoch nicht als Absage an einen gemässigten Konstruktivismus zu verstehen. Ein solcher angeleiteter Unterricht ist kein vornehmlich darbietender Unterricht, sondern er versteht sich als ein Lehren mit Dialogen (fragendentwickelnde Lehrform), in welchem die Lernenden aktiv an der Entwicklung des Neuen mitarbeiten. Langfristig erfolgsentscheidend ist aber, dass dieser Unterricht immer wieder auf die spätere Eigentätigkeit (selbstgesteuertes Lernen) hingeführt wird.

3.3 So what? (Was soll das Ganze?)

Ist über die Idee und die Unterrichtskonzeption entschieden, so muss die Frage nach dem „so what?" gestellt werden. Kann die Lehrperson begründen, warum sie die vorgesehene Lektion als sinnvoll erachtet und dies auch schülergerecht in den Unterricht einbringen? Zu häufig wird etwas nur unterrichtet, weil es in den Lehrbüchern steht, an Prüfungen verlangt wird, oder es zu den traditionellen Lerninhalten gehört, selbst wenn es für weiteres Lernen oder künftige Ansprüche unbedeutend geworden ist. Über das „so what" sollte nicht nur aus Gründen der Bedeutung des Lerninhalts nachgedacht werden [11], sondern das „so what" bildet auch eine Voraussetzung für eine bessere Lernmotivation, denn Lernende, denen Sinn und Bedeutung eines Lerngegenstands verständlich werden, sind besser motiviert.

Oft sind sich interessierte Kreise und Lehrpersonen über die Bedeutungslosigkeit eines Lerninhalts einig. Die Lehrkräfte wissen aber, dass dieses Gebiet an Prüfungen „abgefragt" wird. In solchen Fällen sollte dafür keine Unterrichtszeit eingesetzt werden, sondern der Auftrag erteilt werden, den Inhalt als Hausaufgabe im Lehrbuch zu studieren und in der nächsten Lektion Fragen zum Unverstandenen zu stellen.

3.4 Praktische Fragen bei der Unterrichtsplanung

1. Habe ich die staatlichen Vorgaben für den Unterricht konsultiert und über die Umsetzung nachgedacht?
2. Suche ich zur Lektion nach Ideen, setze ich Schwerpunkte und bin ich mir über das Problem von Werten und Werthaltungen im Klaren? Habe ich über Varianten nachgedacht?
3. Habe ich Vorstellungen über meine Unterrichtskonzeption, insbesondere bezüglich dem Paradigma (instruktional, konstruktivistisch)?
4. Kann ich überzeugend darlegen, warum ich den Lerninhalt als bedeutsam empfinde?

---

11 Ein historisch interessantes Beispiel beschreibt Wangler (1983) in seiner Darstellung über das Kaufmännische Rechnen an schweizerischen kaufmännischen Berufsschulen. Trotz zunehmender Bedeutungslosigkeit kämpften Lehrpersonen und Wirtschaftsvertreter für die Beibehaltung des Fachs und der Prüfung.

4 Zweiter Schritt: Analyse der Gegebenheiten bei den Lernenden

4.1 Vorwissen

Vorwissen ist für das Lernen von Neuem von grösster Wichtigkeit, weil neues Wissen auf dem vorhandenen Wissen und Können aufbaut. Wer beispielsweise nicht weiss, wie liquide Mittel definiert und wie sie ermittelt werden, wird die verschiedenen Formen des Cashflows nie interpretieren können. Je mehr Lücken Lernende aus vergangenen Lernprozessen haben, desto mehr Schwierigkeiten werden sie mit der Aufnahme und Einordnung von neuem Wissen haben. Mit zunehmender Schuldauer beeinflusst das Vorwissen die Aufnahme von Neuem immer stärker, denn die Wissensbestände vernetzen sich zunehmend mehr. Deshalb wird es auch fortlaufend schwieriger, bestehende Wissenslücken zu schliessen. Eine noch so gute Motivation und eine noch so hohe Lernleistungsfähigkeit allein reichen nicht aus.

Dem Vorwissen fallen folgende Aufgaben zu (Wuttke 2005):

(1) Es hat eine **aufmerksamkeitssteuernde Funktion**, weil es bei der Auswahl von Informationen die Aufmerksamkeit auf das relevante Wissen lenkt. Über je bessere und umfassendere Wissensstrukturen die Lernenden verfügen, umso leichter wird es für sie, Probleme zu erkennen, neue Wissenselemente in die bestehenden Wissensstrukturen einzubauen und sie durch Assimilation [12] zu verfeinern.

(2) Der laufende Einbau von neuem Wissen in bestehende Strukturen führt zu deren Vergrösserung und Verfeinerung, was die weitere **Aufnahme von weiterem neuem Wissen** erleichtert, denn dank der vorhandenen Wissensstrukturen werden weitere Einzelheiten leichter und systematischer aufgenommen. Anders ausgedrückt erleichtern vorhandene Strukturen den Erwerb von weiterem Detailwissen.

(3) Verfügen Lernende über ein gut verankertes Strukturwissen, so gelingt die Vernetzung von Bekanntem mit Neuem besser. Dadurch erhöhen sich das **Verstehen und das Behalten**, und die Nutzung des Wissens wird erleichtert, weil das Wissen geordnet verfügbar ist.

Vorwissen ist immer eine Kombination von deklarativem und prozeduralem Wissen, das gut durchgearbeitet und konsolidiert sowie klar strukturiert ist. Es ist also eine Folge von gutem Unterricht. Bloss reproduzierender Unterricht genügt für ein später verwendbares Vorwissen nicht. Je weniger handlungsorientiert der Unterricht ist, desto mehr träges Wissen entsteht, das nicht als Vorwissen verstanden werden kann. In solchen Fällen wird es mit zunehmender Schuldauer schwieriger, beim Beginn eines neuen Lernabschnittes Vorwissen zu aktivieren.

Allerdings kann Vorwissen auch Nachteile bringen: Vermeintlich zu viel Vorwissen kann Nachteile beim Problemlösen bringen, wenn sich Lernende dank ihrem Vorwissen zu sehr in Sicherheit wiegen und als Folge davon nicht nach weiterem Wissen suchen (Bronner 1988). Oder Gruber & Renkl (2000) stellten in einem Unternehmungsplanspiel bessere Leistungen von Pädagogikstudierenden ohne betriebswirtschaftliches Vorwissen gegenüber Studierenden der Betriebswirtschafts-

---

12 Assimilation heisst: Umstrukturierung (Verfeinerung, Ergänzung) von bestehenden Wissensstrukturen (Schemata).

lehre fest, die eigentlich dank ihrem Vorwissen bessere Lösungen hätten erbringen müssen. Dies dürfte angesichts der immer noch verbreiteten additiven Wissensvermittlung im BWL-Unterricht auf das träge Wissen zurückzuführen sein. Einen überzeugenden Beleg für die Wichtigkeit des Vorwissens im BWL-Unterricht hat Weber (1994) erbracht.

Zu häufig übersehen Lehrende, dass Lernschwierigkeiten auf Mängel beim Vorwissen zurückzuführen sind (Hesse & Latzko 2011). Deshalb ist bei der Planung einer Lektion immer zu überlegen, welches Vorwissen zu aktivieren ist, um die neuen Lernprozesse zu erleichtern. Bei der Planung von Lektionen ist es im Schulalltag kaum möglich, den Stand des Vorwissens bei den Schülerinnen und Schülern regelmässig zu ermitteln. Gute Lehrerinnen und Lehrer wissen aber mit zunehmender Unterrichtserfahrung, in welchen Lernbereichen das Vorwissen bei vielen Lernenden üblicherweise ungenügend ist. Sie überlegen sich aber auch, welches Vorwissen sie unbedingt voraussetzen müssen, damit sie ihren Unterricht erfolgreich durchführen können. In beiden Situationen stehen ihnen die folgenden Möglichkeiten zur Verfügung, um die Lücken im Vorwissen zu schliessen zu versuchen:

- Sie leiten den neuen Lernabschnitt mit einer vorgängigen Repetition im Unterricht ein.
- Sie erteilen eine Voraushausaufgabe, d.h. lassen ihre Schülerinnen und Schüler vor Beginn des neuen Lernabschnitts das nötige Vorwissen mithilfe des Lehrbuchs als Hausaufgabe repetieren.
- Bei weniger lernbereiten Klassen führen sie einen angekündigten transparenten Eingangstest zum Vorwissen durch.

4.2 Erfahrungen

Handlungsorientierter Unterricht ist situativ. Dazu eingesetzte Lehr-Lern-Arrangements und Zielbeispiele (einfachere Situationen oder Fallbeispiele) für den Einsatz in eine Lektion dürfen nicht völlig ausserhalb des Erfahrungsbereichs der Lernenden liegen oder zu abstrakt sein. Sie sind am Vorstellungsvermögen der Lernenden zu orientieren aber im Verlaufe des Unterrichts zu verallgemeinern und zu abstrahieren.

Beispiel:
Im wirtschaftlichen Unterricht ist es üblich geworden, alle Lernprozesse mit Beispielen weltbekannter, grosser Unternehmungen zu untermauern. In vielen Fällen lassen sich die gleichen Fragestellungen mit Klein- und Mittelunternehmungen bearbeiten. Dies nicht selten mit dem Vorteil, dass infolge Komplexität oder mangelnder Kenntnisse über die Grossunternehmungen keine substanzielle Abstriche am Inhalt nötig werden.

4.3 Selbstregulierung

Mit Blick auf das Ziel des selbstgesteuerten Lernens und damit des lebenslangen Lernens spielen die Selbstwirksamkeit (self-efficacy) [13] und die Selbstregulierung eine wichtige Rolle.

Unter **Selbstwirksamkeit** versteht man den Glauben eines Menschen an seine Fähigkeiten, sich so zu organisieren und so zu verhalten, dass eine erwartete Leistung zum gewünschten Ziel führt (Bandura 1997). Anders ausgedrückt ist sie eine spezifische Einschätzung der Fähigkeit, eine bestimmte Aufgabe erfolgreich zu erfüllen. Eine hohe Selbstwirksamkeit beeinflusst das Verhalten, die Motivation sowie das Wohlbefinden eines Menschen. Sie entscheidet über Aktivitäten und Handlungen, von denen ein Erfolg erwartet werden kann und verhindert Aktivitäten, von denen ein Misserfolg erwartet wird. Sie prägt die Stärke des Einsatzes und der Beharrlichkeit bei einer Aufgabe. Und sie entscheidet über die emotionalen Empfindungen beim Bearbeiten einer Aufgabe (Usher & Pajares 2008). Die Selbstwirksamkeit hat einen starken Einfluss auf den Lernerfolg der Schülerinnen und Schüler sowie auf das selbstgesteuerte Lernen (Bong 2013), indem sie sich positiv auf die Bereitschaft anspruchsvolle Aufgaben in Angriff zu nehmen, auswirkt, die Fähigkeit notwendige die Strategien zum Erwerb von Kompetenzen einzuschätzen stärkt und die Angst beim Lernen vermindert. Selbstwirksamkeit ist aber stark an einzelne Lerninhalte gebunden, hat also wenig Transferwirkungen genereller Art. Gonzales-DeHass & Willems (2013) zeigen die Quellen und die Effekte der Selbstwirksamkeit schematisch im Gesamtzusammenhang (siehe Abbildung 35).

---

13 Zu unterscheiden sind Selbstwirksamkeit (self-efficacy), Selbstkonzept (self-concept) und Selbstwertgefühl (self-esteem). **Selbstwirksamkeit** betrifft den Glauben eines Menschen an seine Fähigkeiten, sich so zu organisieren und so zu verhalten, dass eine erwartete Leistung zum gewünschten Ziel führt. Das **Selbstkonzept** umfasst alle Wahrnehmungen, Ideen und Gefühle, die ein Mensch im Verlaufe seines Lebens über sich selbst entwickelt. **Selbstachtung** ist die Disposition eines Menschen, die ihr Urteil über ihren eigenen Wert zum Ausdruck bringt.

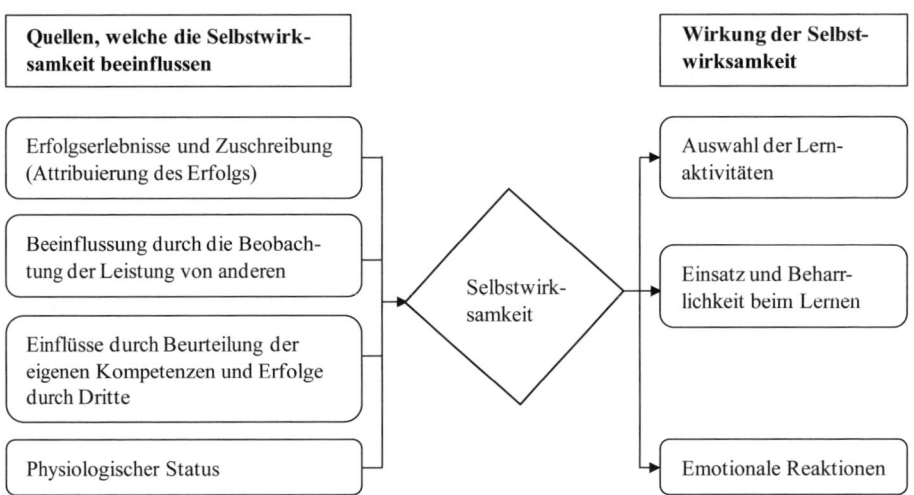

Abb. 35: Selbstwirksamkeit (Self-efficacy) im Gesamtzusammenhang (auf der Grundlage von Gonzales-DeHass & Willems, 2013)

Für die Planung einer Lektion ergeben sich folgende Konsequenzen:
- Die Lernenden sollten einen raschen eigenen Lernerfolg erleben und erkennen, dass sie ihn dank ihrem Einsatz und ihrem Beharren erzielt haben und Misserfolge häufig auf einen ungenügenden Einsatz und eine zu geringe Beharrlichkeit zurückzuführen sind (= kausale Attribuierung von Erfolg und Misserfolg)[14].

---

14 Die Merkmale der Kausalattribuierung (Ursachenzuschreibung) von Erfolg und Misserfolg der Lernenden ist in Abbildung 36 beschrieben (Weiner 1994).

		Zuschreibung der Ursachen bei Misserfolg			
		internal		external	
		Stabilität			
		stabil	variabel	stabil	variabel
Kontrollierbarkeit	unkontrollierbar	eigene Fähigkeiten oder Begabung	Krankheit		Glück/Pech/ Zufall
	kontrollierbar	fehlendes Wissen	ungenügender Einsatz		ungenügende Hilfe anderer

internal: in der Person liegende Ursachen,
external: ausserhalb der Person liegende Ursachen
stabil: länger gleichbleibend
variabel: kurzfristig, schwankend
Kontrolle: Einfluss auf das Geschehen

Abb. 36 Kausalattribuierung (Weiner 1994)

Erkennbar für sie wird dies, wenn die Lehrpersonen für die Lektionen klare Lernziele setzen, und der Lektionenaufbau rasche erste Lernerfolge ermöglicht, welche den Lernenden bewusst machen, dass ihr Einsatz sowie ihre Beharrlichkeit und nicht Glück oder Zufall zum Lernerfolg führten. Die lernpsychologischen Regeln zur Verstärkung erbrachter Leistungen bleiben weiterhin bedeutsam (Dubs 2009). Insgesamt sollten die Schülerinnen und Schüler angeleitet und unterstützt werden, dass sie lernen, ihre Lernfortschritte möglichst häufig selbst zu erkennen und die Ursachen von Erfolg und Misserfolg ehrlich einzuschätzen.

– In den Lektionen sind Situationen zu schaffen, bei denen die Schülerinnen und Schüler andere beobachten können. Modeling (anderen als Modell dienen) ist dazu sehr geeignet, wobei das Modeling durch Mitschüler wirksamer zu sein scheint, als das Modeling durch die Lehrperson (Schunk, Hanson & Cox 1987).
  Beispiele:
  Ein Schüler zeigt und beschreibt mittels lautem Denken der Klasse, wie er ein Problem löst; eine Schülerin gibt zu einem wirtschaftspolitischen Problem ihre Meinung so bekannt, wie sie sie in einem Votum an einer öffentlichen Veranstaltung präsentiert; in einem Rollenspiel führen ein Schüler und eine Schülerin ein Verkaufsgespräch.

– Bedeutsam für die Stärkung der Selbstwirksamkeit ist die Beurteilung der eigenen Kompetenzen und des eigenen Verhaltens durch Drittpersonen. Nicht nur positive Urteile, sondern auch sachliche Kritik von Dritten beeinflussen die Selbstwirksamkeit positiv. Dazu können in Lektionen Lernsituationen beitragen, in welchen Mitschülerinnen und Mitschüler und die Lehrperson erbrachte Leistungen von Klassenangehörigen fair und ehrlich beurteilen.
  Beispiele:
  Bei einer Gruppenarbeit wird in jeder Gruppe ein Gruppenmitglied beauftragt, die Arbeit der Gruppenmitglieder zu beobachten und zu besprechen (die Beobachtung kann spontan oder mithilfe eines Beurteilungsbogens erfolgen); oder eine Schülerin erklärt, wie sie ein Problem löst und die Klasse beurteilt schliesslich die Qualität ihrer Lösung.

– Ängstlichen Schülerinnen und Schülern ist zu helfen, ihre Angst zu überwinden, denn ängstliche Lernende bekunden mehr Schwierigkeiten beim Aktualisieren des Vorwissens, was ihr Lernen behindert (Stipek 1998). Deshalb sind eher anspruchslosere Situationen für den Einstieg in eine Lektion zu wählen,

---

Erfolge werden von erfolgsmotivierten Lernenden stärker auf internale, stabile Faktoren (Fähigkeiten und eigene Anstrengung) und von misserfolgsorientierten auf externale, variable Faktoren (Pech oder Zufall, wenig schwierige Aufgaben) sowie auf den internalen Faktor ungenügende Fähigkeit zugeschrieben. Schwächere Schülerinnen und Schüler schreiben ihren Misserfolg häufig einer ungenügenden Fähigkeit als stabilen Faktor zu und geben sich mit der Zeit beim Lernen keine Mühe mehr. Deshalb ist ihre Fähigkeit der Selbstbeurteilung zu stärken, was mit einem guten Lehrerverhalten (unterstützendes Wohlwollen mit klaren Anforderungen) machbar ist.

wobei die Aufarbeitung des benötigten Vorwissens vor dem Einstieg in das Neue gezielt zu planen ist.
– Bedeutsam bleibt schliesslich das Einüben von Fertigkeiten, weil sich Lernende im Unterricht besser zurechtfinden und eher Lernerfolge erzielen, wenn sie nicht andauernd scheitern, weil sie wichtige Grundfertigkeiten nicht automatisiert haben. Daher muss bei der Planung von Lektionen überlegt werden, ob vertiefende Übungsphasen eingeplant werden müssen (Bong 2013).

Im Zusammenhang mit der Selbstwirksamkeit ist die **Selbstregulierung** zu sehen. Die Selbstregulierung bezieht sich auf das selbstgesteuerte Verhalten, mit welchem Menschen Standards für ihr Verhalten setzen und die Ergebnisse des Verhaltens mit den gesetzten Standards vergleichen (Bandura 1997). Sie beruht auf den in Abbildung 37 dargestellten drei Schritten.

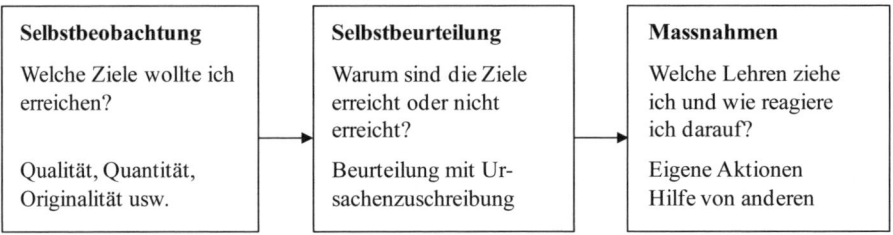

Abb. 37: Prozess der Selbstregulierung (in freier Anlehnung an Gonzales-DeHass & Willems 2013)

Die **Selbstbeobachtung** gelingt erst, wenn Schülerinnen und Schüler aufgrund der Ziele, welche die Lehrperson für die Lektion vorgibt, Kriterien finden, um ihre eigenen Ziele genauer bestimmen zu können. Bei der **Selbstbeurteilung** ist die Kausalattribuierung (siehe Abbildung 36) bedeutsam, weil diese Beurteilung rasch Einsichten für mögliche Massnahmen bringt. Sobald die Lernenden erkennen, dass sie mit ihren **Massnahmen** den Lernerfolg mit darauf abgestimmten Aktionen verbessern, erhöht sich die Motivation. Sind sie nicht fähig, Massnahmen zu finden, müssen ihnen die Lehrpersonen unterstützend zur Seite stehen. Entscheidend ist dabei, das Wissen der Schülerinnen und Schüler über die Bereitschaft ihrer Lehrpersonen, ihnen jederzeit individuell beizustehen.

Für die Planung einer Lektion ergeben sich folgende Konsequenzen:
– Zimmerman (2002) zeigt empirisch, dass der Prozess der Selbstregulierung unterrichtet werden kann und zu einer höheren Motivation und besseren Lernleistungen führt.
– Die Selbstregulierung ist ein langer Prozess und setzt einen angeleiteten Unterricht voraus: Bei der langfristigen Unterrichtsplanung ist zu überlegen, in welcher Form und in welchen Lektionen Abschnitte eingebaut werden können, welche die Selbstregulierung stärken. Mit der zunehmenden Erfahrung mit der Selbstregulierung im angeleiteten Unterricht kann zum selbstgesteuerten Lernen übergegangen werden.

Beispiel:
Eine Lehrperson will im Fach „Politische Bildung" am Beispiel der Reichtumssteuer die Lernenden u.a. in den Begriff der Progression im Steuersystem einführen. Zu diesem Zweck möchte sie anhand von Stellungnahmen (politische, wissenschaftliche) die Problematik aufzeigen. Sie entscheidet sich, die Schüler über Internet (Google) Zeitungsartikel suchen zu lassen. Dazu benötigen sie die Kompetenz „Informationen finden". Da die Lernenden keine Erfahrung im systematischen Umgang mit der Informationssuche haben, leitet sie sie an, wie die Lernstrategie „Informationen suchen" gehandhabt werden kann (siehe dazu das Beispiel im Anhang 7 bei Dubs 2012). Gleichzeitig möchte sie aber die Fähigkeit zur Selbstregulierung fördern. Zu diesem Zweck fordert sie die Lernenden auf, sich selbst konkrete Ziele zu setzen (z.B. Sicherheit in der raschen PC-Bedienung). Dann erarbeitet sie die Strategie und lässt sie die Lernenden beurteilen, ob und warum sie erfolgreich waren oder einen Misserfolg hatten, um schliesslich zu besprechen, welche Massnahmen ergriffen werden können. Diesen Einbau ins Einüben der Selbstregulierung wiederholt sie bei günstigen Gelegenheiten. Sie zieht sich aber immer stärker von der Anleitung zurück (Fading [15]), wobei sie zur Stärkung der Selbstwirksamkeit auch Gruppenarbeiten einsetzen sollte.

– Selbstwirksamkeit und Selbstregulierung sind während eines längeren Zeitraums in inhaltsbezogene Lektionen einzubauen. Sie können nicht wissensneutral bearbeitet werden, und die Vernetzung mit Strategien einschliesslich metakognitiver Strategien ist zwingend (siehe auch Gonzales-DeHass & Willems 2013).

4.4 Praktische Fragen bei der Unterrichtsplanung

1. Habe ich mich mit dem Stand des Vorwissens meiner Schülerinnen und Schüler auseinandergesetzt, und sehe ich im Fall von erkannten Lücken für meine Lektion Massnahmen vor: Voraushausaufgaben (allenfalls mit einem Text in wenig lernbereiten Klassen) oder Repetition zu Beginn der Lektion?
2. Sehe ich vor, meine Zielbeispiele oder meine komplexen Lehr-Lern-Arrangements sowie generell die Inhalte auf den Erfahrungen der Lernenden aufzubauen?
3. Bemühe ich mich, im Falle des Ungenügens der Schülerinnen und Schüler im Hinblick auf die Selbstregulierung, diese Fähigkeiten zuerst angeleitet und bei Fortschritten durch Hinweise für die Eigentätigkeit auch in Lerngruppen zu stärken?

---

15 Fading heisst: Die Lehrperson vermindert die Steuerung des Unterrichts (direktes und indirektes Lehrerverhalten) und geht gezielt auf die Eigentätigkeit der Lernenden über (Lernberatung).

5 Dritter Schritt: Motivation

5.1 Die Motivations-Problematik

Immer mehr Lehrerinnen und Lehrer beklagen sich über die ungenügende Motivation vieler Schülerinnen und Schüler. Der Ausspruch „mein Klassenzimmer ist zu einem echolosen Raum geworden" gehört bald zum Repertoire vieler Lehrkräfte. Trotzdem bemühen sich viele von ihnen bei der Vorbereitung ihrer Lektion nicht mit grosser Priorität um Ideen für die Motivation der Lernenden in den einzelnen Lektionen (Radil, Daniels & Wagner 2013). Unbestritten ist heute, dass die Lernmotivation (der Antrieb lernen zu wollen) bis zu einem gewissen Grad gezielt beeinflusst werden kann. Allerdings wird sie durch viele Faktoren beeinflusst. Deshalb garantieren interessante Situationen oder herausfordernde Fragestellungen eine gute Motivation für eine Lektion keineswegs. Tiefergehende Überlegungen sind notwendig.

Erstens ist die Lernmotivation abhängig von der Leistungsmotivation, welche eine **überdauernde Persönlichkeitsvariable** ist. Das heisst: Der Antrieb etwas leisten oder lernen zu wollen entwickelt sich schon während der Kindheit als Folge von familiären und vorschulischen Anregungen zu einer unterschiedlich ausgeprägten Leistungs- und Lernbereitschaft, die auch später jede Lernsituation beeinflussen und zu spontanen Lernmotivierungen führen (Heckhausen 1969). Angesichts der unterschiedlich erfahrenen motivationalen Anregungen sowie der Erfolge und Misserfolge mit der jeweiligen Attribuierung sind die Schülerinnen und Schüler mit zunehmender Schuldauer persönlichkeits- und erfahrungsbedingt sehr unterschiedlich motiviert. Daher gelingt es im Unterricht kaum, alle Lernenden gleich stark zu motivieren.

Zweitens entstehen in unserer vielgestaltigen Zeit mit den vielen Möglichkeiten der Lebensgestaltung (Schule, Sport, Vergnügen, Hobbys) für die Lernenden immer häufiger **motivationale Handlungskonflikte** (Hofer et al. 2004), weil sie zunehmend mehr einem „Wertkonflikt" zwischen Leistungserbringung in der Schule und Wohlbefinden (meistens ausserhalb der Schule) ausgesetzt sind. Ein Handlungskonflikt entsteht dann, wenn zu einem bestimmten Zeitpunkt mehrere mögliche Tätigkeiten als gleich bedeutsam bewertet werden, sie aber nicht gleichzeitig ausgeführt werden können. Die Reaktion darauf kann ein **Hinausschieben** sein (z.B. werden die Hausaufgaben auf den späten Abend verschoben, um vorher ins Kino zu gehen), ein **Springen** (z.B. springt ein Schüler immer wieder weg von den Hausaufgaben, um im Fernsehen phasenweise ein Fussballspiel zu sehen), eine **Mehrfachhandlung** (z.B. fährt eine Schülerin an eine Party, nimmt aber das Schulbuch mit, um wenigstens auf dem Weg noch eine Klausur vorzubereiten) und das **Aufgeben**, das sich auf die Motivation besonders negativ auswirkt. Motivationsbedingte Lernprobleme können entweder mit einer erhöhten Anstrengung ausgeglichen werden, oder betroffene Lernende entscheiden sich, den Anspruch auf das Lernen zu vernachlässigen, um das Wohlbefinden dort zu suchen, wo sie sich besser fühlen, wo sie glücklicher sind. Offensichtlich spielt das Wohlbefinden und die Bereitschaft lernen zu wollen (dafür motiviert zu sein) eine grosse Rolle, denn

Lernende, welche die Leistungen als wichtig bewerten, gehen mit den Handlungskonflikten leichter um. Und Lernende, welche Handlungskonflikte besser bewältigen, planen ihre Lernarbeit besser und erleiden weniger Leistungseinbussen. Deshalb sind bei der Planung einer Lektion und insbesondere bei der Erteilung von Hausaufgaben motivationale Handlungskonflikte zu beachten.

Drittens ist bei der Vorbereitung einer Lektion der Zusammenhang zwischen **sozialer Motivation** und Lernmotivation zu beachten (Urdan 2013). Zunächst besteht ein Zusammenhang zwischen **sozialen Zielvorstellungen** der Lernenden und der Lernmotivation. Beispielsweise kann eine intensive Interaktion mit den Mitschülern während des Unterrichts demotivierend wirken, weil sie von der Arbeit ablenken kann. Umgekehrt können Bemühungen um ein gutes Klassenklima motivierend wirken. Unterschiedlich soziale Zielvorstellungen in einer Klasse scheinen die Lernmotivation positiv oder negativ zu beeinflussen. Im Weiteren wirkt sich die von den Lernenden empfundene **Autonomie** auf die Motivation aus. Autonomie ist gegeben, wenn die Lernenden die Beachtung ihrer Bedürfnisse im Unterricht erkennen, das angestrebte Lernen mit ihren persönlichen Wünschen und Einstellungen übereinstimmt, ihr Lernverhalten nicht zu sehr in die Richtung getrieben wird, wie sie sich ihre Lehrperson vorstellt, sie sich mit den Mitschülern und der Lehrkraft verbunden fühlen, und sie ihre Person in den Unterricht einbringen können. Unter diesen Voraussetzungen stärkt die Motivation die Autonomie. Zu beachten sind auch **kulturelle** Unterschiede. Jugendliche aus östlichen Kulturen sind besser motiviert, wenn sie sich in die Schulklasse integriert fühlen, während in westlichen Kulturen die Ausrichtung auf eigene Ziele und Interessen stärker motiviert. Zu beachten ist, dass die Tendenz zur persönlichen Profilierung in der westlichen Welt dann zu einem asozialen Verhalten führen kann, wenn Schülerinnen und Schüler mit schwächeren Leistungen versuchen, sich durch ungebührliches Verhalten zu profilieren, um in der eigenen Klasse auf eine andere Weise als mit guten Leistungen aufzufallen, was starke Einflüsse auf die Motivation hat. Dies steht im Zusammenhang mit der **sozialen Dynamik** in einer Klasse. Über eine längere Zeit scheinen sich Lernende in ihrem Verhalten und im Hinblick auf Einstellungen und Lernleistungen einander anzugleichen. Schwächere Schülerinnen und Schüler beginnen sich beispielsweise Gruppen mit gut motivierten und leistungsfähigen Klassenkameraden anzuschliessen, sofern diese von den stärkeren akzeptiert und nicht als Minderheit ausgeschlossen werden.

Die soziale Motivation steht also in einer Wechselwirkung mit der Lern- und Leistungsmotivation. Deshalb sollte bei der Planung einer Lektion überlegt werden, wie diese Erkenntnisse in die Planung eingebracht werden können.

Beispiel:
In einer Klasse entwickeln sich die Leistungen und dahinterstehend die Motivation auseinander. Es beginnen sich auch Peer Groups zu bilden, die aber noch kaum Einfluss auf das Klassengeschehen haben. Darauf kann die Lehrerin rechtzeitig reagieren, indem sie in Gruppenarbeiten die Gruppen selbst bildet, jeder Gruppe bessere und schlechtere Schülerinnen und Schüler gezielt zuteilt und die Gruppenarbeit so anlegt, dass die besseren Gruppenmitglieder die Schwächeren unterstützen

können. Oder sie wählt die Form der Jigsaw Gruppe (Slavin 1986). Mit Jigsaw-Gruppen wird sichergestellt, dass alle Gruppenmitglieder etwas zur Gruppenleistung beitragen müssen. Zu diesem Zweck wird die durch die Gruppe zu erbringende Leistung in Teilaufgaben aufgeteilt und jedem Gruppenmitglied eine Teilaufgabe zur Bearbeitung übertragen. Bei der folgenden Arbeit in der gesamten Gruppe bringen die einzelnen Gruppenmitglieder (gewissermassen als Experten) ihre in ihrem Teilbereich erarbeiteten Erkenntnisse ein.

5.2 Motivation und Unterricht

Im vorangehenden Abschnitt wurde auf die Komplexität der Lern- und Leistungsmotivation verwiesen, und es wurde ausgeführt, dass sie bis zu einem bestimmten Grad beeinflussbar ist. Dies bestätigt die empirische Forschung (Anderman 2013). Starken Einfluss auf den Lernerfolg haben die Wahrnehmung der eigenen Kompetenzen, die Erwartungen auf einen persönlichen Lernerfolg, das Gefühl der eigenen Selbstwirksamkeit sowie die Autonomie. Diese Merkmale geben klare Hinweise für die Planung von Lektionen:

– Lektionen sind so aufzubauen, dass die Lernenden selbst rasch einen klar erkennbaren Lernfortschritt erreichen, was zugleich den Glauben an die eigene Selbstwirksamkeit erhöht.
– Die Lernenden dürfen im angeleiteten Unterricht nicht gegängelt werden, sondern die Lektionen sind so zu planen, dass sie die Gelegenheit erhalten, ihre eigenen Fragen in den Unterricht einzubringen und Probleme auf die eigene Art zu lösen. Der oft theatralisch perfekt ablaufende fragend-entwickelnde Unterricht ist wirkungslos. Besser ist ein Einstieg in eine Lektion mit einem Zielbeispiel, anhand dessen die Lernenden selbst Probleme aufwerfen, und sich die Lehrperson dabei durch aktives Zuhören auszeichnet.
– Angesichts der Bedeutung der Selbstwirksamkeit ist immer wieder zu überlegen, wie sie mit in den Unterricht eingebauten Sequenzen gestärkt werden kann.
– Aber: Alle Massnahmen zur Verbesserung der Motivation bleiben wenig wirksam, wenn die zum Erlernen des Lektionsinhalts nötigen Wissensbestände sowie Fähigkeiten und Fertigkeiten fehlen (Anderman 2013).

Je länger desto bedeutsamer wird die Frage, warum ein Unterricht über längere Zeit viele Lernenden **demotiviert**. Prenzel (1997) fordert, dass Unterricht und Lehrerverhalten verhindern müssen, Lernende von „höheren" zu „niedrigeren" Formen der Lernmotivation fehlzuleiten, konkret von „interessiert" zu „amotiviert" zu führen, eine Tatsache, die viele Lehrerinnen und Lehrer belastet, wenn sie das Verhalten ihrer Lernenden in der ersten und nach längeren Schulzeit in den letzten Lektionen beobachten (siehe Abbildung 38).

Diese Formen der Motivation sind bestimmt durch das Ausmass der Selbstbestimmung beim Lernen sowie die wahrgenommenen Anreize bzw. Bedeutung der Lerninhalte und lassen sich wie folgt beschreiben:

Amotiviert bezeichnet Zustände ohne jegliche Lernmotivation. Die Lernenden sehen nicht ein, warum sie lernen sollten.

Extrinsisch motivierte Schülerinnen und Schüler lernen nur, um in Aussicht gestellte Bekräftigungen (Anerkennung, Lob, gute Noten) zu erlangen oder um drohende Bestrafungen (Tadel, schlechte Noten) zu vermeiden. Ohne diese äusseren und sachfremden Einflüsse würden sie nicht lernen.

Introjiziert heisst, dass die Schülerinnen und Schüler das äussere Bekräftigungssystem verinnerlicht haben. Sie nehmen Lernvorhaben ohne äusseren Druck in Angriff, weil sie sich andernfalls schlecht fühlen.

Identifiziert bezeichnet ein motiviertes Lernen von Lerngegenständen, welche für die Lernenden nicht oder wenig reizvoll, allenfalls sogar belastend sind, aber als wichtig erachtet werden. Sie lernen von sich aus, weil sie eigene und selbstgesetzte Ziele erreichen können und wollen.

Intrinsisch motiviertes Lernen erfolgt ohne äussere Einflüsse (Bekräftigungen oder Androhung von Strafen). Der Lerngegenstand wirkt von sich aus, indem die Lernenden mehr dazu erfahren und erkennen möchten.

Interessiert Lernen ist die höchste Form von intrinsisch motiviertem Lernen. Die subjektive und die allgemeine Bedeutung die dem Lerngegenstand gegeben wird, genügt, damit die Schülerinnen und Schüler von sich aus lernen wollen.

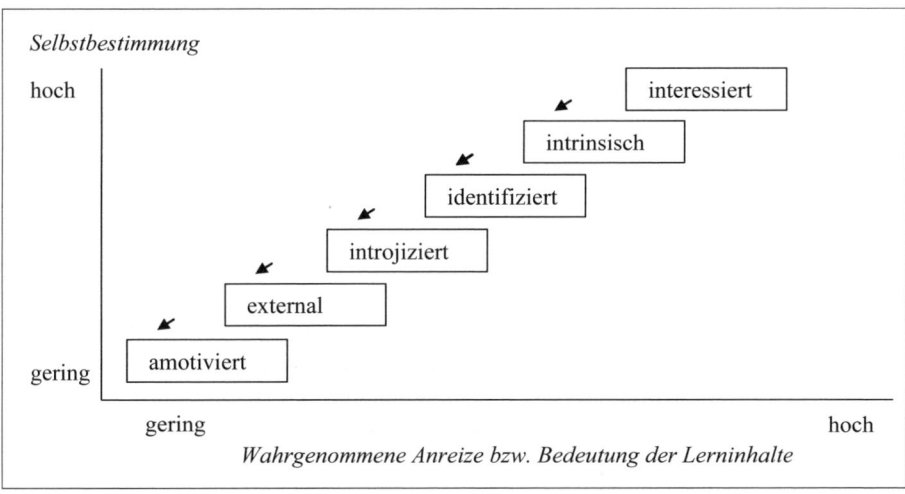

Abb. 38: Ausprägungen der Motivation (Prenzel 1997)

Dieser Prozess der Demotivierung ist in erster Linie durch ein gutes Lehrerverhalten zu vermeiden. Bezüglich Planung einer Lektion sind die folgenden Aspekte bedeutsam:
– Die Schülerinnen und Schüler müssen den Inhalt als relevant wahrnehmen (so what) und ihn interessant finden.
– Sie müssen wahrnehmen können, wie sich ihre Kompetenzen entwickeln.
– Die Lektion muss ihnen eine genügende Autonomie geben.

- Der Unterricht ist auf einen mittleren Schwierigkeitsgrad auszurichten.
- Die Lektion muss sich durch Klarheit im Aufbau („roter Faden") und in der Begrifflichkeit auszeichnen.
- Der Lehrer oder die Lehrerin muss sich mit den Lerninhalten identifizieren.

5.3 Das Erwartungs- x Wert-Modell

Für die Überlegungen zur Motivation bei der Planung einer Lektion mag das Erwartungs- x Wert-Modell (Atkinson 1957) immer noch gute Anregungen geben (siehe Abbildung 39).

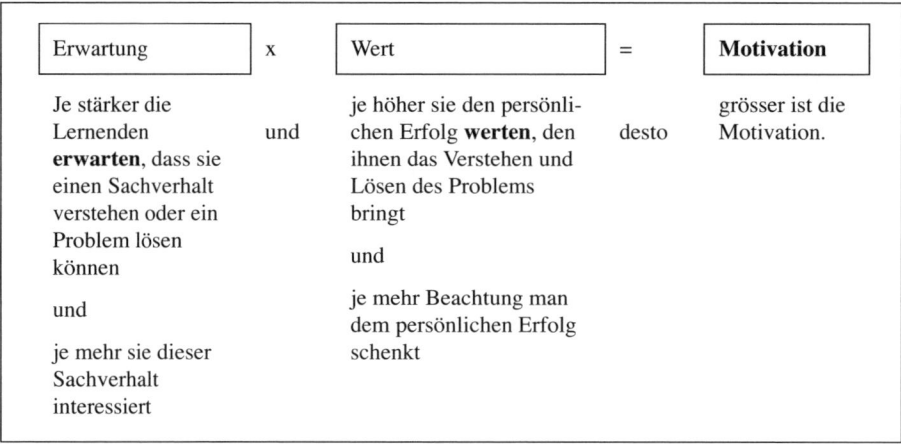

Abb. 39: Erwartungs- x Wert-Modell

Aus diesem Modell ergeben sich folgende Konsequenzen für die Motivation in einer Lektion:

- Erwartung: Die Lernziele müssen sinnvoll sein, und es muss sich ein bald spürbarer Lernerfolg einstellen. Dies setzt bei der Selbstregulierung die Fähigkeit zur Selbstbeurteilung voraus.
- Wert: Auf Schülerwünsche und auf deren Vorstellungen wird eingegangen; Schülerideen werden im Unterricht vertieft; Schüleraktivitäten werden gefördert, damit der persönliche Einsatz sichtbar und als persönlicher Erfolg gewertet wird; die Kausalattribuierung ist realistisch.

5.4 Praktische Fragen bei der Unterrichtsplanung

1. Überlege ich mir, welches die Gegebenheiten bei den Schülerinnen und Schülern im Hinblick auf die Motivation sind?
   a) Muss ich allenfalls eine Sequenz in die Lektion einbauen, um die Selbstregulierung zu stärken?
   b) Habe ich Schülerinnen und Schüler, welche Erfolge und Misserfolge falsch attribuieren, so dass ich sie in der Lektion gezielt unterstütze?
2. Kenne ich die Interessen und Vorlieben meiner Schülerinnen und Schüler, damit ich meinen Unterricht darauf ausrichten kann, und weiss ich, wie sie Lernerfolge persönlich werten, um meinen Unterricht auch darauf auszurichten?
3. Überlege ich, wie viel Autonomie ich in der zu planenden Lektion den Schülerinnen und Schülern geben will?
4. Baue ich auf dem Vorwissen und den Erfahrungen meiner Schülerinnen und Schüler auf, und gestalte ich darauf aufbauend den Verlauf der Lektion so auf, dass sie rasche Lernerfolge erleben?
5. Spüren die Schülerinnen und Schüler, dass ich mich selbst mit meiner Lektion und ihrem Inhalt voll identifiziere?

6 Vierter Schritt: Wissensgrundlagen

6.1 Die Gliederung des Wissens

Abbildung 40 zeigt die Gliederung des Wissens.

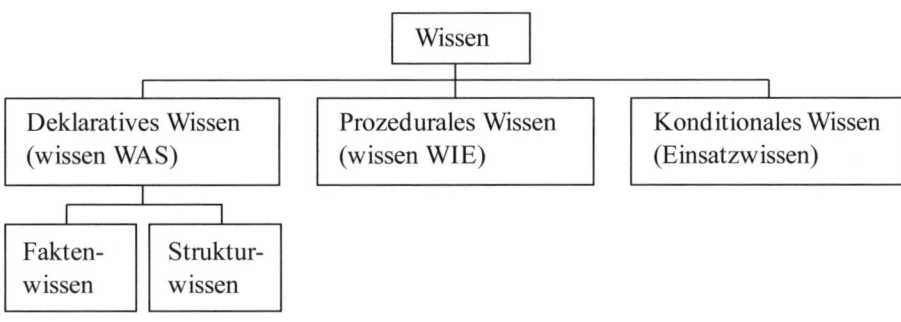

Abb. 40: Formen des Wissens

Beim **deklarativen** Wissen handelt es sich um Wissensbestände (Fakten, Definitionen, Objekte, Sachverhalte, Ereignisse, Formel, Zeit und Ortsangaben), das in Faktenwissen (nachschlagbares Einzelwissen) und in Strukturwissen (geordnetes, Zusammenhänge aufzeigendes Wissen, gelegentlich auch als Begriffswissen bezeichnet) zerfällt. [16] Das **prozedurale** Wissen (Verfahrenswissen) betrifft Verfahrensweisen oder Strategien, welche ein bestimmtes Wissen über Prozesse oder Verhaltensweisen umfasst. Es kann als Hilfestellung für die Bewältigung von Problemen oder als Fertigkeit (Routine) dienen. Das **konditionale Wissen** (Einsatzwissen) ist ein Metawissen, welches in bestimmten Lernsituationen darüber entscheidet, welches deklarative und prozedurale Wissen zur Bewältigung einer Situation abzurufen ist.

6.2 Der Stellenwert des Wissens

Infolge der Wissenslastigkeit vieler bisheriger Lehrpläne lassen sich immer wieder Tendenzen beobachten, welche der Wissensvermittlung und der Wissenserarbeitung keine grosse Bedeutung mehr beimessen. Argumentiert wird mit der sinkenden Halbwertszeit des Wissens (warum noch Wissen lernen, wenn es doch schnell überholt ist?) und mit der Verfügbarkeit von Informationssystemen (warum noch Wissen lernen, wenn doch immer mehr Wissen leicht abrufbar ist?). Die Kritik an der vor allem auf höheren Schulstufen immer noch üblichen Wissenslastigkeit der Schule ist berechtigt, der undifferenzierte Abbau des Wissens aber völlig falsch. Wer nicht über ein gut strukturiertes Wissen verfügt, ist weder fähig, erweiterte Wissensstrukturen aufzubauen, noch in der Lage, Probleme zu lösen oder neue Ideen zu entwickeln (kreativ zu sein) (Anderman 2013, Taconis 2013). Entscheidend ist, dass das Schwergewicht auf strukturiertes Wissen (siehe im nächsten Abschnitt) gelegt wird, welches verstanden ist und angewendet werden kann. Diese Tatsache mindert den Wert des Faktenwissens keineswegs. Bei der Planung von Lektionen ist aber deutlicher zu unterscheiden zwischen strukturiertem Wissen, das zu erarbeiten ist, und Faktenwissen, das nachgeschlagen oder abgerufen werden kann. Abrufbar ist aber Faktenwissen in verlässlicher Form nur, wenn die Lernenden über Such- und Interpretationsstrategien verfügen, in deren Anwendung sie anzuleiten sind (Britt & Gabris 2001). Leider wird es aber nie gelingen, für Lehrpläne und den Unterricht Fakten- und Strukturwissen verbindlich zu unterscheiden, da grosse Unterschiede in den Lernbereichen und aufgrund der Lernziele bestehen. Deshalb ist bei der Planung von Lektionen genau zu überlegen, in welchen Lernsituationen abrufbares Faktenwissen genügt, und wo Stukturwissen zu entwickeln ist. Im Weiteren ist vor allem im Lernbereich Wirtschaft, Recht, Gesellschaft das **Orientierungswissen** zu beachten. Es macht allein schon aus Zeitgründen wenig Sinn, alles Wissen erarbeiten zu wollen. Oft genügt es, wenn Lernenden Wissen, das immer wieder benötigt wird, als Orientierungshilfe dargeboten wird.

Beispiel:
Mit wenig Lektionen im Fach Volkswirtschaftslehre ist es wenig sinnvoll, alle Zusammenhänge mit der Nationalen Buchhaltung zu erarbeiten. Es genügt, wenn die

---

16 Das Strukturwissen wird gelegentlich auch als Begründungswissen oder konzeptionelles Wissen bezeichnet.

Lernenden für die Beurteilung volkswirtschaftlicher Probleme die Hauptbegriffe und deren Bedeutung kennen.

Vielen Schülerinnen und Schülern bereitet die Anpassung von Strukturwissen (Conceptual Changes) bei einer fortlaufend weiteren Differenzierung des Wissenserwerbs Schwierigkeiten. Erfahrungen und Vorwissen können diesen Anpassungsprozess erschweren. Deshalb ist es bei der Planung von Lektionen bedeutsam, überall dort, wo sich Strukturen verfestigt haben aber mit dem Neuen verändert werden müssen, den notwendigen Wandel deutlich zu machen, indem die bestehenden und neuen Strukturen bewusst miteinander in Verbindung gebracht werden (Clement 2008).

Beispiel:
Oft wird mit dem Modell der „Breite" des Geld- und des Güterstroms in die Inflation eingeführt, was selbst von schwächeren Schülerinnen und Schülern bei der Beurteilung von klassischen Wirtschaftlagen verstanden wird. Sobald aber weitere Faktoren wie Aussenwirtschaftsbeziehung, Wechselkurse, Preisentwicklung im Inland hinzukommen, bewältigen sie die komplexeren Anforderungen an die Definition der Inflation nicht mehr. Erst wenn die erweiterte Wissensstruktur gezielt mit dem Vorwissen verbunden wird, verkraften sie den notwendigen „Conceptual Change".

6.3 Thematische Strukturen für das deklarative Wissen

Das deklarative Wissen besteht aus Begriffen. Begriffe sind grundlegende Einheiten des Wissens, das Menschen in ihrem Gedächtnis in der Form von Wissensstrukturen speichern. Diese Einheiten bestehen aus Propositionen (Symbolstrukturen, welche den deklarativen Gehalt bzw. den Äusserungsgehalt eines Sachverhalts bilden) und aus propositionalen Netzen, die Neues mit Vorwissen verknüpfen. Mit den propositionalen Netzen lässt sich die additive Aufnahme von Wissen überwinden und mit Proposition vernetzen, was die Suche nach und die Anwendung von Wissen erleichtert sowie das Behalten verbessert (Hofer 1988, Wuttke 2005). Diese Vernetzung führt zu **thematischen Strukturen** (Schneider, Posch et al. 1989). Darunter wird eine schematische Darstellung des Wissens in einer Form verstanden, in der die Propositionen miteinander in einer Über-, Unter- und Nebenorientierung und miteinander vernetzt sichtbar werden. Metzger (2010) hat thematische Strukturen zur Ordnung von deklarativem Wissen für die Vorbereitung von Lektionen entworfen (siehe Abbildung 41).

Nach welchem Prinzip ist die Information geordnet?	Leitfragen, um herauszufinden, wie etwas geordnet ist oder geordnet werden kann	Wie lassen sich die Informationen übersichtlich darstellen? (thematische Strukturen)
Elemente, Merkmale	Woraus besteht etwas? Wie ist etwas zusammengebaut?	Liste Diagramm, Disposition 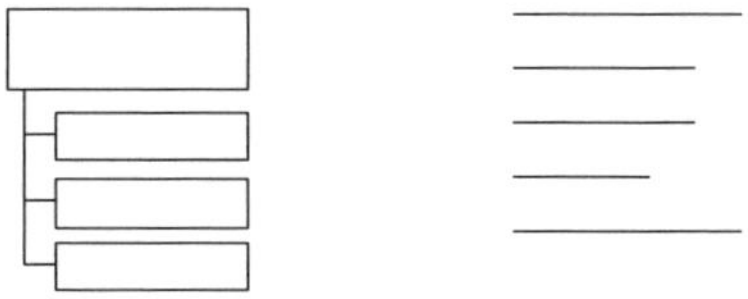
Über-/ Unterordnung	Was/wer ist übergeordnet? Was/wer ist untergeordnet? Was sind die Hauptgedanken? Was sind die unterstützenden Einzelheiten zu jedem Hauptgedanken?	Baum, Delta, Gedankennetz (Mindmap) 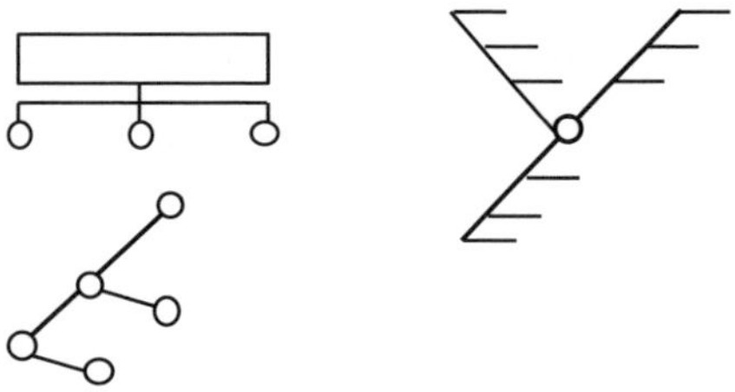
Vergleich/ Beurteilung	Welche Gemeinsamkeiten/ Unterschiede bestehen? Nach welchen Gesichtspunkten kann man etwas beurteilen? Welche Elemente (Gegenstände, Strömungen, Lösungsalternativen usw.) sind zu vergleichen oder zu beurteilen?	Matrix, Raster
Beziehungen	Wie stehen verschiedene Dinge miteinander in Beziehung? Was ist wovon abhängig?	Beziehungsnetz, grafische Darstellung, Funktion 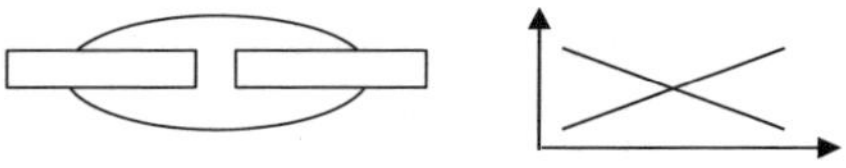
Reihenfolge, Ablauf	Was geschah Schritt für Schritt? In welcher Reihenfolge macht man etwas? Was folgt daraus?	Zeitgerade, Flussdiagramm, Ablaufplan 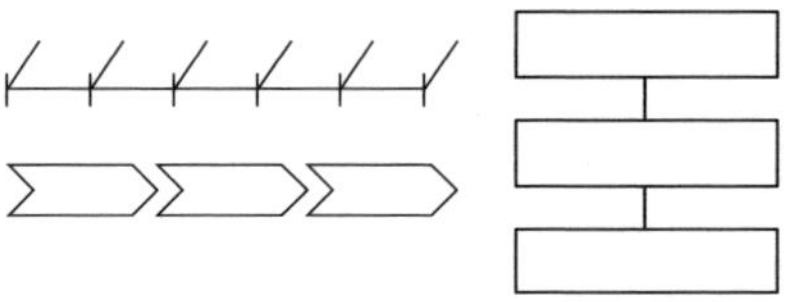

Abb. 41: Strukturieren von Wissen (thematische Strukturen)

Thematische Strukturen sind aus vier Gründen hilfreich:

- Der Entwurf bei der Lektionsplanung zwingt die Lehrperson zu einer Ordnung und Systematisierung des Wissens (auch des eigenen Wissens).
  Beispiel:
  Man beobachtet doch bei sich selbst immer wieder, wie man über viel deklaratives Wissen verfügt, es aber nicht ohne Weiteres ordnen und vernetzen kann. Dies hat zur Folge, dass der Umgang mit dem Wissen ungeordnet erfolgt, der Aufbau von Lektionen ohne klaren „roten Faden" erfolgt und damit zu bloss additiver Wissensvermittlung verleitet.
- Das in thematischen Strukturen zugeordnete Wissen wird besser erlernt, für die Lösung von Aufgaben leichter abrufbar (weniger träges Wissen) und weniger vergessen.
- Die Erarbeitung von strukturiertem Wissen fördert das prozessorientierte Lernen.
- Thematische Strukturen geben gute Grundlagen für die Visualisierung von Wissen (Wandtafel, Hellraumprojektor, Power-Point), was die Wissensaufnahme und das Behalten verbessert.

Sind die thematischen Strukturen erstellt, so ist über die Sinnhaftigkeit des Wissens nachzudenken. Fragen wie sie bereits von Klafki (1964) aufgeworfen wurden, sind bedeutsam. Ist ein bestimmtes Wissen so grundlegend, typisch und repräsentativ, dass mit seiner Hilfe Neues erschlossen werden kann, und ist dieses Wissen zukunftsträchtig? Lohnt es sich, dafür Unterrichtszeit zu verwenden, oder genügt es, wenn es abgerufen werden kann? Ist sein Einbau in den ganzen Lernbereich sinnvoll (so what?)?

6.4 Praktische Fragen bei der Unterrichtsgestaltung

1. Konzentriere ich mich bei der Auswahl des Wissens auf Wissen, das auch für die Zukunft grundlegend, typisch und bedeutsam ist?
2. Bemühe ich mich beim deklarativen Wissen zwischen Faktenwissen und Strukturwissen zu unterscheiden, um die Lernenden mittels ihrer Fähigkeit „Faktenwissen nachzuschlagen" von der Wissenslast des Faktenwissens zu entlasten?
3. Bemühe ich mich bei der Organisation des Wissens um thematische Strukturen, damit mit deren Hilfe der „Conceptual Change" erleichtert wird?

7 Fünfter Schritt: Inhaltliche Vielgestaltigkeit und Lernziel

7.1 Vorgehen beim Entwurf der Lernziele

Es beginnt sich abzuzeichnen, dass kompetenzorientierte Lehrpläne Kompetenzen entweder eher allgemein (fächerübergreifend) oder fachspezifisch ergänzend mit Inhaltsangaben (siehe das Beispiel in Abbildung 30) oder mit Lernzielen (siehe das Beispiel in Abbildung 31) vorgeben. Zudem sind diese Vorgaben nicht auf einzelne Lektionen, sondern auf einen längeren Zeitraum ausgerichtet, wodurch die Lehrerinnen und Lehrer Freiräume für die Gestaltung ihrer täglichen Lektionen haben. Damit zielgerichtet unterrichtet wird, ist unabhängig von der Darstellungsform des Lehrplans für jede Lektion ein kompetenzorientiertes Lernziel zu entwerfen, in welchem beschrieben wird, welches deklarative und welches prozedurale Wissen zu erarbeiten sind, damit über Teilkompetenzen in einem längeren Zeitraum die vom Lehrplan verlangten Kompetenzen aufgebaut werden.

Abbildung 42 zeigt den Gedankengang für die Entwicklung von Lernzielen, der für den kognitiven, den sozialen und kommunikativen sowie den affektiven Lernbereich anwendbar ist. Ziel dieses Gedankengangs ist es, mit kompetenzorientierten Lernzielen für jede einzelne Lektion die behavioristischen Ansätze des Lernens bewusst zu überwinden, um den einzelnen Lektionen einen höheren Lerngehalt zu geben.

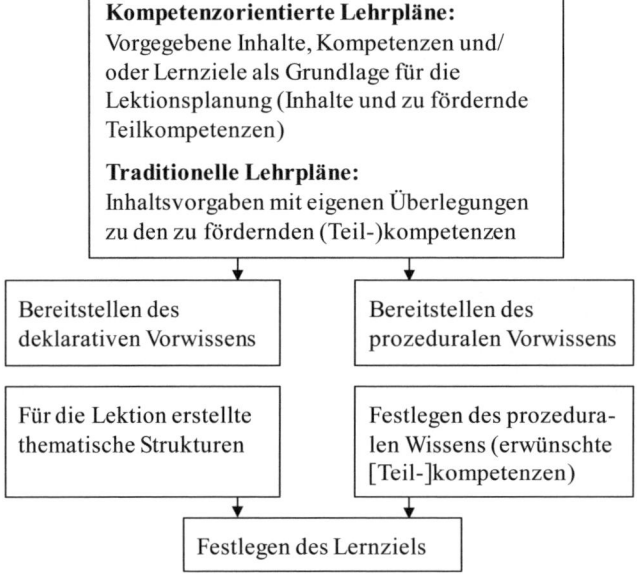

Abb. 42: Entwurf des Lernziels für eine Lektion

7.2 Kognitive kompetenzorientierte Lernziele

Bislang ist es – wie bereits angedeutet – nicht gelungen, sich im Lernbereich Wirtschaft, Recht und Gesellschaft bezüglich eines Kompetenzmodells und kompetenzorientierter Lernzielen wissenschaftlich und bildungspolitisch auch nur anzunähern. Verantwortlich dafür sind nebst definitorischen Schwierigkeiten vor allem unterschiedliche Auffassungen über die Richtziele in diesem Bereich. Deshalb werden sich die kompetenzorientierten Lehrpläne in Wirtschaft, Recht und Gesellschaft in den einzelnen Ländern stärker unterscheiden als etwa in Mathematik oder in Muttersprache.

Nachdem im Kapitel III Beispiele von kompetenzorientierten Lehrplänen dargestellt wurden, wird hier nicht mehr darauf eingetreten. Hingegen soll an Beispielen aufgezeigt werden, wie kompetenzorientierte Lernziele konkret für eine Lektion aussehen können. Zugleich sollen diese Beispiele dazu anregen, sich nicht vorschnell auf ein Lernziel festzulegen, sondern immer in Varianten zu denken, damit der Unterricht je nach zeitlichen Gegebenheiten, Vorwissen und Interessen der Lernenden sowie dem Erfahrungsschatz der Lehrperson vielgestaltiger wird. Abbildung 43 zeigt ein Beispiel für den kognitiven Bereich.

Beispiele von kognitiven kompetenzorientierten Lernzielen im Fach Betriebswirtschaftslehre

Ausgangslage

Ein kompetenzorientierter Lehrplan gibt Kompetenzen und Inhalte vor. Diesem Beispiel liegen die folgenden Vorgaben zugrunde:

Kompetenzen:	„Informationen ordnen und strukturieren"
	„Betriebswirtschaftliche Probleme lösen und Entscheidungen treffen"
Inhalt:	„Standort einer Unternehmung"

Verfügbare Unterrichtszeit: 1 – 3 Lektionen

Variante 1: (1 Lektion)

Lernziel: Die Standortfaktoren an Beispielen von Unternehmungen aus der Region charakterisieren und systematisieren.

Bei dieser Variante wird die Kompetenz „Informationen systematisieren" gefördert.

Diese Variante ist kognitiv wenig anspruchsvoll und führt im Wesentlichen zu Orientierungswissen. Die Lektion wird systematisch und rein fachbezogen ausgestaltet.

Variante 2: (2 Lektionen)

Lernziel: Die Standortwahl an typischen Beispielen begründen und anhand gefundener Kriterien eine Systematik der Standortwahl finden.

Bei dieser Variante wird die Kompetenz „Informationen ordnen und systematisieren" entwickelt.

Sie ist kognitiv etwas anspruchsvoller und führt im Wesentlichen zu Orientierungswissen. Die Lektion wird systematisch und fachbezogen ausgerichtet.

> **Variante 3:** (3 Lektionen)
>
> **Lernziel:** Anhand einer konkreten Situation mit einem Konflikt um eine Standortwahl einen Lösungsvorschlag entwerfen und eine eigene Entscheidung treffen.
>
> Bei dieser Variante wird die Kompetenz „betriebswirtschaftliche Probleme lösen" entwickelt. Die Lektion ist kasuistisch und interdisziplinär ausgerichtet.

Abb. 43: Ein Beispiel mit kognitiven kompetenzorientierten Lernzielen

7.3 Soziale Kommunikation und Sozialkompetenzen

7.3.1 Grundlagen

Im alltäglichen Unterricht im Lernbereich Wirtschaft, Recht und Gesellschaft werden die soziale Kommunikation und die Sozialkompetenzen selten systematisch gefördert. Die Vorstellung, sie entwickelten sich gewissermassen von selbst, wenn aktive Lernformen eingesetzt werden (z.B. Rollenspiele, Diskussionen), ist zu optimistisch. Auch die soziale Kommunikation und die Sozialkompetenzen müssen gezielt gefördert werden, was innerhalb bestimmter Grenzen von gefestigten Persönlichkeitsstrukturen möglich ist (Walzik 2006). Viele dieser Kompetenzen sind überfachlich und sollten eigentlich im Sprachunterricht gestärkt werden. Allerdings gilt auch hier, dass ein wirksamer Umgang mit ihnen häufig wissensgeprägt ist. Sich überzeugend zu äussern (Artikulation) und so zu kommunizieren, dass der Inhalt vom Zuhörer richtig verstanden wird (Interpretation), setzt für jede Interaktion ein genügendes Wissen voraus.

Euler (2004) stellt dies in einer für den Unterricht hilfreichen Form dar. Zunächst zeigt er den Zusammenhang zwischen sozialer Kommunikation und Sozialkompetenzen (Abbildung 44).

Abb. 44: Zusammenhang soziale Kommunikation und soziale Kompetenzen (Euler 2004)

Dann schlägt er ein Modell vor, welches die Ganzheit der sozialen Kommunikation erklärt (Abbildung 45). Damit macht er deutlich, dass für eine gute soziale Kommunikation einzelne Fertigkeiten (Teilkompetenzen) für sich allein nicht genügen und nicht nur an zufällig ausgewählten Inhalten eingeübt werden dürfen, sondern letztlich eine ganzheitliche, sehr oft wissensbasierte Betrachtung der Kommunikation anzustreben ist (Bündelung der Teilkompetenzen). Deshalb sollen die Stärkung der Kommunikation und die Entwicklung der sozialen Kompetenzen so oft als möglich in den Fachunterricht integriert werden.

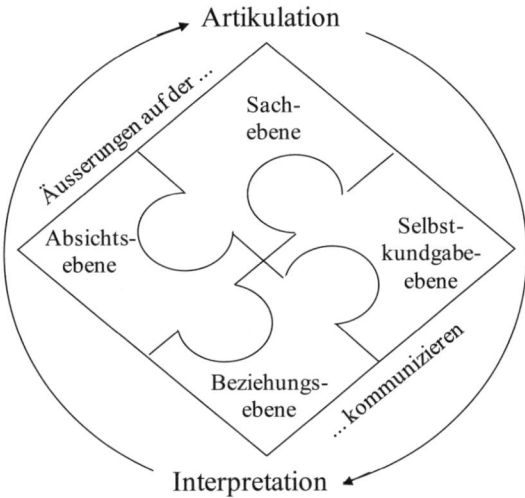

Abb. 45: Modell der sozialen Kommunikation (Euler 2004)

Beim Aufbau der sozialen und kommunikativen Kompetenzen im Unterricht muss den Lernenden bewusst werden, auf welcher Ebene sich eine Kommunikation abspielt: Auf der **Sachebene** (Fakten, Sachverhalte), auf der **Beziehungsebene** (welcher Art sind die Beziehungen zum Gegenüber?), auf der **Selbstkundgabeebene** (was bringe ich von mir zum Ausdruck bzw. was bringt mein Gegenüber zum Ausdruck?) und auf der **Absichtsebene** (welche Absichten habe ich, was will mein Gegenüber von mir?) (Schulz von Thun 1998). Unterrichtspraktisch stellt sich deshalb die Frage, ob für die Förderung der sozialen und kommunikativen Kompetenzen zuerst das Modell von Euler (Abbildung 45) erarbeitet werden soll (**deduktives** Vorgehen), um anschliessend die einzelnen Fertigkeiten an fachbezogenen und interdisziplinären Situationen (Ereignissen) im Rahmen der üblichen Lerninhalte einzuüben und als Teilkompetenzen gebündelt zu den sozialen Kompetenzen zu entwickeln. Oder ob zuerst **induktiv** einzelne Teilkompetenzen in fachbezogenen und interdisziplinären Situationen im Rahmen der üblichen Lerninhalte erarbeitet werden sollen, um abschliessend zum Modell vorzustossen. Erfahrungsgemäss empfiehlt sich für untere Schulstufen und mit weniger gewandten Lernenden der induktive, für höhere Schulstufen mit fortgeschrittenen Lernenden der deduktive Weg.

Tabelle 46 gibt eine Übersicht über Fertigkeiten für eine erfolgreiche Kommunikation.

Fertigkeiten (Teilkompetenzen) für die Förderung der sozialen Kommunikation	Form
Artikulation – Sich auf der Sachebene äussern: Präsentation*, aktives Zuhören*, Argumentation (Dialektik)°, Verständlichkeit°, Visualisierung*, Feedback° – Sich über die Bedeutung der Beziehungsebene bewusst sein: Empathie*, Fairness°, Taktik°, Eigennutz° – Über das Ausmass der Selbstkundgabeebene Klarheit schaffen: Offenheit*, Offenlegung der persönlichen Werte° – Absichtsebene: Sich über die eigenen Absichten im Klaren sein°	* überfachliche Kompetenzen ° schwergewichtig fachbezogen (wissensbasiert)
Interpretation – Beziehungsebene aufgrund des Verhaltens des Gegenübers einschätzen und reflektieren* – Absichtsebene aufgrund des Verhaltens des Gegenübers abschätzen und reflektieren° – Aktives Zuhören vorleben* – Aufgrund der eigenen Reflektion das eigene Verhalten steuern°	

Tab. 46: Fertigkeiten (Teilkompetenzen) für die soziale Kommunikation

Weil die verfügbare Unterrichtszeit meistens nicht ausreicht, um die Teilkompetenzen der sozialen Kommunikation in eigenständigen Lektionen oder gar Projekten zu erarbeiten, empfiehlt es sich, im Fachunterricht bei geeigneten Lerninhalten kurze Sequenzen mit sozial-kommunikativen Problemstellungen mit dem Ziel einzubauen, Teilkompetenzen zu entwickeln. Tabelle 47 gibt zwei Beispiele.

Beispiele zur Entwicklung von Teilkompetenzen der sozialen Kommunikation	
Beispiel 1	
Unterrichtssituation:	Behandelt wird im Volkswirtschaftslehre-Unterricht die Problematik der Finanzierung der Sozialversicherungen (Beitragserhöhung für die Versicherten oder staatliche Zuschüsse).
Teilkompetenz/ Lernziel:	Anhand der Videoaufnahme eines Streitgesprächs die Überzeugungskraft der beiden Diskutanten sowie deren Absichten beurteilen.
Pädagogische Absicht:	Modell-Lernen (siehe dazu Gonzales-DeHass & Willems 2013); anhand der Beurteilung erkennen die Lernenden am Modell des Verhaltens der beiden Diskutanten Teilkompetenzen der Sachebene und der Absichtsebene.
Beispiel 2	
Unterrichtssituation:	Behandelt wird im Rechtskunde-Unterricht das Streik-Recht.

Teilkompetenz/ Lernziel:	Aufgrund eines Streitgesprächs zwischen zwei Lernenden Regeln für die Kommunikation auf der Sach- und der Selbstkundgabeebene ableiten.
Pädagogische Absicht:	Nach der Diskussion analysiert und reflektiert die Klasse die Diskussion und leitet mit Unterstützung der Lehrperson zu beachtende Regeln auf der Sachebene sowie auf der Selbstkundgabeebene ab.

Tab. 47: Beispiele zur Entwicklung von Teilkompetenzen der sozialen Kommunikation

Dieses Einüben von Teilkompetenzen soll im Idealfall gebündelt die sozialen Kompetenzen der Schülerinnen und Schüler stärken. Tabelle 48 gibt eine mögliche Gliederung der sozialen Kompetenzen.

Soziale Kompetenzen

- Kooperationsfähig sein
- An Gesprächen, Diskussionen und Verhandlungen gestaltend und prägend mitwirken
- Konflikte erkennen, charakterisieren und bewältigen
- Verschiedenheiten unter Menschen erkennen sowie differenziert und respektvoll damit umgehen

Tab. 48: Soziale Kompetenzen

7.3.2 Unterrichtspraktische Hinweise

Für die Förderung der sozialen Kommunikation und der sozialen Kompetenzen ist von einem konstruktivistischen Lernverständnis auszugehen. Das heisst, es sind unterschiedliche Situationen zu schaffen, welche problemhaltig, authentisch und für die Lernenden realitätsnah sowie komplex zu gestalten sind, damit die Lernenden aktiviert werden und eigene Konstrukte und Strategien entwerfen. Der Lernprozess sollte durch ein dynamisches Wechselspiel von Tun und Denken, von aktivem Handeln und Reflexion über dieses Handeln charakterisiert sein (Euler & Walzik 2009).

Eine entscheidende Bedeutung kommt der Lehrperson mit einer gezielten Anleitung und Unterstützung der Lernenden beim Erwerb von Sozialkompetenzen zu:

- Es sind für den Unterricht Situationen zu gestalten, bei denen ein genügendes Wissen vorhanden ist, damit es nicht zu oberflächlichem Denken und Argumentieren kommt, mit welchem vorgefasste Meinungen bloss verfestigt werden.
- Es sind problemhaltige Handlungssituationen zu schaffen, die im Erfahrungs- und Interessenbereich der Lernenden liegen, damit es zu echten Auseinandersetzungen kommt.
- Das Modell-Lernen ist – vor allem anfänglich – sehr wirksam. Dazu eignen sich Videoaufnahmen von Echtsituationen, die gezielt ausgewertet werden, besonders gut.

- Wenn einzelne Schülerinnen und Schüler in einem Rollenspiel, einem Streitgespräch usw. im Klassenverband aktiv werden, so sind den Nichtaktiven genaue Beobachtungsaufträge zu erteilen. Grundlage dazu gibt das Modell in Abbildung 45 mit den jeweiligen Teilkompetenzen, um im Verlaufe der Zeit zur Ganzheitlichkeit der sozialen Kompetenzen vorzustossen.
- Die Erkenntnisse aus der Situation sind sorgfältig zu reflektieren, was anfänglich einer stärkeren Steuerung durch die Lehrperson bedarf. Für die Reflexion bedeutsam ist
  - wie weit das Beobachtete als Lehre auf das eigene Verhalten Einfluss hat,
  - weshalb die einzelnen Beobachtenden zu unterschiedlichen Urteilen gelangen,
  - und warum welche allgemeine Schlussfolgerungen bezüglich eigener Kompetenzen sich ableiten lassen.

7.4 Affektive Kompetenzen

7.4.1 Begriffliches

Noch immer tun sich sowohl Lehrplankonstrukteure als auch Lehrerinnen und Lehrer mit dem affektiven Lernbereich (Umgang mit Gefühlen, Empfindungen und Werten) schwer. Einzig im Bereich der Werterziehung werden immer wieder neue Modelle und empirische Untersuchungen vorgelegt, deren Ergebnisse aber häufig umstritten bleiben. Gefühle und Empfindungen werden aus unterrichtlicher Sicht kaum je angesprochen und bestenfalls von humanistisch orientierten Gruppen (Bewegung der humanistischen Erziehung, geprägt durch Rogers & Freiberg 1993), oder mit Bemühungen um die humanistische Lehrerpersönlichkeit (beschrieben durch Stronge 2002), zur Diskussion gestellt. Angesichts gewisser Entwicklungen im Verhalten eines Teils unserer Jugendlichen (Respektlosigkeit, Missbrauch der elektronischen Medien, fehlendes Bewusstsein über Recht und Unrecht) und der zunehmenden Rücksichtslosigkeit im unternehmerischen Verhalten gewisser Kreise wird hier die Auffassung vertreten, dass im Lernbereich Wirtschaft, Recht und Gesellschaft der affektive Lernbereich stärker zu beachten ist, selbst wenn kurzfristig kaum grosse Wirkungen zu erwarten sind. Abbildung 49 zeigt einen Vorschlag über mögliche Kompetenzen.

```
                        ┌─────────────────────────┐
                        │  Affektive Kompetenzen  │
                        └─────────────────────────┘
                ┌───────────────┴───────────────┐
┌───────────────────────────────────┐   ┌───────────────────────┐
│ Kompetenzen des prosozialen Verhaltens │   │ Ästhetisches Erleben  │
└───────────────────────────────────┘   └───────────────────────┘
```

- Willens und fähig sein, für Gefühle und Empfindungen empfänglich zu sein
- Eigene Gefühle und Empfindungen erkennen und ausdrücken können
- Gefühle und Empfindungen so wahrnehmen, wie sie von anderen Menschen erlebt werden (Empathie)
- Werthaltungen erkennen
- Über Wertkonflikte entscheiden

- Ästhetische Aspekte (Schönes und Unschönes) bewusst wahrnehmen
- Unschönes erkennen und sich am Schönen erfreuen

Abb. 49: Affektive Kompetenzen

7.4.2 Gefühle und Empfindungen

Unterrichtspraktisch gelten für diese drei hier vorgeschlagenen Kompetenzen die gleichen Empfehlungen wie für die sozialen Kompetenzen. Dies sei an zwei Beispielen in Tabelle 50 verdeutlicht (eine vertiefte Darstellung mit vielen Beispielen findet sich bei Dubs 2009).

Beispiele zur Entwicklung von Kompetenzen im Bereich von Empfindungen und Gefühlen	
Beispiel 1	
Unterrichtssituation:	Behandelt wird im Fach Volkswirtschaftslehre die Entwicklung der Einkommens- und Vermögensverteilung.
Lernziel:	Mithilfe der Einkommens- und Vermögensstatistik sich bewusst werden und ausdrücken können, was Gastarbeiter mit tiefen Löhnen empfinden.
Pädagogische Absicht:	Die Lernenden sollen erfahren, ob sie sich in die Gefühle und Empfindungen anderer Menschen einleben können.
Beispiel 2	
Unterrichtssituation:	In Betriebswirtschaftslehre wird die Thematik „Rationalisierung und Kostensenkung" bearbeitet. Nach einer theoretischen Grundlegung wird ein Informationsblatt der Regierung abgegeben, welches sehr sachlich darüber informiert, dass die eigene Berufsschule geschlossen wird, und die Lernenden auf andere Berufsschulen verteilt werden.
Lernziel:	Anhand des Informationsblattes spontan über die eigenen Gefühle und Empfindungen berichten.
Pädagogische Absicht:	Die Lernenden sollen bereit und fähig werden, über ihre eigenen Gefühle und Empfindungen zu reden.

Tab. 50: Beispiele zu Kompetenzen aus dem Bereich Empfindungen und Gefühle

7.4.3 Werthaltungen

7.4.3.1 Grundsätzliches

Weltweit am stärksten geprägt hat die pädagogischen Bemühungen um die Entwicklung von Werthaltungen Kohlberg (1976, 1984, 1991) mit seinem entwicklungsorientierten-kognitiven Ansatz der Werterziehung (moral education)[17]. Ziel seines Ansatzes ist es, kognitiv mit einem affektiven Ziel im Unterricht **moralische Dilemmas** (moralische Konfliktsituationen, welche die Lernenden in einen kognitiven Konflikt führen) diskutieren zu lassen, damit die Schülerinnen und Schüler veranlasst werden, sich mit Werthaltungen auseinanderzusetzen und ihre eigenen Werthaltungen zu überdenken. Erwartet wird, dass die Reflexion über die Probleme in den moralischen Dilemmas und die dahinter stehenden kognitiven Konflikte die bestehenden Argumentationsmuster und Denkstrukturen beeinflussen und verändern, und die Lernenden allmählich eine höhere Stufe ihrer moralischen Urteilskompetenz erreichen, sich ihre Fähigkeit, ein moralisches Urteil zu bilden stufenweise von einer Bestrafung-Gehorsam-Orientierung zu einer Orientierung an einem universellen ethischen Prinzip (das Recht über das Gewissen in Übereinstimmung mit selbstgewählten, logischen und umfassenden ethischen Prinzipien definiert) entwickelt.

Die moralische Urteilskompetenz entwickelt sich nach Kohlberg und vielen seiner Gefolgsleute in langen Phasen, auch noch im Erwachsenenalter, von Stufe zu Stufe, wobei keine Stufe übersprungen werden kann (schrittweise irreversible Stufenprogression über drei Stadien [Ebenen] zu je zwei Stufen [18]). Auch ein Rückfall in eine tiefere Stufe ist unwahrscheinlich. Zudem trifft ein Mensch, der eine bestimmte Stufe erreicht hat, alle moralischen Urteile entsprechend seiner Stufe. Diese Entwicklung von Stufe zu Stufe setzt eine soziale Simulation voraus, d.h. die Menschen müssen sich mit Konfliktlagen auseinandersetzen, die eine Stufe über

---

17 Dieser Ansatz steht in Übereinstimmung mit der in diesem Buch vertretenen Vorstellung über die Werterziehung (siehe Abbildung 4). Auf die anderen Ansätze (Modell der Wertklärung, aktionistische Ansätze, prosoziales Raisonieren, prosoziales Verhalten) wird hier nicht eingegangen (siehe dazu Gonzales-DeHass & Willems 2013).
18 Stadien und Stufen der moralischen Entwicklung (Kohlberg).

Egozentrische Ebene (Präkonventionelles Stadium)
Stufe 1: Orientierung am eigenen Wohlergehen
Stufe 2: Orientierung an strategischer Tauschgerechtigkeit
Soziozentrische Ebene (Konventionelles Stadium)
Stufe 3: Orientierung an Erwartungen von Bezugspersonen
Stufe 4: Orientierung an der Gesellschaftsverfassung
Universalistische Ebene (Postkonventionelles, autonomes Stadium)
Stufe 5: Orientierung am Sozialvertragsdenken
Stufe 6: Orientierung an universalen Prinzipien

ihrer gegenwärtigen Stufe liegen, um kognitive Konflikte herauszufordern. Im Unterricht sind es die moralischen Dilemmas, welche die Anstösse zu kognitiven Konflikten und der Reflexion geben. In Abbildung 51 sind drei moralische Dilemmas wiedergegeben, die von drei Forschern stammen, welche in den Grundgedanken übereinstimmen, aber dazu verschiedene Gesichtspunkte einbringen.

Kohlberg (1976): **Das Heinz-Dilemma**
In einem Land lag eine Frau, die an einer besonderen Krebsart erkrankt war, im Sterben. Es gab eine Medizin, von der die Ärzte glaubten, sie könne die Frau retten. Es handelte sich um eine besondere Form von Radium, die ein Apotheker der gleichen Stadt erst kürzlich entdeckt hatte. Die Herstellung war teuer, doch der Apotheker verlangte zehnmal mehr dafür, als ihn die Produktion gekostet hatte. Er hatte 200 Dollar für das Radium bezahlt und verlangte 2'000 Dollar für eine kleine Dosis des Medikaments. Heinz, der Ehemann der kranken Frau, suchte alle seine Bekannten auf, um sich das Geld auszuleihen, und er bemühte sich auch um eine Unterstützung durch die Behörden. Doch er bekam nur 1'000 Dollar zusammen, also die Hälfte des verlangten Preises. Er erzählte dem Apotheker, dass seine Frau im Sterben lag, und bat, ihm die Medizin billiger zu verkaufen bzw. ihn den Rest später bezahlen zu lassen. Doch der Apotheker sagte: „Nein, ich habe das Mittel entdeckt, und ich will damit viel Geld verdienen." Heinz hatte nun alle legalen Möglichkeiten erschöpft; er ist ganz verzweifelt und überlegt, ob er in die Apotheke einbrechen und das Medikament für seine Frau stehlen soll.
Beck, Bienengräber et al. (2001): **Versicherungsbearbeiter**
Der Versicherungsbearbeiter Weber steht vor der Entscheidung, der verwitweten Frau Danz die Lebensversicherung ihres Mannes auszuzahlen. Kompliziert wird die Angelegenheit, weil er zufällig privat erfährt, dass Herr Danz seine Herzkrankheit bei Abschluss der Versicherung verschwiegen hat. Durch die Einführung verschiedener Variationen (Frau Danz ist sympathisch bzw. unsympathisch, sie ist selber schwer krank usw.) wird der Fall systematisch abgewandelt. Die Schülerinnen und Schüler werden dadurch mit verschiedenen Wertkonflikten (Leben gegen Gesetz, persönliche Bindung gegenüber Eigentum usw.) konfrontiert. Ihre Aufgabe besteht darin, jeweils aufgrund der gegebenen Informationen zu entscheiden, wie sich der Versicherungssachbearbeiter Weber verhalten soll, und insbesondere ihren Entscheid zu begründen.
Lind (2009): **Embryonenspenderin Lara**
Lara ist 16 und wohnt in einem armen, südamerikanischen Land. Sie hat keine Ausbildung und findet nirgends eine Anstellung. Die Aussichten sind gering, je eine zu bekommen, da es bereits viele Arbeitslose gibt. Auch ihre Eltern sind ohne Arbeit und ihre jüngeren Geschwister gehen noch zur Schule. Eines Tages kommt eine Ärztin in ihren Ort. Sie sagt, sie arbeite für einen grossen Pharmakonzern. Der würde viele Embryonen benötigen für neue gentechnische Heilungsmethoden. Junge Frauen könnten viel Geld verdienen, wenn sie sich für fünf Jahre lang verpflichten würden, sich einmal pro Jahr künstlich befruchten zu lassen und den Embryo der Firma zu geben. Das Geld, das Lara angeboten wurde, würde genügen, sich und ihre Familie zu ernähren und dazu noch eine Ausbildung als Lehrerin zu machen. Lara plagen Zweifel. Sie ist streng katholisch erzogen worden und eine Abtreibung würde ihr schwer fallen. Noch viel schwerer aber fällt ihr der Gedanke, ihren Embryo zu verkaufen und das jedes Jahr wieder zu tun. Aber sie weiss nicht mehr, wovon sie in Zukunft leben soll. Daher beschliesst sie, den Vertrag zu unterschreiben, den ihr die Ärztin angeboten hat.

Abb. 51: Beispiele von moralischen Dilemmas

Unterrichtspraktisch arbeiteten Kohlberg und seine Mitarbeiter wie folgt: Zuerst stellt die Lehrperson fest, auf welcher Stufe sich die Lernenden befinden, um ihnen ein moralisches Dilemma vorzulegen, das eine Stufe über dem Niveau der Klasse liegt. Dann bestimmen die Lernenden ihre erste Position und überprüfen und begründen sie, um in der Diskussion weitere Einsichten zu gewinnen, damit sie schliesslich auf die nächst höhere Stufe ihrer moralischen Urteilskompetenz gelangen (Blatt & Kohlberg 1975, Galbraith & Jones 1976), wobei jeder einzelne Mensch in allen Wertproblemen auf der gleichen Stufe steht (Homogenitätsthese).

Diesen Erkenntnissen gefolgt ist Oser (1986), der einen starken Einfluss gewann. Deshalb ist seine Kontroverse mit der Folgerung von Beck, insbesondere aus dem Forschungsprogramm „Lehr- und Lern-Prozesse in der kaufmännischen Erstausbildung" (Beck 1996), verständlich. Aufgrund seiner Untersuchungen mit kaufmännischen Auszubildenden stellt Beck die Homogenitätsthese (jeder Mensch steht bei allen seinen Wertfragen auf der gleichen Stufe) infrage und nimmt eine Segmentierung und Situierung (jeder einzelne Mensch kann seiner Rolle und dem sozialen Kontext entsprechend in jedem Lebensbereich auf einer unterschiedlichen Stufe stehen) an. Im wirtschaftlichen Lebensbereich wird die moralische Urteilsbildung, insbesondere durch den sozialen Kontext (die Ausseneinflüsse auf den einzelnen Menschen), beeinflusst. So kann beispielsweise ein kaufmännischer Mitarbeiter ein bestimmtes Verhalten von Arbeitsgebern generell missbilligen, aber im Interesse der Sicherung seines Arbeitsplatzes trotzdem im Sinne seines Arbeitgebers handeln. Dieser Einbezug sozialer Situationen kann sogar in bestimmten Situationen zu Degressionen führen, d.h. zu einem Rückfall auf eine tiefere Stufe.

Dieser Einfluss der Rolle und des sozialen Kontexts führt zum Kernproblem der Werterziehung in der wirtschaftlichen Bildung. Das moralische Urteil kann sich an rein ökonomischen Zielen (z.B. Gewinnmaximierung) orientieren. Die Folge davon können soziale Unrast und soziale Kosten sein. Oder es könnte sich auf ideale Werte (wie immer dies auch definiert sei) ausrichten, was wirtschaftliche Effizienzverluste bringen kann. Die Vorstellung der Segmentierung und Situierung führte zur Beck-Zabeck-Kontroverse (Zabeck 1991). Sollen wirtschaftlich Tätige zu moralischen Windfahnen oder sollen sie zu homogen Urteilenden „umerzogen" werden? Die Kritiker des Ansatzes von Kohlberg und damit auch Zabeck befürchten eine Relativierung der Werte. Diese Frage ist immer noch umstritten. Hier wird die Auffassung vertreten, dass Werthaltungen an neue Gegebenheiten anzupassen sind. Fehlentwicklungen lassen sich vermeiden, wenn Menschen argumentswillig und -fähig sind, also ernsthaft reflektiert wird.

Bezüglich der Stufenlehre lässt sich eine Tendenz zur Aufgabe der rigiden progressiven und irreversiblen Stufenordnung von Kohlberg erkennen (Thomas 2005, Krebs & Denton 2006, Gibbs 2010). Treffend dafür ist die Umschreibung von Minnameier (2011, 117). „Nach meiner eigenen Auffassung sind allerdings zwei Aspekte strikt zu trennen: Zum einen muss jeder Mensch seiner eigenen Moral folgen, worin immer die besteht! Von aussen herangetragene metamoralische Verpflichtungen würden aus subjektiver Sicht alle Moral korrumpieren. Das gilt auch für rollenbezogene Verpflichtungen, wie sie Klaus Beck ins Spiel gebracht hat … Zum anderen ist es aber auch ein Gebot der Rationalität, dass man seine moralischen Ansprüche auf strategisch kluge Weise realisiert; und das kann auch bedeuten, dass man angesichts restriktiver Handlungsbedingungen Dinge tut, die man im Grundsatz nicht gutheissen würde."

Lind (2009) hat aufgrund der theoretischen Überlegungen von Kohlberg die „Konstanzer Methode der Dilemma-Diskussion (KMDD)" entwickelt, welche einfacher zu handhaben ist, als der Ansatz von Blatt & Kohlberg (1975). Er arbeitet im Unterricht mit dem in Abbildung 52 dargestellten Ablauf. Auch für ihn ist die Kontroverse (moralisches Dilemma) bedeutsam.

| **Einführung in das Dilemma** |
| Abgabe des moralischen Dilemmas |
| (Schriftliche Fassung, Film- oder Videoaufnahme, Lehrervortrag) |

↓

| **Probeabstimmung** |
| Im Klassenverband eine Probeabstimmung durchführen, um Meinungslager zu erkennen |

↓

| **Pro-Contra-Gruppen** |
| In Gruppen zu 3 bis 4 Lernenden mit gleicher Meinung werden Argumente diskutiert und beurteilt |

↓

| **Diskussion im Klassenverband** |
| Offene Klassendiskussion mit Schwergewicht auf die Darstellung und Begründung der Meinungen |

↓

| **Pro-Contra-Gruppen** |
| Analyse und Beurteilung der Argumente und Meinung der Gegenseite |

↓

| **Schlussabstimmung** |
| Zweite Abstimmung (Schlussabstimmung) über die eigene Meinung (Entscheidung) |

↓

| **Nachfragen, Lehren ziehen** |
| Den Weg zur eigenen Meinung rekonstruieren und persönliche Lehren ziehen (Debriefing) |

Abb. 52: Ablauf einer Dilemma-Diskussion (nach Lind 2009)

Er präzisiert die Teilkompetenzen zur Förderung der moralischen Urteilsfähigkeit und legt grossen Wert auf die zielgerichtete Entwicklung dieser Kompetenzen, die sich zum Teil mit den sozialen Kompetenzen überschneiden. In Tabelle 53 sind diese Teilkompetenzen dargestellt.

Teilkompetenzen der moralischen Urteilsfähigkeit
– Eigene moralische Prinzipien auch anwenden, wenn sie mit eigener Meinung in Konflikt geraten – Gegenargumente anhören und ernsthaft erwägen – Eigene vorgefasste Meinung überdenken und gegebenenfalls revidieren – Eigener Prinzipen bewusst werden – Umstände und Fakten der Situation beachten – Eigene Prinzipen nach Wichtigkeit und Angemessenheit unterscheiden können – Bei Konflikten zwischen gleichrangigen Prinzipien Meta-Prinzipien finden und mit deren Hilfe auflösen – Eigene Prinzipien im sozialen Konflikt artikulieren – Argumenten anderer zuhören können

Tab. 53: Teilkompetenzen der moralischen Urteilsfähigkeit (Lind 2009)[19]

Lind hat zu seinem Konzept der Moralerziehung auch einen Test entworfen, der von Lehrkräften zur Erfassung der Wirksamkeit des Lernens mit moralischen Dilemmas eingesetzt werden kann.[20]

Gelegentlich wird die Frage aufgeworfen, wo in der unterrichtspraktischen Arbeit der Unterschied zwischen Blatt & Kohlberg (1975) und Lind (2009) liegt. Im Wesentlichen bemüht sich Lind um eine bessere Aktivierung und gezielte Förderung der Lernenden: längere Bearbeitungszeit für ein Dilemma; Abstimmungen, um Entscheidungen zu forcieren; gezielte Aktivitätssteuerung durch die Lehrperson und systematische Beachtung der sozialen Kommunikation sowie keine starke Beachtung der Stufenlehre bei der Auswahl des Dilemmas.

Empirisch ist seit langem nachgewiesen, dass die Auseinandersetzung mit Dilemmas zu Veränderungen von Werthaltungen führen kann. Schon früh haben Snarney (1985) in einer Analyse von 45 einzelnen Studien und Craig (2011) aus einem internationalen Vergleich diesen Sachverhalt im Prinzip bestätigt, wobei die Frage der Homogenität und die Form der Stufenentwicklung wissenschaftlich noch offen ist. Hoff, Lempert et al. (1991) haben in einer Studie mit Metallfacharbeitern ergänzend den Sachverhalt mit der Atomsphäre-Dimension (moralische Atmosphäre im beruflichen und privaten Bereich als Entwicklungsbedingung der moralischen Urteilskompetenz) eingebracht. Es sind dies: die emotionale Zuwendung und soziale Anerkennung, die Konfrontation mit sozialen Problemen und Konflikten, die Chancen zur Teilnahme an Kommunikationsprozessen, die Möglichkeiten zur Mitwirkung an kooperativen Entscheidungen, die Übernahme von Verantwortung sowie Handlungschancen, alles Faktoren, welche für die Werterziehung an Berufsschulen bedeutsam sind. Beck, Brütting et al. (1996) haben diese Faktoren in ihre Untersu-

---

19 Einige dieser Kompetenzen entsprechen Fähigkeiten der sozialen Kommunikation und fördern die sozialen Kompetenzen. Insgesamt sind sie aber mehr als nur soziale Kompetenzen; deshalb werden sie hier in ihrer Ganzheit als affektive Kompetenz verstanden.
20 Moralischer Urteil Test (MUT), der beim Verfasser an der Universität Konstanz bezogen werden kann.

chung mit Versicherungskaufleuten einbezogen und unter anderem ermittelt, auf welchen Stufen die Lernenden in der Arbeitssphäre und in der Privatsphäre stehen. Das moralische Urteil fällt in der Privatsphäre deutlich besser aus (mehr Probanden auf der soziozentrischen und der universalistischen Ebene) (siehe Fussnote 18). Dies stützt die These der Segmentierung der Werte und könnte die bereits angesprochene Vermutung der moralischen Angepasstheit in Unternehmungen bestätigen.

Trotz allen gesicherten Erkenntnissen gilt es aber, die Grenze jeder Werterziehung zu beachten: Die Reflexion anhand von moralischen Dilemmas führt primär zu einem moralischen Wissen und Urteilen. Ob sie aber auch immer zu einem besseren Handeln anregt, bleibt offen, weil viele situative Faktoren mögliches Handeln beeinflussen: Eigeninteresse, Temperament, Empathie, Schuldgefühle, Glaubensfragen, kulturelle Normen und frühere Erlebnisse (Gonzales-DeHass & Willems 2013).

7.4.3.2 Unterrichtspraktische Hinweise

Viele Fragen der Werterziehung sind wissenschaftlich immer noch nicht abschliessend geklärt. Es wäre aber falsch, im Lernbereich Wirtschaft, Recht und Staat darauf zu verzichten. Angesichts der vielen den Fortbestand einer demokratischen Gesellschaft und einer freiheitlichen Wirtschaftsordnung gefährdenden Einflüsse (siehe auch Abschnitt 2 im Kapitel II) müssen die Schülerinnen und Schüler wenigstens zur moralischen Reflexion herausgefordert werden, selbst wenn nur darauf gehofft werden kann, dass die Lernarbeit an moralischen Dilemmas bei einzelnen Schülerinnen und Schülern zu Verhaltensänderungen führt.[21]

Vorgeschlagen für die Werterziehung im Lernbereich Wirtschaft, Recht und Gesellschaft werden hier die folgenden Regeln im Sinne von Good Practice.

- Moralische Dilemmas sollen im Unterricht so häufig als möglich eingesetzt werden. Nur gelegentliche Reflexionen haben keine erzieherische Wirkung.
- Sie müssen immer im Zusammenhang mit den in den einzelnen Lektionen behandelten Lerninhalten stehen. Auf inhaltsunabhängige moralische Dilemmas sollte im hier behandelten Lernbereich verzichtet werden, denn Wertfragen in gesellschaftlichen und wirtschaftlichen Fragen setzen ein gutes fachbezogenes Wissen voraus. Andernfalls gelingt es nicht, sich angesichts der vielen Zielkonflikte Meinungen zu bilden, welche moralisch vertretbar und sachlich widerspruchsfrei sind (z.B. ideale Vorstellungen über Sozialleistungen, die aber

---

21 Diese Einsicht hat auch Kohlberg (1985) veranlasst, seinen Diskussions- und Reflexionsansatz auf die Schule als Ganzem auszuweiten, indem er annahm, das Schulklima, die Verhaltensgewohnheiten der Lehrpersonen und die an den Schulen gültigen Regeln hätten für das Werden der Persönlichkeit der Lernenden mehr Bedeutung als blosse unterrichtliche Massnahmen. Deshalb entwickelte er die Idee der „Erziehung in der Gerechten-Gemeinschafts-Schule" (Just Community School), die so gestaltet ist, dass die Lernenden mittels demokratischen Führungsformen und Mitwirkungsrechten die Gelegenheit erhalten, Schulprobleme in einer echten Lerngemeinschaft selbst zu regeln.

angesichts der demographischen Entwicklungen langfristig nicht finanzierbar sind).
– Die moralischen Dilemmas müssen bestimmten Qualitätsforderungen genügen (ähnlich Lind 2009): Es muss eine moralische Zwangslage vorliegen, zu der sich keine leichten Auswege finden lassen. Bedeutsam ist die persönliche Betroffenheit (keine Situationen, welche zwar interessant, aber weit vom persönlichen Erleben entfernt sind oder überhaupt keinen Bezug zu aktuellen Streitfragen haben). Die Ausgangsmeinungen in der Klasse müssen sehr unterschiedlich sein (50 : 50 Regel: für eine Ausgangslage von 70 : 30 sollte kein moralisches Dilemma angewandt werden). Das Dilemma muss realitätsnahe und glaubwürdig sein. Es darf keine Ängste auslösen, und es sollten keine Dilemmas bearbeitet werden, von denen bekannt ist, dass sich Eltern von Lernenden in prominenter Weise damit in der nahen Öffentlichkeit auseinandersetzen.
– Bei der Diskussion von moralischen Dilemmas sind die soziale Kommunikation und die Teilkompetenzen der moralischen Urteilsfähigkeit gezielt zu stärken.
– Damit der Realität im gesellschaftlichen und wirtschaftlichen Leben Rechnung getragen wird, sollte allen Überlegungen die **Diskursethik** zugrunde gelegt werden, damit alle Formen von Indoktrinationen und Dogmatismus hinfällig werden (Ulrich 2008, Dubs 2012a). Nur dann gelingt es, das Ziel „im freien Urteil zu einer eigenen Meinung zu gelangen" (siehe Abbildung 4) zu erreichen, was dann nicht zu einem Wererelativismus führt, wenn die Einhaltung der Menschenrechte als unabdingbare Voraussetzung akzeptiert wird.

7.4.3.3 Die Modellanalyse (Zwei- oder vielseitige Darstellung)

Im Sinne von Good Practice eignet sich für den Lernbereich Wirtschaft, Recht und Gesellschaft die Modellanalyse für die Werterziehung. Im Unterschied zum moralischen Dilemma ist sie aber stärker auf eine kognitive Systematik ausgerichtet (siehe Abbildung 54). Mit ihr werden umstrittene Sachverhalte so strukturiert, dass die Schülerinnen und Schüler

– unterschiedliche Standpunkte erfassen und interpretieren,
– die verursachenden Probleme ermitteln und definieren,
– das zur Beurteilung nötige Wissen erarbeiten,

1. Schritt: Problemstellung	**Auffassung A** zu einem gesellschaftlichen oder wirtschaftspolitischen Problem	**Auffassung B** zu einem gesellschaftlichen oder wirtschaftspolitischen Problem
2. Schritt: Interpretation der Auffassungen (Ursachen)	a) _____ b) _____	a) _____ b) _____
3. Schritt: Problemformulierung	Problemstellung/Streitfrage _____	
4. Schritt: Ergänzung des Sachwissens	_____	
5. Schritt: Folgen und Konsequenzen	Vorteile: _____ Nachteile: _____ Folgen: _____ Konsequenzen: _____	Vorteile: _____ Nachteile: _____ Folgen: _____ Konsequenzen: _____
6. Schritt: Eigene Meinung (eigene Lösung)	_____	
7. Schritt: Konsequenzen, nötige Massnahmen zur eigenen Meinung/Lösung	_____	

Abb. 54: Modellanalyse (Zwei- oder vielseitige Darstellung)

- mögliche Lösungen entwickeln und beurteilen
- sowie eine eigene Meinung bilden und die Konsequenzen der eigenen Auffassung beurteilen können.

Die in Abbildung 54 gezeigte Grundstruktur einer Modellanalyse dient als Disposition für den Aufbau einer Lektion, als Muster für einen Hefteintrag, oder sie kann als Arbeitsblatt ausgestaltet werden. Arbeitsblätter sind besonders für sehr kontroverse Fragen geeignet, weil sie belegen, wie die Thematik im Unterricht behandelt wurde.

7.5 Die Wechselwirkung zwischen Lernzielen und Gesamtkonzeption einer Lektion

Die Erarbeitung der kompetenzorientierten Lernziele für einzelne Lektionen darf sich nicht nur an den anzustrebenden kognitiven, sozialen und affektiven Kompetenzen sowie am notwendigen deklarativen Wissen orientieren, sondern es ist im Sinne einer Wechselwirkung immer zu überlegen, wie die Lektionen grundsätzlich gestaltet, und welche Lehr- und Lernformen eingesetzt werden sollen, denn aus dem Lernziel soll auch die Gesamtkonzeption der Lektion erkannt werden. Im Interesse der Vielgestaltigkeit des Unterrichts sollen dabei immer Varianten überlegt werden, die sich an folgenden Kriterien orientieren können:

- Verfügbare Unterrichtszeit
- Motivationslage der Klasse und spezielle Interessen
- Vorwissen
- Kombination der Lernbereiche (Ergänzung des Kognitiven mit dem Sozialen und Affektiven, sofern der Lehrplan nicht kompetenzorientierte Lernziele vorgibt)
- allenfalls verfügbares Unterrichtsmaterial.

Der kleine Entscheidungsbaum in Abbildung 55 kann dazu eine Hilfe sein. Er mag als theoretisch und abstrakt wahrgenommen werden. Sein Ziel ist es nur, auf die Vielfalt von Unterrichtsmöglichkeiten für einen Lektionsinhalt hinzuweisen und damit anzuregen, bei der Planung der Gesamtkonzeption Varianten zu überlegen. Tabelle 56 gibt dazu ein Beispiel, wobei weitere Varianten denkbar sind. Die Erfahrung lehrt, dass der Unterricht langfristig vielgestaltiger wird, wenn in dieser Phase der Planung also bewusst gefragt wird, wie soziale und affektive Kompetenzen in die traditionellen Lernbereiche eingebaut und über Varianten reflektiert werden kann.

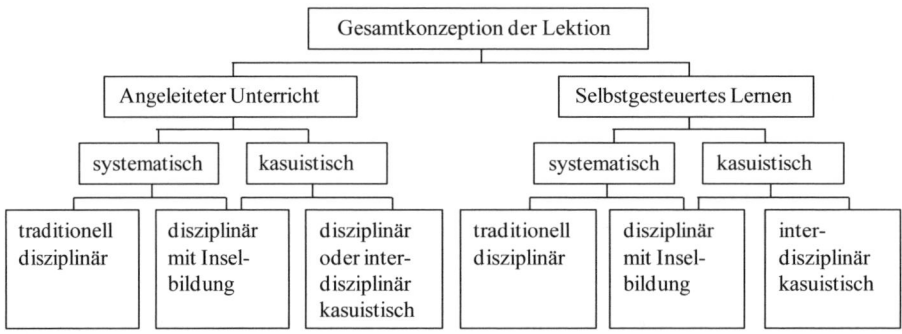

Abb. 55: Entscheidungsbaum für die Gesamtkonzeption einer Lektion

Fach: Lerninhalt:	Volkswirtschaftslehre Die Nationale Buchhaltung		2 – 3 Lektionen zu 45 Minuten	
Kompeten-zen	**Kompetenzorien-tiertes Lernziel**	**Vorgehen**		**Gesamt-konzeption**
kognitiv	Daten der Nationalen Buchhaltung verschiedener Länder interpretieren	Frontal-unterricht: Frontal-unterricht: Frontal-unterricht:	Beispiele Suchstrategie, Interpretation Vorgegebene Beispiele besprechen	traditionell disziplinär
kognitiv sozial	System der Nationalen Buchhaltung anhand der Statistik entwerfen und Daten interpretieren	Selbstge-steuert Gruppen-arbeit	Gruppen und System nachzeichnen Daten interpretieren	disziplinär mit Inselbildung
kognitiv affektiv	Mithilfe der Daten der Nationalen Buchhaltung Wachstumsraten berechnen und zu Fragen des wirtschaftlichen Wachstums eine eigene Meinung bilden	Frontal-unterricht: Klassen-diskussion	Wachstumsraten berechnen Probleme des wirtschaftlichen Wachstums mit dem Ziel der Meinungsbildung diskutieren	interdisziplinär kasuistisch

Abb. 56: Varianten von Unterrichtskonzeption mit unterschiedlichen kompetenzorientierten Lernzielen

7.6 Unterrichtsverfahren: Lehr- und Lernformen [22]

7.6.1 Übersicht

Abbildung 57 gibt eine Übersicht über die **Unterrichtsverfahren** (oder Unterrichtsformen), welche für die Gesamtkonzeption einer Lektion den Grobverlauf bestimmen (z.B. kann eine Lektion schwergewiedlich als Frontalunterricht im Klassenverband gestaltet oder für selbständiges Lernen konzipiert werden (erste Ebene).

---

[22] Angesichts der vielen und guten Publikationen zu den Lehr- und Lernformen wird hier auf eine vertiefte Behandlung verzichtet: Dubs 2009, Kaiser & Kaminski 2011, Schneider 2011, Dubs 2011 (einzelne Teile dieses Abschnitts sind dieser Publikation entnommen), Wilbers 2012.

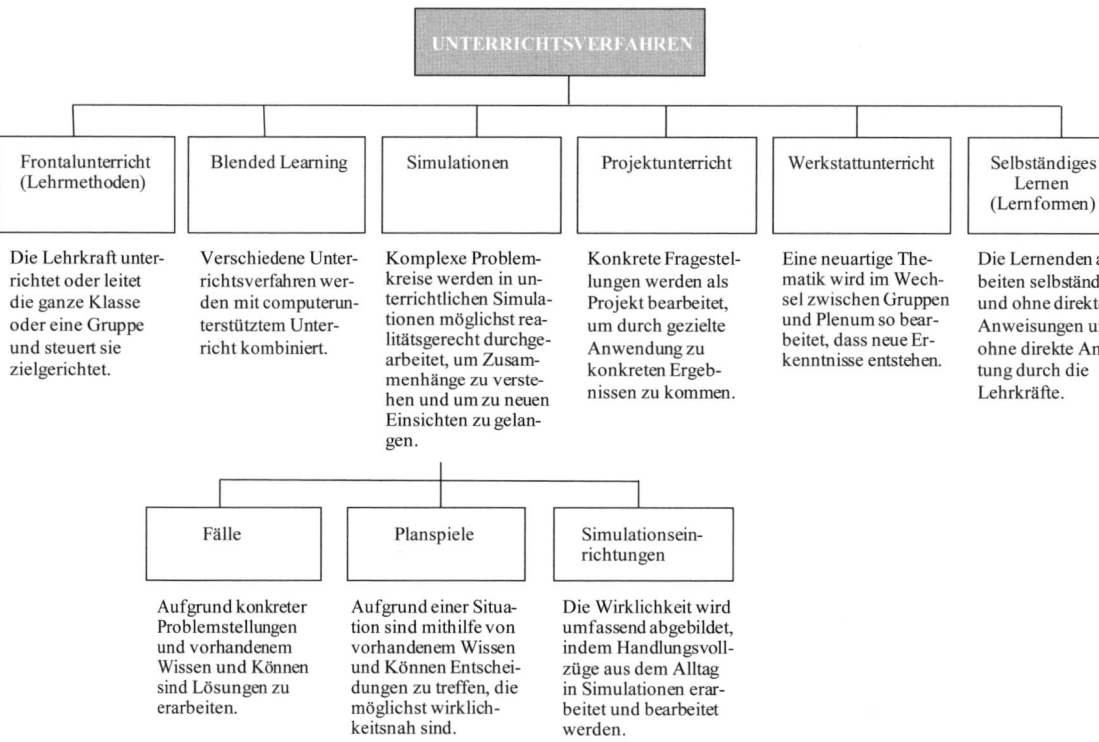

Abb. 57: Unterrichtsverfahren (Unterrichtsformen)

Abbildung 58 erläutert die **Lehrmethoden**, die dadurch gekennzeichnet sind, dass die Lehrkräfte das Lernen anleiten und steuern, ohne jedoch zu gängeln. Ihr Verhalten ist ein direktes Lehrerverhalten, das allmählich in ein indirektes Lehrerverhalten übergeführt wird (zweite Ebene).

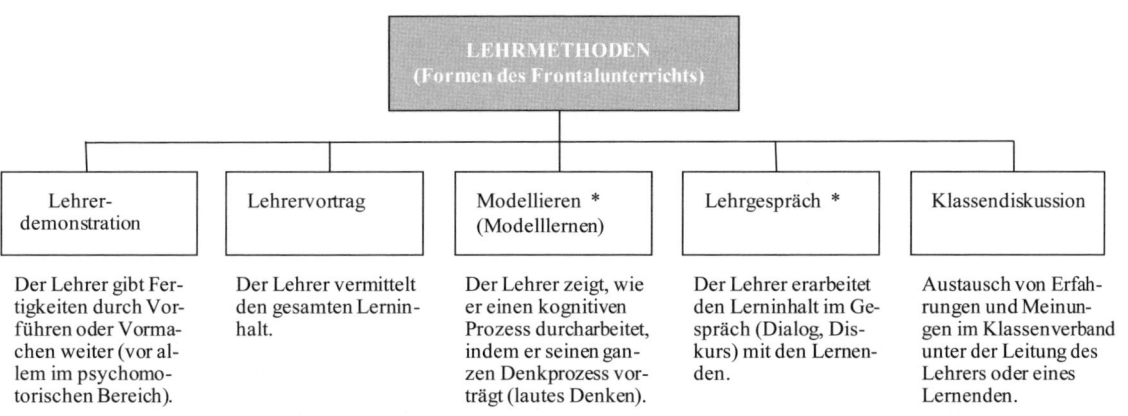

* Die Abgrenzung zwischen diesen beiden Lehrmethoden ist in der Praxis oft fliessend.

Abb. 58: Lehrmethoden

Schliesslich gibt es die **Lernformen,** bei denen die Initiative und die Aktivitäten des Lernens bei den Schülerinnen und Schülern liegen, und sich die Tätigkeit der Lehrperson vornehmlich auf die Anregung und die Unterstützung der Eigentätigkeit (Scaffolding [23]) beschränkt, sie also Lernberatung betreibt (Abbildung 59).

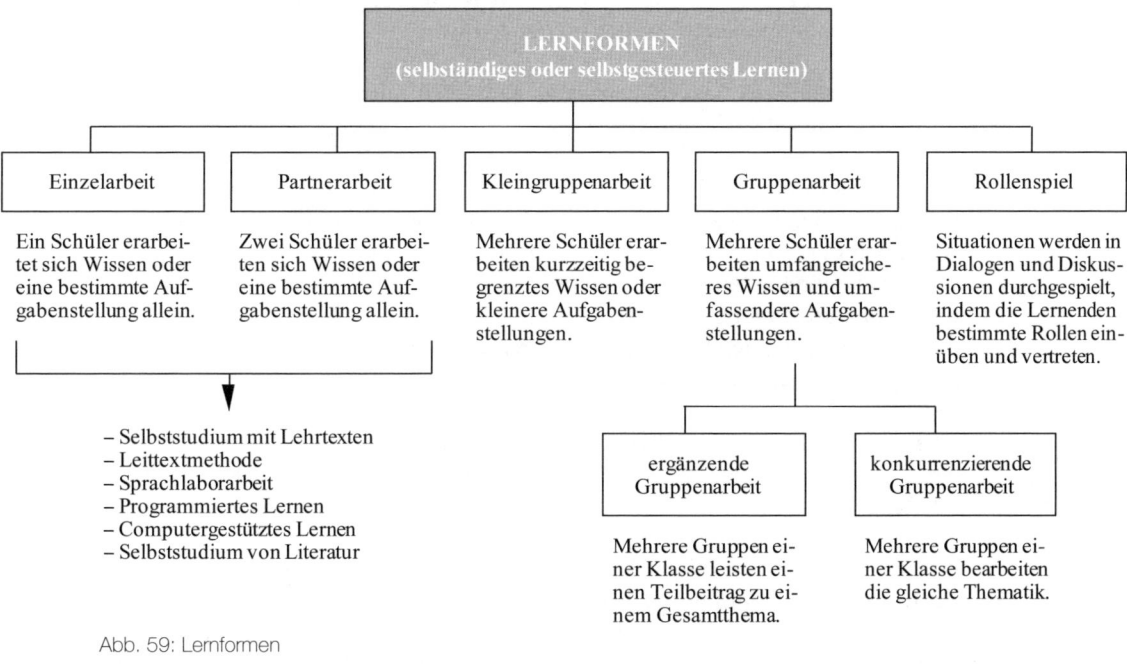

Abb. 59: Lernformen

---

23 Scaffolding heisst: Die Lehrerin oder der Lehrer bauen den Lernenden mit ihren Interventionen (Inputs, Fragen) ein Gerüst, das gezielt zum eigenen Denken und Lernen anregt (Hogan & Pressley 1997).

Trotz der – allerdings gegenwärtig etwas abklingenden – steten und meistens wenig differenzierten Kritik am Frontalunterricht herrscht er weiterhin vor, und nur Gruppenarbeiten werden gegenüber früher häufiger eingesetzt (Bohl 2000, Pätzold & Klusmeier 2005). Seifried (2010) hat erhoben, dass im Unterricht an kaufmännischen Schulen zwischen 50 % und 75 % der Lektionen mit Frontalunterricht gestaltet werden. Interessant ist dabei der Einfluss der Lehrplanorganisation. Wird in Einzelstunden unterrichtet, so beträgt der Anteil des Frontalunterrichts an der Nettounterrichtszeit 75 %, bei Doppellektionen noch 65 % und bei dreistündigen Unterrichtseinheiten reduziert sich der Anteil auf 60 %. Die weiterhin vorherrschende Stellung des Frontalunterrichts hat demzufolge verschiedene Gründe: die traditionellen Lehrpläne mit dem Stundenrhythmus verunmöglichen den Einsatz von Unterrichtsverfahren mit grossen Schüleraktivitäten weitgehend. Neue Verfahren benötigen für die Lehrerschaft einen grösseren Vorbereitungsaufwand. Die immer noch grosse Stofffülle verleitet aus zeitlichen Gründen zum Frontalunterricht. Und viele Lehrerbildungsstätten versäumen es, die neuen Lehr- und Lernformen in ihrem eigenen Unterricht einzusetzen, so dass es zu keinem Modelllernen kommt.

Für den Schulalltag ist eine wesentliche Erkenntnis immer wieder in Erinnerung zu rufen:

– **Es gibt nicht die „beste" Lehr- oder Lernform, sondern es ist für jede Lektion zu überlegen, welche die Geeignetste ist,** wobei auch immer an mögliche Kombinationen mehrerer Formen zu denken ist.

Für den jeweiligen Entscheid mögen **sechs Kriterien** hilfreich sein (ähnlich Euler & Hahn 2007, Kaiser & Kaminski 2011):

(1) Das Lernziel für die Lektion,
(2) die anzustrebende Beziehungsstruktur (erwünschte Form der Interaktion zwischen den Lernenden während der Lektion),
(3) die Gegebenheiten bei den Lernenden,
(4) die verfügbare Unterrichtszeit,
(5) das auf die Lernziele ausgerichtete Lehrerverhalten,
(6) das verfügbare Unterrichtsmaterial.

7.6.2 Angeleitetes oder selbstgesteuertes (eigenständiges) Lernen?

7.6.2.1 Problemstellung

Noch immer behaupten Kritiker der Schule, für die Wissensüberlastung und mangelnde Kompetenzförderung sei der Frontalunterricht mit seinen Lehrmethoden verantwortlich. Dies vor allem weil die Lehrpersonen den Unterricht steuern und zum Lernen anleiten (Lehrerzentrierung) sowie den Schülerinnen und Schülern keine Freiräume (Autonomie, Schülerzentrierung) beim Lernen gewähren. Daher meinen sie, mit weniger Lehrerzentrierung und mehr Schülerzentrierung würde sich die Lernwirksamkeit erhöhen. Deshalb schlagen sie vor, den Frontalunterricht durch selbständiges (selbstorganisiertes, autonomes, selbstreguliertes) Lernen, also durch Lernformen, zu ersetzen. Und sie entwerfen das Idealbild der selbstgesteuerten Lernenden (Riedl 2010), die sich ihre Lernziele selbst setzen und deren Erreichung selbständig planen, ihre eigenaktiv entwickelten Lernbedürfnisse und Lerndefizite erkennen und situationsspezifisch auf unterschiedliche Formen der Unterstützung zurückgreifen, geeignete Hilfsmittel selbst auswählen und ihre eigenen Lernprozesse kontinuierlich überprüfen.

Selbstverständlich ist die Fähigkeit zum selbstgesteuerten Lernen eine zentrale Voraussetzung für das lebenslange Lernen (siehe Abbildung 19). Aber die Polarisierung zwischen Steuerung und Autonomie ist aus mehreren Gründen falsch. Erstens muss jedes Unterrichtsverfahren schülerzentriert sein. Also ist etwa ein Lehrgespräch im Sinne eines guten Dialogs mit viel Steuerung ebenso schülerzentriert wie eine Partnerarbeit. Zweitens ist der Begriff „selbstgesteuertes Lernen" vieldeutig und für die Lehrplangestaltung und Unterrichtsplanung zu missverständlich, so dass es vor allem in der bildungspolitischen Diskussion immer wieder zu Missverständnissen kommt. Knoll (2001) hat mit der in Abbildung 60 wiedergegebenen Darstellung definitorische Klarheit geschaffen.

		Organisieren des Lernens	
		selbstorganisiert	fremdorganisiert
Steuerung des Lernens	selbstgesteuert	1. Form: autonomes Lernen	2. Form: selbstgesteuertes Lernen im Rahmen der Lehrplanvorgaben (vorherrschende Form)
	fremdgesteuert	3. Form: inhaltlich mitbestimmtes Lernen	4. Form: herkömmliche Lehrformen

Abb. 60: Vier grundsätzliche Formen des Lernens (Knoll 2001)

Dieses Modell beruht auf den Dimensionen „Steuern" (selbstgesteuertes und fremdgesteuertes Lernen) und „Organisieren" (selbstorganisiert und fremdorganisiert). Daraus ergeben sich vier grundsätzliche Formen des Lernens: (1) Das selbstgesteuerte und selbstorganisierte Lernen, oft als autonomes Lernen bezeichnet, bei welchem die Lernenden einen selbst gewählten Lerninhalt selbstgesteuert erarbeiten. (2) Das selbstorganisierte und fremdgesteuerte Lernen, bei welchem die Lernenden den Lerninhalt selber auswählen, sie aber angeleitet lernen. (3) Das fremdorganisierte und selbstgesteuerte Lernen, bei welchem die Lerninhalte durch den Lehrplan oder einen Entscheid der Lehrperson vorgegeben ist, die Lernenden aber selbstgesteuert lernen und (4) das fremdorganisierte und fremdgesteuerte Lernen, das der traditionellen Unterrichtsgestaltung entspricht.

Das autonome Lernen (1. Form) hat sich als weitgehend unwirksam erwiesen, ausgenommen auf höheren Schulstufen mit sehr motivierten und lernleistungsfähigen Schülerinnen und Schülern. Sehr viele Untersuchungen (Stratka, Nenninger et al. 1996, Schunk & Zimmerman 1998, Butler 1998, Sembill & Seifried 2006, Stratka 2008, Hoydn 2009, Schunk 2012) belegen jedoch, dass das selbstgesteuerte Lernen im Rahmen von Lehrplanvorgaben (2. Form) lernwirksam sein kann, sich aber Faktoren erkennen liessen, welche die Wirkung dieser Lernform hemmen (Simons 1992): Unklare und wenig begründete Zielvorgaben, falsche Kausalattribuierung, Konsumentenhaltung der Lernenden sowie mangelndes Durchhaltevermögen der Lehrpersonen (es stellt sich trotz den Bemühungen kein Lernerfolg ein). Gute Anwendungsmöglichkeiten ergeben sich mit der 2. Form, indem in Lehrplänen mit Inselbildung einzelne Inseln zur Vorbereitung oder zur Anwendung von selbstgesteuertem Lernen unter Berücksichtigung von Schülerinteressen und -wünschen eingesetzt werden können.

Angeleiteter Unterricht (vor allem Frontalunterricht) und selbstgesteuertes Lernen dürfen nicht als Gegensätze verstanden werden, sondern sie müssen sich gegenseitig ergänzen:

– **Das selbstgesteuerte Lernen muss systematisch angeleitet werden:** Mit einem anleitenden Frontalunterricht müssen die Arbeitstechniken und Strategien eingeführt werden, damit die Schülerinnen und Schüler später wirksam selbstgesteuert lernen können. Ein Versuchs- und Irrtums-Lernen ist unwirksam. Deshalb ist es falsch, die Lernenden sich uneingeführt selbst zu überlassen.

7.6.2.2 Das Lehrgespräch (Dialoge) (Lehrmethode)

Lehrgespräche (Dialoge) sind verbale Interaktionen zwischen Lehrenden und Lernenden, die prozessmässig zu neuem Wissen und Können führen und die Welt für die Lernenden durchschaubar machen (Burbules 1993). Dabei sind die Lehrenden nicht bloss Darbietende, die gelegentliche Fragen stellen oder zu Aktivitäten auffordern und keine Abwickler von geistlosen Frageketten, die ihre Schülerinnen und Schüler theatralisch gängeln. Die Lehrpersonen sind vielmehr Vermittelnde zwischen Lerninhalten und Lernenden, wobei ihr Lehrerverhalten direkter und indirekter sein kann. In jedem Fall stehen aber auf Lernprozesse ausgerichtete Dialoge und nicht nur eine blosse Gesprächsführung mit dem einzigen Ziel der Aktivierung der Lernenden im Vordergrund. Das Augenmerk ist auf die Anleitung zum Lernen zu legen. Deshalb wird in den Vereinigten Staaten wieder häufiger vom Nutzen der „Direct Instruction" gesprochen (Borich 1992, Hollingsworth & Ybarra 2009), insbesondere für schwächere Lernende, Lernende aus unteren sozialen Schichten und Anfänger in einem Lehrgebiet. Viele Untersuchungen zeigen, dass über alles gesehen guter Frontalunterricht (Direct Instruction) sehr lernwirksam ist, sofern die folgenden Bedingungen erfüllt sind (Liem & Martin 2013): (1) Vorgabe von Lernzielen, welche die Lernenden als erreichbar empfinden. (2) Klare Gliederung und gute Strukturierung des Lektionsablaufs. (3) Die Lehrpersonen modellieren und erarbeiten für die Lernenden erkennbare Strategien beim Lernen. (4) Sie schaffen gezielt genügend Übungsmöglichkeiten. (5) Sie machen den Lernprozess regelmässig sichtbar und verstärken die Lernenden gezielt. Für den Lernerfolg entscheidend ist damit die Qualität der Dialoge. Pauli (2006) und Seidel, Rimmele et al. (2003) haben ermittelt, dass bei der Gestaltung von Dialogen die folgenden Aspekte entscheidend sind: (1) Auf der Schülerebene ist zu beachten, dass die Schülerinnen und Schüler durch ihre Teilnahme an den Dialogen kognitive, soziale, affektive und metakognitive Prozesse und Kompetenzen verinnerlichen können. (2) Die Lernenden sollen die Dialoge als anregend und herausfordernd empfinden, und die Interaktionen müssen gut strukturiert sein. (3) In den Klassen muss sich eine Diskurs-Kultur entwickeln, und sie sollen zu einer Lerngemeinschaft werden, in welcher Wissen und Kompetenzen gemeinsam konstruiert werden. (4) Schliesslich müssen aber die Dialoge zur Vertiefung immer wieder mit anderen Unterrichtsformen ergänzt werden.

Unterschieden werden zwei Formen von Dialogen (Burbules 1993):

1. Ziel des **Dialogs als Instruktion** ist es, die Schülerinnen und Schüler durch geschickte Vermittlung zwischen ihrem vorhandenen Wissen und Können sowie neuen Lerninhalten mittels gezielten Fragen, Hinweisen, Ergänzungen und Anregungen zu einem bestimmten Lernziel zu führen. Dabei ist nicht nur das Ergebnis **(Produkt)**, sondern auch der Weg zum Lernziel **(Prozess)** bedeutsam. Die Lernenden sollen im Dialog bewusst erfahren, auf welchem Weg sie zum Lernergebnis gekommen sind, und welche Erkenntnisse sie für ihr eigenes Lernen gewonnen haben (Metakognition).
   Der Dialog der Instruktion lässt sich wie folgt anwenden:
   – Er dient der Erarbeitung von deklarativem und prozeduralem Wissen sowie der gezielten metakognitiven Förderung unter Anleitung des Lehrers oder der Lehrerin, welche je nach Gegebenheiten ein direktes oder indirektes Lehrerverhalten einsetzen.
   – Zu beachten ist, dass kein Dialogmechanismus entsteht, sondern die Dialoge auf kognitiv gestalteten Prozessen aufbauen und letztlich den Lernenden helfen, kognitive, sozialkommunikative und affektive Strategien aufzubauen (siehe dazu die Beispiele bei Dubs 2009).
   – Dialoge als Instruktion eignen sich besonders gut zur Vernetzung von Wissen, indem die Lehrkraft mit Fragen und Impulsen dazu anleiten kann, wie sich Wissenselemente in ihren Abhängigkeiten und Wechselwirkungen vernetzen lassen.
   – Die Dialoge können in den verschiedensten Unterrichtssituationen eingesetzt werden: Während ganzen Lektionen, in einzelnen Lektionen, die schwergewichtig mit anderen Lehrmethoden und Lernformen durchgeführt werden (z.B. während Gruppenarbeiten, wenn fehlende Grundlagen mit der ganzen Klasse kurzzeitig zu erarbeiten sind), oder während einer Einzelarbeit bei der die ganze Klasse in einen Sachverhalt, der besonders schwierig ist, eingeführt werden soll.
2. Der **Dialog als Entdecken** dient dazu, eine bestimmte Fragestellung zu beantworten oder ein bestimmtes Problem zu lösen. Deshalb läuft der Dialog nach

den Regeln eines Such- oder Problemlöseprozesses ab, in welchem entdeckendes Lernen und kritisches Denken an einem Gegenstand gefördert werden. Ganz allgemein können Dialoge im Unterricht in zwei Formen eingesetzt werden (Gudjons 2006). Entweder werden sie in einem **traditionellen Frontalunterricht** angewandt, d.h. der Dialog wird mit der ganzen Klasse während einer ganzen Lektion geführt. Oder er wird als **integrierter Frontalunterricht** abgewickelt, d.h. während einer Lektion wird der Dialog mit anderen Unterrichtsformen kombiniert, um den Unterricht einerseits vielgestaltiger zu konzipieren und andererseits Teilziele einer Lektion zielgerichtet mit wirksameren Lehrmethoden und Lernformen zu erreichen.

Der Dialog des Entdeckens orientiert sich am entdeckenden und am problemlösenden Unterricht, indem an einer Fragestellung oder an einem Problem Hypothesen entwickelt, Lösungen entworfen und hypothesenbezogen überprüft werden, um schliesslich Generalisierungen zu finden. Entgegen einer verbreiteten Meinung eignet er sich nicht nur für den naturwissenschaftlichen, sondern auch für den sozialwissenschaftlichen Unterricht.

Bei der **Planung von Lektionen** sind die folgenden Regeln zu beachten:
– Dialoge sind eine wesentliche Voraussetzung für die Erarbeitung von Arbeitstechniken, Lern- und Denkstrategien sowie sozialen und affektiven Strategien.
– Sie können in einer Lektion die Zeit für den Einstieg verkürzen, wenn später mit zeitlich aufwändigeren Lernformen gearbeitet wird.
– Ein guter Frontalunterricht ist alles andere als überholt.

7.6.2.3 Das selbstgesteuerte Lernen

Beim selbstgesteuerten (selbstregulierten) Lernen planen, steuern und überwachen die Schülerinnen und Schüler ihr Lernen allein, in Zweier- oder in grösseren Gruppen selbst, indem sie sich je nach Modell (siehe Abbildung 60) die Ziele allein setzen oder anhand vorgegebener Ziele ihren gesamten Lernprozess selbst gestalten, überwachen und beurteilen. [24] Im Unterricht verwirklichen lässt es sich mit verschiedenen Lernformen (siehe Abbildung 59). Voraussetzung für dessen Lernwirksamkeit und mehrere Gelingensbedingungen: Die Schülerinnen und Schüler müssen zur Selbstregulierung (siehe Abbildung 37) fähig sein. Zusätzlich müssen sie Interesse an dem zeigen (Erwartungshaltung bezüglich Zielerreichung), was zu lernen ist und über ein Vorgehensinteresse (Einschätzung der Bedeutsamkeit, die sie dem Lerngegenstand geben) verfügen. Diese beiden motivationalen Voraussetzungen werden oft als äussere Schale des selbstgesteuerten Lernens bezeichnet

---

24 Noch heute werden im Zusammenhang mit dem selbstgesteuerten Lernen sehr verschiedene Begriffe verwendet. Es ist im Schulbereich selten autodidaktisches Lernen, das ohne Hilfe einer Lehrperson nach ganz freier Wahl und Gestaltung abläuft. Es kann kooperatives Lernen sein, wenn die Lerngruppe zusammen arbeitet. Kooperatives Lernen aber mit selbstgesteuertem Lernen gleichzusetzen ist unzweckmässig, denn es gibt auch andere Lernformen für das selbstgesteuerte Lernen. Nicht gleichsetzen sollte man es mit organisationalem Lernen (Senge 2008), das stärker auf die Schul- und Organisationsentwicklung ausgerichtet ist.

(z.B. Stratka, Nenninger et al. 1996). Die innere Schale spricht das für das selbständige Lernen eines neuen Lernbereichs notwendige Vorwissen und die Arbeitstechniken an sowie die Lern-, Denk- und metakognitiven Strategien. Für das selbstgesteuerte Lernen eignen sich verschiedene Lernformen, mit denen nicht nur kognitive, sondern je nach Form auch soziale und affektive Lernziele entwickelt werden können.

Noch ist wissenschaftlich nicht abschliessend geklärt, welche Lernformen und welche Kombinationen von Lehr- und Lernformen [25] zu den besten Lernergebnissen führen. Ebenso ungeklärt ist, wie viel Zeit einzusetzen ist, um die beste Lernwirkung zu erhalten. Ist es beispielsweise sinnvoll, während eines ganzen Semesters in einem Fach nur noch selbstgesteuert zu lernen? Hier wird die Auffassung vertreten, dass vor allem anfänglich kürzere Phasen des selbstgesteuerten Lernens vorgesehen werden sollten, denen eine Anleitung für die dazu benötigten Strategien vorausgehen sollte.

Bei der **Planung von Lektionen** sind die folgenden Regeln zu beachten:
– Die Vorbereitung des lebenslangen Lernens mit einer zielgerichteten Förderung des selbstgesteuerten Lernens ist eine zentrale Aufgabe für eine Schule.
– Selbstgesteuertes Lernen bedarf aber anfänglich einer guten Anleitung, welche Sicherheit in der Anwendung und späteren eigenständigen Entwicklung von Arbeitstechniken, Lernstrategien, kognitiven, sozialen und affektiven sowie metakognitiven Strategien vermittelt.
– Während der Eigentätigkeit sind die Lernenden zu beraten, d.h. die Lehrpersonen müssen in Phasen der Eigentätigkeit im Klassenzimmer anwesend sein, um mittels Scaffolding Lernberatung anzubieten. Deshalb sollte nicht in Gruppenräumen, sondern im Klassenzimmer gearbeitet werden, damit die Lehrpersonen individuelle und Lernschwierigkeiten in Gruppen erkennen und unterstützend eingreifen können.

7.6.2.4 Der Lehrervortrag (Lehrmethode)

Mit einem Lehrervortrag bietet eine Lehrperson einen Lerninhalt dar. Möglich ist, dass sie einzelne Fragen stellt, die aber nicht zu einem Dialog führen, sondern den Vortrag nur kurz unterbrechen. Angewandt werden kann der Lehrervortrag in folgenden Situationen (Brophy 1994):

– Es ist Wissen zu vermitteln, das für die Lernenden nicht leicht zugänglich ist.
– Für eine spätere Lernarbeit wird viel Wissen vorausgesetzt.

---

25 Siehe dazu beispielsweise:
SOL-Ansatz (Wahl 2006), EVA-Ansatz (Klippert 2007), welche Lehr- und Lernformen kombinieren, oder
SoLe-Ansatz (Sembill & Seifried 2006), der eine Verwandtschaft mit dem Projektunterricht aufweist und in die Nähe des forschenden Lernens kommt.

- Wissen muss für einen bestimmten Anwendungszweck in einer besonderen Form zur Verfügung stehen (z.B. Wissen aus einem anderen Fachbereich bei interdisziplinärem Lernen).
- Die Lehrperson will mit einer Präsentation persönlich motivieren.
- Es ist ein Überblick zu geben, damit sich die Lernenden beim späteren selbständigen Lernen besser zurechtfinden.

Der Behaltenseffekt von Lehrervorträgen ist nicht besonders gross. Trotzdem kann er nützlich sein, wenn für eine vertiefte Bearbeitung eines Lerngegenstands viel Orientierungswissen notwendig ist und für dessen Erarbeitung mit einem Dialog oder mit selbstgesteuertem Lernen zu viel Zeit benötigt würde. Diese Situation ist im Lernbereich Wirtschaft, Recht und Gesellschaft nicht unüblich.

Für die **Planung von Lektionen** sind die folgenden Regeln zu beachten:
- Der Lehrervortrag darf nicht zu häufig und vor allem nicht während ganzen Lektionen eingesetzt werden.
- Nützlich kann er aber sein, wenn für die vertiefte Bearbeitung eines Lernthemas viel Orientierungswissen benötigt wird.

7.6.2.5 Die Lehrerdemonstration und das Modellieren (Lehrmethode)

Beobachtungslernen (die Lehrperson als Modell) hat sich insbesondere beim psychomotorischen Lernen und beim Einüben kognitiver Strategien (die Lehrperson zeigt, wie sie einen Prozess durcharbeitet) als lernwirksam erwiesen (Bandura 1977). Dabei sind zwei Formen zu unterscheiden: Entweder demonstriert die Lehrperson einen bestimmten Vorgang oder bestimmte Fertigkeiten, die von den Schülerinnen und Schülern zunächst phasenweise und abschliessend in ihrer Gesamtheit nachgeahmt werden (nachahmendes Üben). Oder die Lehrerdemonstration wird so gestaltet, dass die Lernenden nicht nur mechanisch nachahmen, sondern das Gehörte oder das Gesehene reflektieren und bessere Vorgehensweisen finden (Gudjons 2006).

Bei der **Planung von Lektionen** sind die folgenden Regeln zu beachten:
- Für psychomotorische Lernprozesse ist das Modellieren recht lernwirksam.
- Für schwächere Schülerinnen und Schüler eignet sich das Modellieren auch zur Vertiefung von Lern-, kognitiven und metakognitiven Strategien.
- Die Lehrpersonen sollten sorgfältig und nicht zu schnell modellieren. Insbesondere im Einführungsunterricht in Informatik bleibt das Modellieren oft unwirksam, weil zu schnell und ohne genügende vertiefende Erklärungen modelliert wird (die Lehrperson demonstriert selbst mit dem Versuchs- und Irrtumsverfahren).

7.6.2.6 Die Kleingruppenarbeit (Lernform)

Kleingruppenarbeiten sind gezielt in einzelne Lektionen eingebaute Gruppenarbeiten von fünf- bis zehnminütiger Dauer. Die Gruppen von drei bis vier Schülerinnen und Schüler werden spontan gebildet, d.h. diejenigen Lernenden, welche nebeneinander sitzen, bilden eine Kleingruppe, so dass keine Änderung der Sitzordnung nötig ist. Ziel der Kleingruppe ist es, die Lernenden im Frontalunterricht mittels einer anderen Lernform neu zu motivieren oder sie zum eigenen Reflektieren anzuregen. Tausch & Tausch (1998), welche die Idee der Kleingruppen entwickelt haben, konnten deren Lernwirksamkeit nachweisen.

Kleingruppenarbeiten können in folgenden Unterrichtssituationen eingesetzt werden:
– im Anschluss einer Phase der Wissensvermittlung (Lehrervortrag) oder der Wissenserarbeitung (Lehrgespräch) zur Vertiefung und Anwendung der neuen Lerninhalte,
– zum Einüben von Fertigkeiten und Fähigkeiten (Übung in Kleingruppen),
– zur Diskussion von Widersprüchen im Lehrgespräch, zur Klärung einer Kontroverse in einer wertorientierten Fragestellung oder zur Aussprache über einen Zielkonflikt mit dem Ziel einer gemeinsamen Reflexion und der persönlichen Meinungsbildung. Bei kontroversen Fragestellungen und Zielkonflikten kann eine Kleingruppenarbeit der Vorbereitung einer Klassendiskussion dienen, die einfacher und substanzieller wird, weil die Vorüberlegungen im kleinen Kreis der Kleingruppe erfolgten.

Bei der **Planung von Lektionen** sind die folgenden Regeln zu beachten:
– Viele Lehrkräfte verzichten nach kurzen Versuchen auf Kleingruppenarbeiten, weil die Lernenden nicht gezielt diskutieren, und es oft nicht gelingt, nach Beendigung der Kleingruppenarbeit die Ruhe in der Klasse wieder herzustellen. Diese Probleme hängen oft mit dem Lehrerverhalten zusammen: Es werden keine klaren Aufträge erteilt, oder die Auswertung der Ergebnisse erfolgt nicht zweckmässig. Insbesondere wird die Auswertung beendet, wenn eine Gruppe ein gutes Ergebnis präsentiert hat. Richtig ist es, trotzdem Gruppen mit anderen Lösungen noch vortragen zu lassen und allfällige Fehler auszuwerten. Oft vergessen Lehrkräfte auch den zusammenfassenden Kommentar, der klärend wirken kann und die Lernwirksamkeit erhöht.
– Bei der Planung der Lektion sollte immer überlegt werden, an welcher Stelle eine Kleingruppenarbeit eingesetzt werden könnte, um damit jederzeit eine Massnahme gegen eine allenfalls abnehmende Aufmerksamkeit verfügbar zu haben.
– Es sollten aber nicht zu viele Kleingruppenarbeiten eingesetzt werden, um wenig sinnvolle Lernaktivitäten zu vermeiden.

7.6.2.7 Die Gruppenarbeit (Lernform)

Bei Gruppenarbeiten arbeiten vier bis sechs Schülerinnen und Schüler über eine längere Zeit zusammen, um eine grössere Aufgabe gemeinsam zu bewältigen. Diese Aufgabe kann auf das Erarbeiten von neuem Wissen, auf die Bearbeitung von Fällen, auf Projekte oder eine allgemeine Problemlösung ausgerichtet sein. Die Gruppenarbeiten können konkurrierende oder ergänzende Gruppenarbeiten sein. Bei **konkurrierenden Gruppenarbeiten** bearbeiten alle Gruppen einer Klasse die gleiche Aufgabe, und die Ergebnisse lassen sich miteinander vergleichen. Bei **ergänzenden Gruppenarbeiten** wird die Klasse in Gruppen (allenfalls von unterschiedlicher Grösse) aufgeteilt, die je einen Teilbeitrag an eine Gesamtaufgabe (Gesamtthema) der Klasse leisten. Diese Gruppenarbeit eignet sich nur für umfassendere und interdisziplinäre Aufgaben und ist demzufolge zeitaufwändig. Deshalb lassen sie sich in den atomisierten Lehrplänen nur selten verwirklichen. Für sie sind Blockzeiten oder Arbeitswochen vorzusehen.

Besondere Formen der Gruppenarbeit sind das Gruppenturnier und die Jigsaw-Gruppen (Slavin 1986). Beim **Gruppenturnier** wird ein Lerngegenstand, der vorgängig erarbeitet wurde, in homogenen Gruppen vertieft. Nach dieser Vertiefung bestehen alle Lernenden in allen Gruppen einen Test. Der jeweils Gruppenbeste steigt in der Folge in die Gruppe mit einem höheren Testergebnis auf, während der jeweils Gruppenschlechteste in die nächst schwächere Gruppe absteigt. Dieser Prozess wird während mehreren zeitlich gestaffelten Lektionen wiederholt. Zu beachten ist aber, dass sich diese Form der Gruppenarbeit nur für das Erlernen von Grundfertigkeiten und Grundkompetenzen eignet. Zudem dürfen Schülerinnen und Schüler nicht in die Rolle von ständigen Aufsteigern bzw. Absteigern gedrängt werden. Bei **Jigsaw-Gruppen** soll sichergestellt werden, dass alle Lernenden etwas zur Gruppenleistung beitragen. Deshalb wird die durch die Gruppen zu leistende Arbeit in Teilaufgaben gegliedert und jedem Gruppenmitglied eine Teilaufgabe zur Bearbeitung zugeteilt. Nachdem die Gruppen organisiert sind und den Überblick über die Aufgabenstellung gewonnen haben, werden die Mitglieder aller Gruppen, die an ihrer bestimmten Teilaufgabe arbeiten, vorübergehend in einer neuen Gruppe, der „Expertengruppe" zusammengenommen, in welcher sie sich – häufig mit Anleitung der Lehrperson – besonders auf ihre Teilaufgabe vorbereiten, damit sie als „Experte" ihr Expertenwissen in ihre Gruppe einbringen können. Diese Organisationsform der Gruppenarbeit trägt zu einer höheren Leistungsfähigkeit der Gruppe bei. Ausserdem lassen sich die Einzelleistungen besser bewerten.

Bei der **Planung von Lektionen** mit Gruppenarbeiten sind zwei Entscheidungen zu treffen:
(1) Wie sollen die Gruppen gebildet werden? Johnson & Johnson (1999) schlagen vier Varianten vor: (a) Die Lehrperson setzt die Gruppen zusammen; (b) sie bestimmt ein erstes Gruppenmitglied, dieses wählt ein weiteres aus, die Lehrperson bestimmt das nächste usw.; (c) die Lehrperson bittet die Lernenden, drei Mitschülerinnen und Mitschüler zu nennen, mit denen sie zusammenarbeiten möchten, dann entscheidet sie und teilt die Überzähligen zu; (d) die Gruppen werden nach

Zufall gebildet (z.B. durch Zettel ziehen). Nicht zu empfehlen ist die stetig völlig freie Wahl, sondern es ist bei jeder Gruppenarbeit immer wieder zu entscheiden, welche Variante gewählt werden soll, damit die Gruppenzusammensetzung zu den besten Interaktionen und Lernergebnissen beiträgt.

(2) Wie sollen die Gruppen im Interesse des Lernerfolgs zusammengesetzt sein (within class grouping mit heterogenen oder homogenen Gruppen)? Aufgrund der Forschung lassen sich die folgenden Aussagen machen (Lou 2013): Nie gebildet werden sollen Gruppen mit nur lernschwächeren Schülerinnen und Schülern. Schwächere Lernende erbringen bessere Leistungen in heterogenen Gruppen, sofern die besseren Lernenden hilfsbereit sind, also innerhalb der Gruppen viele Interaktionen stattfinden, was auch die Motivation und das Selbstkonzept der Schwächeren stärkt. Homogene Gruppen sind jedoch wirksamer, wenn sie gezielt zur Begabtenförderung eingesetzt werden (homogene Gruppen nach Lernleistungsfähigkeit, sofern sich die Lehrperson auch den schwächeren Schülerinnen und Schülern genügend annimmt). Durchschnittlich Leistungsfähige scheinen in homogenen Gruppen mehr zu lernen, wahrscheinlich weil sie mehr Gelegenheiten zu Interaktionen in der Gruppe haben als in heterogene Klassen. Kritisch ist die stete Bildung von ausschliesslich homogenen Gruppen, weil durch die Lehrererwartungen geprägten Verhaltensweisen der Lehrenden die Schwächeren benachteiligt werden. Interessant ist schliesslich, dass in homogenen Klassen durchschnittliche und leistungsfähige Schülerinnen und Schüler mehr gemeinsam diskutieren und erarbeiten als schwächere Lernende, während in heterogenen Gruppen mehr individuell gearbeitet wird, wobei der Dialog zwischen Lehrenden und Lernenden bei den leistungsfähigen und weniger leistungsfähigen Lernenden ausgeprägter ist, als bei durchschnittlichen Schülerinnen und Schülern. Dieser gegenwärtige Forschungsstand ist für die Unterrichtsplanung immer noch etwas widersprüchlich. Sicher ist nur, dass Gruppenarbeiten über alles gesehen das Lernen eher verbessern.

Wesentlich für die Wirksamkeit der Gruppenarbeit bei der Führung einer Klasse ist es, Eigenarten im Verhalten der einzelnen Lernenden zu beachten, weil sie die Schülerleistung durch Prozessgewinne und Prozessverluste in der Gruppenarbeit beeinflussen (Wilke & Witt 2002). Wenn die einzelnen Gruppenmitglieder alle ihre eigenen Ressourcen (Wissen, Können, Zeit, verfügbare Hilfsmittel) voll in die Gruppenarbeit einbringen, sollte die bestmögliche Gruppenleistung entstehen (**potenzielle Gruppenleistung**). Diese potenzielle Gruppenleistung wird aber häufig nicht erreicht, weil einzelne Gruppenmitglieder sich nicht voll in der Gruppe einbringen sowie Fehler und Unterlassungen begehen. Dadurch entstehen **Prozessverluste**. Umgekehrt kann das gute Teamwork auch zu **Prozessgewinnen** führen. Deshalb unterscheidet sich die tatsächlich erbrachte Leistung immer von der potenziell möglichen Gruppenleistung (siehe Abbildung 61).

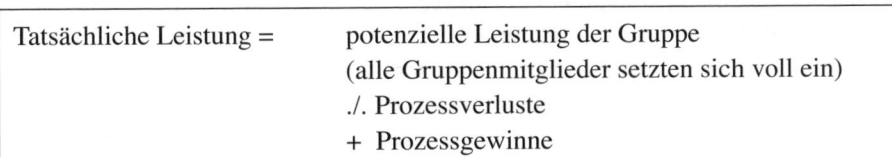

Abb. 61: Tatsächlich erbrachte Gruppenleistung

Daher müssen die Lehrpersonen den Verlauf der Gruppenarbeiten stets beobachten und bei Prozessverlusten die Lernenden zu Korrekturen veranlassen. Prozessverluste entstehen, wenn
– Gruppenmitglieder nicht ihr ganzes Wissen und Können in die Gruppe einbringen (um sich beispielsweise später bei der Präsentation der Gruppenarbeit zu profilieren),
– ein Konformitätsdruck besteht, d.h. man sich rasch an die Meinung der anderen Gruppenmitglieder anschliesst, oder man sich bald mit dem vorhandenen Wissen und Können begnügt und nicht weiter recherchiert (Effekt des gemeinsamen Wissens),
– die Gruppenzusammensetzung nicht optimal ist (generell profitieren fähige Gruppenmitglieder in homogenen Gruppen mehr; aber schwächere Lernende erzielen in heterogenen Gruppen mehr Lerngewinne, sofern sie von den stärkeren Gruppenmitgliedern unterstützt werden),
– die Koordination innerhalb der Gruppe schlecht ist oder bei einzelnen Gruppenmitgliedern die Motivation fehlt (am lernwirksamsten ist eine Interdependenz zwischen Eigeninteresse und Gruppeninteresse),
– ein soziales Faulenzen vorliegt, d.h. einzelne Gruppenangehörige nicht intensiv mitarbeiten, weil ihre Leistung nicht gewürdigt oder bewertet wird,
– einzelne Gruppenmitglieder Trittbrettfahrer sind, d.h. sie setzen sich bewusst nicht ein, oder sie soziales Bummeln betreiben, d.h. sie wirken unbeabsichtigt nicht mit. Trittbrettfahren und soziales Bummeln können zum Trotteleffekt führen, indem aktive Gruppenmitglieder nichts mehr beitragen, wenn sie Trittbrettfahrer erkennen oder der Trotteleffekt wirkt,
– innerhalb der Gruppe Statusdifferenzen bestehen, d.h. die Stellung und Anerkennung innerhalb der Gruppe zu bestimmten Verhaltensweisen führen, was vor allem die Kommunikationsmuster prägt, indem beispielsweise ein Gruppenmitglied mit einem hohen Status die Gruppenarbeit selbst dann prägt, wenn es keine wesentlichen Beiträge einbringt.

Bei der **Planung von Lektionen** sind die folgenden Regeln zu beachten:
– Gruppenarbeiten müssen zu einer Selbstverständlichkeit werden. Denkbar ist es auch, eine Gruppenarbeit als längerfristige Hausaufgabe zu erteilen.
– Die Wirksamkeit wird verbessert, wenn die Arbeitstechnik der Gruppenarbeit vor Beginn der ersten Arbeit erklärt wird.
Beispiel:
Empfehlenswert ist folgendes Vorgehen, um die Arbeitstechnik der Gruppenarbeit zu festigen:
Zu Beginn erarbeitet man eine Gruppenarbeit in Gruppen im Frontalunterricht, indem man mit einem direkten Lehrerverhalten jeden Arbeitsschritt anleitet. In einer zweiten Phase gibt man mit indirektem Lehrerverhalten noch die Struktur für die Arbeit in Gruppen vor, die einzelnen Schritte werden aber durch die Gruppen selbst ausgeführt. Im dritten Schritt geht man zur Schülerselbständigkeit über, steht aber den Gruppen gezielt mit einem guten Scaffolding zur Verfügung.

- Diese Vorgehensweise geht davon aus, dass anfänglich kleinere Gruppenarbeiten mit der Dauer einer Lektion durchgeführt werden.
- Zu beachten ist die Ungewissheitstoleranz. Mit Lernenden mit einer hohen Ungewissheitstoleranz, d.h. mit einer geringeren Bereitschaft, sich mit Lernfragen auseinanderzusetzen, ist sorgfältig in die Gruppenarbeit einzuführen.
- Die Schülerinnen und Schüler sollten über genügend Arbeitstechniken und Strategien verfügen.
- Die Aufgabenstellung muss sich für eine Gruppenarbeit eignen: Es müssen mehrere Lösungen möglich sein, die Aufgabe darf nicht so gestellt sein, dass sie ohne weiteres in unabhängige Teilaufgaben, die individuell gelöst werden können, zerlegbar ist, und sie sollte für alle Gruppenmitglieder etwa den gleichen Anreiz schaffen.
- Der Auftrag an die Gruppen muss unmissverständlich sein: Ziel, Zeit und Form der Abgabe des Ergebnisses (Schülervortrag, schriftliche Fassung, allenfalls in Form eines Aufsatzes, eines allgemeinen Beitrags, eines Leserbriefs oder eines kleinen Gutachtens).
- Die Betreuung der Gruppenarbeit ist sehr bedeutsam. Es sei nochmals betont: Unbetreute Gruppenarbeiten tragen nichts zum selbstgesteuerten Lernen bei.

7.6.2.8 Das Rollenspiel (Lernform)

Im Rollenspiel erhalten die Schülerinnen und Schüler die Gelegenheit, vornehmlich in Problem- und Konfliktsituationen den Umgang mit anderen Lernenden in bestimmten Rollen, die sie übernehmen, zu erlernen. Durch die Interaktionen während dem Rollenspiel sollen sie lernen (Kaiser & Kaminski 2011):

- verschiedene Rollen, welche Menschen freiwillig oder bei beruflichen und gesellschaftlichen Verpflichtungen übernehmen, zu erkennen und zu verstehen;
- Einblicke in die Wertvorstellungen anderer Menschen zu gewinnen und das dadurch geprägte Verhalten zu verstehen und darauf richtig zu reagieren;
- für Gefühle und Empfindungen anderer Menschen sensibler zu werden;
- zwischenmenschliches Verhalten im Umgang mit Problemen und Konflikten zu erleben;
- Konfliktsituationen zu durchschauen und zu meistern;
- eigene Ängste, Spannungen und Unsicherheiten abzubauen.

Rollenspiele lassen sich im Unterricht in verschiedenen Formen durchführen:

(1) **Frei assoziierte und spontane Rollenspiele**, welche nach der Aufgabenstellung ohne Anleitung und Einfluss der Lehrperson mit einem geringen Zeitaufwand im Unterricht gespielt werden können.

(2) **Reglementierte Rollenspiele**, in denen den Schülerinnen und Schülern Spielregeln oder Spielpläne, die mündlich oder schriftlich (z.B. Kärtchen mit genauen Rollenbeschreibungen) vorgegeben werden, und die Lehrperson häufig einem Drehbuch folgend interveniert.

(3) **Pädagogische Rollenspiele**, welche in Konfliktfälle und Entscheidungssituationen eingebaut sind und einen systematischen Lernprozess zum Ziel haben.

Bei allen drei Formen lassen sich die Rollen unterschiedlich zuteilen: Die „spielenden" Schülerinnen und Schüler stellen die Rollen nach ihren eigenen Überzeugungen und ihrem eigenen Verhalten dar (um sich selbst darzustellen), oder sie erhalten die Rolle vorgegeben (um sich in andere Menschen hineinzudenken).

Rollenspiele dürfen aber nicht inhaltlichen Zufällen überlassen bleiben, sondern sie müssen organisch in den Fachunterricht eingebaut werden, sofern nicht aktuelle schulische Probleme und Konflikte mit einem Rollenspiel bearbeitet werden. Andernfalls besteht die Gefahr, dass ein „substanzloses Theater" inszeniert wird, welches nur vorgefasste Meinungen verstetigt oder zu einer oberflächlichen, wenig reflektierten Argumentation verleitet. Sie stellen kein nur zufälliges Lernen dar, sondern sie beinhalten auch Elemente von gesteuertem Unterricht. Selbst bei spontanen Rollenspielen bedarf es, vor allem wenn das Rollenspiel ziellos oder unfair wird, der Intervention der Lehrperson, die aber nie dominierenden Charakter haben darf und mit grossem Einfühlungsvermögen zu handhaben ist. Besonders wichtig ist, dass die nicht „spielenden" Schülerinnen und Schüler genaue Beobachtungsaufgaben erhalten, auf das Rollenspiel eine vertiefte Reflexion folgt und die Erkenntnisse in generalisierender Weise zusammengefasst werden.

Rollenspiele laufen üblicherweise in **drei Phasen** ab:

(1) **Motivationsphase:** Die Lehrperson gibt das Thema, die Handlungssituation und das Ziel des Rollenspiels vor. Dann bestimmt sie die Rollenträger (je nach Absicht Freiwillige oder Beauftragte) und erteilt dem Rest der Klasse klare Beobachtungsaufträge. Allenfalls gibt sie vorbereitete Unterlagen ab und lässt die Klasse sich auf das Rollenspiel vorbereiten.

(2) **Aktionsphase:** Das Rollenspiel wird durchgespielt. Es empfiehlt sich, es gleich anschliessend mit anderen Rollenträgern nochmals durchzuspielen, weil dadurch die Reflexion mehr Substanz erhält (Lehren aus Vergleichsmöglichkeiten).

(3) **Reflexionsphase:** Die Reflexion soll auf Beobachtungen mit Beurteilungen des Verhaltens, Lehren und Generalisierungen ausgerichtet sein. Besondere Aufmerksamkeit sollte der Strategieentwicklung geschenkt werden (insbesondere Konfliktlösestrategien, Keller 2008). Denkbar sind auch schriftliche Formen der Auswertung: Ein Brief an die in einer Rolle dargestellte Person, Fragen schriftlich beantworten, schriftliche Fassung von erlernten Begriffen, Eintrag im Lerntagebuch (Zeder 2006) (siehe auch Wilbers 2012).

Viele Untersuchungen bestätigen die Wirksamkeit von Rollenspielen (Good & Brophy 2007). Gestärkt werden kommunikative Kompetenzen, Rollendistanz (die Schülerinnen und Schüler lernen bewusst oder unbewusst von übernommenen eigenen Rollen und Normen dank ihrer neuen Einsichten allenfalls Abstand zu nehmen), Empathie und die Ambiguitätstoleranz (Fähigkeit, divergierende und mehrdeutige Situationen zu ertragen und Interaktionen aufzunehmen, welche eigene Bedürfnisse nur begrenzt befriedigen). Allerdings ist auch auf die Gefahren aufmerksam zu machen: Vereinfachte Problemstellungen in Rollenspielen können zu Fehlverhalten und Fehlurteilen führen und damit keinen Erkenntnisgewinn bringen. Sie können, gar wenn Lernende persönlich betroffen werden, Rückzugs- und Abwehrsymptome herbeiführen. Durch den Versuch sich in der Klasse zu profilieren, durch Scheu oder Verweigerung und Ängste lassen sich Rollen überziehen oder nicht ernsthaft darstellen, oder es entstehen in der Klasse gruppendynamische Prozesse, welche die Lehrperson nicht mehr zu bewältigen vermag. Oder es bilden sich Verhaltensweisen heraus, welche sich insbesondere gegen schwächere Mitschüler oder Minderheiten richten.

Bei der **Planung von Lektionen** sind die folgenden Regeln zu beachten:
– Angesichts der Gefahren des Rollenspiels ist die Steuerungsfunktion der Lehrerin oder des Lehrers sehr bedeutsam.
– Auf improvisierte Rollenspiele muss verzichtet werden.
– Rollenspiele sollten mit den wirtschaftlichen, rechtlichen und gesellschaftlichen Inhalten in Verbindung gebracht werden.
– Vor dem ersten Rollenspiel ist die Klasse gut vorzubereiten: Was sind Ziele, Vorteile und Probleme des Rollenspiels? Verfügen die Lernenden über die notwendigen sozialen Kompetenzen? Sind die Schülerinnen und Schüler fähig, das Rollenspiel so zu analysieren, dass sie daraus etwas lernen können? Dazu kann eine Anleitung aufgrund einer Videoaufnahme dienlich sein.

7.6.2.9 Simulationen

Mit Simulationen werden komplexere Problemkreise im Unterricht möglichst realitätsgerecht durchgearbeitet, um grössere Zusammenhänge zu verstehen und um zu neuen Einsichten zu gelangen.

(1) **Fälle** (Fallstudien) können als Entscheidungsfälle (die Lernenden müssen sich aus möglichen Lösungen für eine entscheiden und diese begründen) oder als Entdeckungsfälle (sie müssen eine Regel, ein Prinzip oder Problem oder einen Zusammenhang anhand einer Situation selbst entdecken) ausgestaltet werden. Im Lernbereich Wirtschaft, Recht und Gesellschaft sind Entscheidungsfälle bedeutsam. Sie sollen möglichst auf einem realistischen Hintergrund aufbauen, zum Entwurf möglichst vieler Lösungen und einem abschliessenden Entscheid zwingen, der in einer im Voraus bestimmten Form darzustellen ist (schriftlicher Bericht, mündliche Präsentation). Die Fallschilderung soll sehr umfassend sein, damit die Schülerinnen und Schüler lernen Wesentliches von Unwesentlichem zu unterscheiden. Dort wo es möglich ist, sollten auch Daten vorgegeben werden.

(2) **Planspiele** geben den Lernenden Gelegenheit, Entscheidungen für ein wirklichkeitsbezogenes, periodengegliedertes Zeitablaufmodell zu treffen und die Qualität der Entscheidungen aufgrund der quantifizierten Periodenergebnisse zu überprüfen. Die Form des Spiels bietet den Lernenden die Möglichkeit, im Rahmen bestimmter Vorgaben im gespielten Bereich Entscheidungen zu treffen, deren Auswirkungen in der nächsten Spielphase präsentiert werden, sei es durch weitere Vorgaben der Lehrperson oder mithilfe eines Computermodells. So ist es beispielsweise denkbar, die betriebswirtschaftlichen Lerninhalte mit einem Planspiel, das über eine längere Zeit immer wieder fortgeführt wird, zu verknüpfen. Pionierarbeit dazu haben Achtenhagen, Tramm et al. (1992) mit ihrem Beispiel einer Jeansfabrik

geleistet. In der Schweiz bietet die Ernst-Schmidheiny-Stiftung (2012) Schulklassen von Gymnasien und Lehrerfortbildungsstätten eine „Wirtschaftswoche" mit dem Unternehmensspiel WIWAG an. Während dieser Woche werden am Vormittag die theoretischen Grundlagen vermittelt. Am Nachmittag werden sie in Gruppen im computergesteuerten Unternehmensmodell in Entscheidungen umgesetzt, auf deren Grundlage am nächsten Tag weitergearbeitet wird, um am Ende der Woche den Unternehmungserfolg jeder Gruppe zu ermitteln und dessen Ursachen zu besprechen.

(3) **Simulationseinrichtungen** bilden die Wirklichkeit in einem bestimmten Lernbereich ab, indem Handlungsvollzüge aus dem Alltag nachvollzogen und in Varianten durchgearbeitet werden. Sehr lernwirksam sind Simulationen im Finanz- und Rechnungswesen. Ausgehend von einem Datensatz werden Positionen verändert, um aufgrund der neuen Datenlage im Computermodell die Konsequenzen zu sehen (z.B. ein Bankkredit wird gekündigt, welches sind die Auswirkungen auf den Cashflow?) (siehe dazu das Lernmaterial von Fickert 2007). Oder Breuer (2011) legt einen Ansatz über „quasiexperimentelle Simulationen" vor, auf deren Grundlage von unternehmensbezogenen Szenarien sich Entscheidungsprozesse abbilden lassen.

Mit diesen Unterrichtsformen wird beabsichtigt, die Schülerinnen und Schüler nahe an gesellschaftliche, politische und ökonomische Wirklichkeiten heranzuführen und sie in der Entscheidungsfindung zu stärken. Sie können disziplinär oder interdisziplinär ausgestaltet werden.

Reetz (1988) hat die Wirksamkeit von Simulationen im Betriebswirtschaftslehre-Unterricht immer wieder untersucht. Dabei ging es ihm weniger um die Frage der Lernwirksamkeit, sondern er hat mehr nach Regeln gesucht, deren Verletzungen den Nutzen für das Lernen beeinträchtigen. Dabei erkannte er die folgenden Mängel: Erstens ist der Zusammenhang zwischen einem klaren Lernziel und der gewählten Simulation nicht klar erkennbar. Deshalb führen viele Simulationen zu einem blossen Aktionismus. Zweitens fehlt oft ein realistischer Hintergrund, in welchem in genügender Weise Grundlagen für ein zielgerichtetes Lernen und Entscheiden gegeben werden. Drittens bleiben viele Simulationen für die Lernenden zu abstrakt. Viertens wird die Simulation ohne richtige Problemstellung oder Konfliktvorgabe vorgelegt. Und fünftens ist die Ausgangslage zu rudimentär oder zu offen, so dass ein echter Lernprozess gar nicht richtig in Gang kommen kann.

Für die Wirksamkeit der Lösung von **Rechtsfällen** bestätigt sich immer wieder, dass sie nur gegeben ist, wenn die Lernenden über ein gut strukturiertes Grundlagenwissen verfügen, das nicht träge ist. Interessanterweise tragen aber selbst gute Unterlagen für Rechtsfälle wenig zum Lernerfolg bei, wenn das Grundlagenwissen fehlt (Nievelstein, van Gog et al. 2010).

Bei der **Planung von Lektionen** sind folgende Regeln zu beachten:
- Simulationen sollen anfänglich von kurzer Dauer sein, damit die Arbeitstechniken gesichert werden. Im Fortgang des Unterrichts lassen sich im Interesse ganzheitlicher, vernetzter und interdisziplinärer Betrachtungsweisen längerdauernde Simulationen einbauen. Dabei sind verschiedene Organisationsfor-

men anwendbar. Beispielsweise wird in einem Unterrichtsfach mit drei Lektionen pro Woche eine Lektion für die Simulationsaufgabe eingesetzt, oder der gesamte Unterricht wird während einer bestimmten Zeit der Simulation gewidmet. Denkbar ist auch, einen Teil der Simulation als Hausaufgabe bearbeiten zu lassen. An Berufsschulen mit der gegenwärtigen Unterrichtsorganisation ist die Arbeit mit Simulationen schwieriger. Deshalb sollten an Berufsschulen auch Unterrichtsblöcke von mehreren Tagen vorgesehen werden. Andernfalls bleibt es schwierig, zeitlich anspruchsvolle neue Lernformen einzusetzen (siehe dazu die Vorschläge bei Dubs 2005, insbesondere Seite 71).
- Die Simulationen sind zielgerichtet auf die Lerninhalte auszurichten, damit genügend strukturiertes Wissen und Kompetenzen verfügbar sind. Deshalb sind Simulationen, die ohne klare inhaltliche Zielvorstellungen umgesetzt werden, wenig lernwirksam.
- Simulationen ohne abgestimmten Einsatz von verschiedenen Lernformen sind wenig wirksam. Inzwischen geben auch die radikalen Konstruktivisten, welche nur selbstgesteuertes Lernen auf der Grundlage von Simulationen propagieren, zu, dass dieser Ansatz für die Wissensgrundlegung nicht genügt. Die Lernenden verfügen über zu wenig gesicherte Wissensstrukturen.
- Offensichtlich eignet sich die Einführung in die Rechtslehre ausschliesslich mit Simulationen (Rechtsfällen) nicht. Vorgängig ist ein genügendes strukturiertes Wissen sicherzustellen.
- Die Simulationen erfordern eine Betreuung durch die Lehrpersonen (Lernberatung mit Scaffolding).

7.7 Individualisierung des Unterrichts

Da die Schülerinnen und Schüler immer unterschiedlicher werdende Voraussetzungen in den Unterricht mitbringen und verschiedenartiger lernen, steigt das Interesse am individualisierten Unterricht und Lernen. Die zunehmende Heterogenität der Schulklassen verstärkt die Vorstellung, die Lehrpersonen müssten ihren Unterricht viel stärker auf den einzelnen Schüler oder die einzelne Schülerin mit ihren individuellen Erfahrungen, ihren Fähigkeiten und Erwartungen ausrichten und das Lehren mit dem Auge der einzelnen Lernenden sehen, um den individuellen Voraussetzungen und Bedürfnissen maximal gerecht zu werden. Auch für den Unterricht in der traditionellen Schulorganisation mit eher homogeneren Klassen wird deshalb eine **innere Differenzierung** (auch als **Binnendifferenzierung** bezeichnet) gefordert. Sie kann (1) über das Lehrerverhalten oder (2) organisatorisch umzusetzen versucht werden. Im ersten Fall bemühen sich die Lehrkräfte, ihr Verhalten im Klassenverband möglichst auf die individuellen Schülerpersönlichkeiten auszurichten. Im zweiten Fall werden in einer heterogenen Schulklasse die Lernenden einzeln oder in Gruppen individuell entsprechend ihrer Gegebenheiten gefördert (z.B. die besonders Begabten oder die Langsamen usw.).

Heute werden vor allem aus politischen Gründen zur Überwindung von sozialen Ungleichheiten heterogene Klassen gefordert, wobei der höchste Anspruch einer Schulorganisation bei der Inklusion [26] liegt. Unabhängig davon, wie sich die Idee der Inklusion weiterentwickelt ist damit zu rechnen, dass Schulklassen heterogener werden. Dabei ist es für die Forschung und die Praxis schwierig, die Heterogenität von Klassen eindeutig zu erfassen, weil sie verschiedene Faktoren betrifft (Wenning 2007). Schülerinnen und Schüler können sich unterscheiden, durch

- unterschiedliches Vorwissen und Lebenserfahrungen;
- kognitive Unterschiede: unterschiedliche Leistungsfähigkeit, Auffassungsgabe, Lerntempo, Selbstwirksamkeit usw.;
- affektive Unterschiede: Selbstvertrauen, Angst, Bedürfnis nach Zuwendung usw.;
- soziokulturelle Unterschiede: kulturelle Eigenarten, soziale Erwartungen, Migrationshintergrund usw.;
- sprachliche Unterschiede: sprachliches Können, Ausdrucksfähigkeit usw.;
- geschlechtsbezogene Unterschiede: Geschlechterrollen und entsprechendes Rollenverhalten usw.;
- Unterschiede beim Lernen: Arbeitshaltung, Konzentrationsfähigkeit, Kooperationsfähigkeit, Bedürfnis nach Unterstützung usw.

Allein schon diese Aufzählung zeigt, wie vielgestaltig die Heterogenität ist. Deshalb gibt es auch keine allgemeingültigen Regeln, wie der Unterricht zur Verbesserung des Lernerfolgs individualisiert werden kann. Tabelle 62 stellt einen Versuch dar, in pragmatischer Form Möglichkeiten der Individualisierung im Alltagsunterricht aufzuzeigen.

---

26 Das Konzept der **Inklusion** fordert, dass alle Schulen alle Kinder und Jugendlichen vom gleichen Alter, unabhängig von ihren physischen, intellektuellen, sozialen, emotionalen, sprachlichen und anderen Eigenschaften, in eine Jahrgangsklasse aufnehmen. Es gibt also keine separierende und segregierende Gruppen von Lernenden mehr, sondern es entsteht eine Schülergemeinschaft (eine Schule für alle), welche unterschiedlichen Gegebenheiten und Bedürfnissen durch einen stark individualisierten Unterricht Rechnung trägt. Inklusion ist mehr als Integration, bei der das zuerst Getrennte wieder vereint wird. Die Idee der Inklusion geht auf die 2006 beschlossene UNO-Konvention über die Rechte von Menschen mit Behinderungen zurück. Darauf wird hier aber nicht eingegangen.

	Vorbereitung/ Einführung	Entwicklung des Neuen	Übung/Festigung/ Automatisierung	Transfer/ umfassende Anwendung
Unterschiedliche Erfahrung und verschiedenes Vorwissen:	G: Individuelle Vorbereitung anhand des Lehrbuchs und/oder der Hefte M: Individuelle Vorbereitung mittels individueller Arbeitsblättern G: Tutoring			
Kognitive Unterschiede: Unterschiedliche Leistungsfähigkeit		M: Zielerreichendes Lernen Sukzessive Differenzierung mit Einzelarbeiten, Gruppenarbeiten und Lernberatung		G: Hausaufgaben M: Individuelle Arbeitsblätter M: Gruppenarbeiten A: Projektunterricht
Unterschiedliche Auffassungsgabe Unterschiedliches Lerntempo		A: Individualisierter programmierter Unterricht A: Individualisierter computerunterstützter Unterricht M: Individuelle Arbeitsblätter als Einzel- oder Partnerarbeit (Tutoring)	G: Zusatzaufgaben G: Individuelle Hausaufgaben G: Tutoring G: Kleingruppenarbeit A: Individualisierter computerunterstützter Unterricht	
Selbstwirksamkeit			M: Individuelle Überwachung bei der Arbeit mit Lernberatung durch den Lehrer	M: Konsequente Auswertung von individuellen Hausaufgaben
Affektive Unterschiede:	Individuelle Zuwendung im Lehrerverhalten			
Unterschiedliches Selbstvertrauen Unterschiedliches Ausmass an Angst Verschiedene Bedürfnisse nach emotionaler Zuwendung	G: Arbeit des Lehrers mit einer Teilgruppe von Schülern mit affektiven Problemen, Rest der Klasse: Einzelarbeit	M: Zielerreichendes Lernen, um Erfolgserlebnisse zu schaffen M: Individuelle Aufgabenblätter	G: Differenzierte Hausaufgaben	M: Gruppenarbeit A: Projektunterricht

Soziokulturelle Unterschiede:	M: Vorauslektüre aus anderem Kulturkreis zur Unterrichtsthematik		M: Aufgaben interkultureller Art	M: Aufgaben interkultureller Art
Sprachliche Unterschiede:	M: ergänzende Literatur mit Übungen			M: ergänzende Literatur mit Übungen
Geschlechtsbezogene Unterschiede	Geschlechtsneutrale Darstellungen			
Unterschiede beim Lernen:				
Unterschiede in der Arbeits- und Lerntechnik, unterschiedliche Arbeitshaltung	G: Übungen zur Verbesserung der Arbeitstechnik mit Arbeitsblättern		G: Arbeit des Lehrers mit einer Teilgruppe von Schülern mit Schwerpunkt auf Arbeitsanweisung, Rest der Klasse: Einzelarbeit	M: Individuelle Arbeitsblätter mit Hausaufgaben samt Arbeitsanweisungen
Unterschiedliche Konzentrationsfähigkeit				
Unterschiedliches Bedürfnis nach Hilfe:	Individuelle Zuwendung im Lehrerverhalten			
Unterschiede in der Fähigkeit zur Kooperation	G: Vorbereitungsaufgaben in Gruppen		G: Tutoring G: Kleingruppenunterricht	M: Gruppenunterricht A: Projektunterricht
	G: geringer Arbeitsaufwand für den Lehrer M: mittelstarke Arbeitsbelastung für den Lehrer A: grosser Arbeitsaufwand für den Lehrer			

Tab. 62: Individualisiertes Lernen (einzeln und in Gruppen)

Neben Gruppenarbeiten, Kleingruppenarbeiten und Projekten eignen sich (1) das zielerreichende Lernen (Mastery Learning), (2) das Tutoring und (3) Arbeitsblätter für die Individualisierung des Unterrichts.

(1) Zielerreichendes Lernen (Mastery Learning)
Mit dem von Bloom (1976) und von Achtenhagen, Bendorf et al. (2001) entwickelten Konzept des zielerreichenden Lernens sollten individuelle Unterschiede im Lerntempo und in der Motivation der Lernenden ausgeglichen und höhere Schulleistungen erzielt werden können. Dazu werden lernzielorientierte Lehrpläne entwickelt, nach denen zuerst im Klassenverband unterrichtet wird. Sobald mit der ganzen Klasse die Lernziele eines Unterrichtsabschnitts erreicht sind, wird ein formativer Test[27] zur Diagnose durchgeführt. Schüler, welche alle Testaufgaben lösen,

---

27 Kurzer Test (meistens Mehrfachwahl-Aufgaben): Test zur Selbstkontrolle der Lernenden, der nicht von der Lehrperson, sondern von den Lernenden korrigiert wird. Solche formative Tests verbessern den Lernerfolg und reduzieren längerfristig die Prüfungsangst (Metzger 1986).

bekommen neue Aufgaben, während die nicht erfolgreichen Schüler das zu Lernende in einer individualisierten Form (Tutoring, Kleingruppenarbeit, individuelle Arbeitsblätter) erneut durcharbeiten. Anschliessend bearbeiten sie erneut einen formativen Test. Erreichen sie immer noch kein genügendes Ergebnis, so wird das Ganze nochmals in individueller Form durchgeführt. In diesem Konzept werden zwei Vorteile gesehen: Einerseits können die Schulleistungen langfristig bei jedem Schüler gesteigert werden, weil die Schüler das vorgängig Gelernte besser beherrschen, Neues also auf besseren Lernvoraussetzungen bei allen Schülern aufgebaut werden kann. Und andererseits wird in zielstrebiger Weise individualisiert.

Tabelle 63 zeigt den Ablauf von zielerreichendem Lernen.

Phase	Klasse		Lehrer
Vorbereitung			Lernzielorientierte Unterrichtsplanung Formative Tests vorbereiten
1. Phase	Klassenunterricht gemäss den Lernzielen Formativer Test mit anschliessender Diagnose		Keine zusätzliche Belastung Einmalige Belastung des Lehrers; die formativen Tests können in folgenden Jahren wieder verwendet werden.
2. Phase	Schüler, die die formativen Tests erfüllt haben: Neue Arbeit, andere Beschäftigung	Schüler, die die formativen Tests nicht erfüllt haben: Wiederholung Restklasse Tutoring Individuelle Arbeitsblätter	Wenn die besseren Schüler eine andere Beschäftigung erhalten und der Lehrer mit der Restklasse arbeitet, so ergibt sich keine wesentliche Zusatzbelastung für den Lehrer. Zusätzliche Arbeitsblätter geben mehr Arbeit. Diese können aber auch über Jahre verwendet werden.
3. Phase	Wie Phase 2. Wenn alle Schüler die formativen Tests bestanden haben: Wie Phase 1.		

Tab. 63: Zielerreichendes Lernen

(2) Tutoring
Beim Tutoring unterrichtet eine Schülerin oder ein Schüler (Tutor) einen Mitschüler oder eine Mitschülerin. Dabei gibt es zwei Verfahren: Entweder das **freie Tutoring**, bei dem die Lehrperson nur das Ziel vorgibt und den Tutor zuteilt; oder das **programmierte Tutoring**, bei welchem der Tutor aufgrund einer genauen mündlichen oder schriftlichen Instruktion der Lehrperson arbeitet (Ellson 1976). Beide Verfahren haben Vorteile für die Lernenden (geringere Lernangst bei Schwierigkeiten, weil der Tutor ein Klassenkamerad ist, bessere Motivation und Steigerung des Selbstwertgefühls, weil sich jemand den Lernenden gezielt annimmt) und für den

Tutor (wer etwas erklären kann, hat es auch verstanden) ein höheres Selbstwertgefühl, weil er bei Schwierigkeiten helfen kann.

Für die Durchführung des Tutorings sollten folgende Regeln beachtet werden:
- Tutoring soll zu bestimmten im Voraus festgelegten Zeiten und mit der ganzen Klasse zur gleichen Zeit im Klassenzimmer stattfinden.
- Der Tutor und der Schüler sollten während zwei Wochen regelmässig zusammenarbeiten.
- Dann sollten die Tutoren neu zugeteilt werden, damit die Lernenden viele Erfahrungen machen. Befreundete Schülerinnen und Schüler dürfen im Interesse der Ernsthaftigkeit der Arbeit nicht zusammengebracht werden.
- Eltern müssen über das Tutoring orientiert werden, damit keine Überheblichkeiten seitens der Tutoren und der Familien von Tutoren entstehen.
- Tutoren dürfen mit ihren Lernenden nie Tests durchführen.
- Mit Vorteil führt die Lehrperson die Klasse einmal ins Tutoring ein, indem er als „Modell-Tutor" eine Tutoring-Phase demonstriert (Modelllernen).

(3) Arbeitsblätter
Arbeitsblätter können für die ganze Klasse oder individuell für die einzelnen Schülerinnen und Schüler erstellt werden. Sie können vielfältig verwendet werden:
- Zur Vorbereitung eines neuen Lerngebiets (z.B. als Voraushausaufgabe zur Aktivierung des Vorwissens, zur Schaffung des Problembewusstseins für den kommenden Lerngegenstand oder zum Erlernen von Orientierungswissen),
- Zur Entwicklung von Neuem; dabei ergeben sich mehrere Möglichkeiten:
    a) Beim zielerreichenden Lernen für Schüler, welche die formativen Tests erfüllt haben; während der Lehrer mit den schwächeren Schülern wiederholt, vertiefen die besseren Schüler oder wenden das Gelernte anhand der individuellen Arbeitsblätter an.
    b) Erarbeiten des Neuen in Gruppen oder einzeln, sei es als Alternative zum traditionellen Unterricht, oder wenn die Schüler ganz verschiedene Vorkenntnisse, Bedürfnisse oder Erfahrungen haben. In diesem Fall wird der Lehrer zu gleichen Lernzielen Arbeitsblätter mit verschiedenen Beispielen zum Einstieg (z.B. Texte mit unterschiedlichem Wortschatz) und zur Erläuterung (z.B. verschiedene Erfahrungsbereiche) entwerfen.
- Zum Transfer und zur umfassenden Übung und Anwendung, indem mit den Arbeitsblättern Problemstellung und Sprache auf die Eigenarten der Schüler ausgerichtet werden.

Die Arbeitsblätter können unterschiedlich gestaltet werden:
- Arbeitsblätter, welche dem programmierten Lernen ähnlich sind (Ausfüllen von Lücken);
- Arbeitsblätter mit Aufgaben und Problemstellungen sowie Hinweisen auf Unterlagen, die für die Bearbeitung hilfreich sein können (z.B. passende Seiten im Lehrbuch, Hinweise auf Google);

- Arbeiten mit Aufgaben und Problemstellungen mit dazugehörenden schematischen Strategien für das prozedurale Lernen;
- Arbeitsblätter mit Texten, die zusammenfassen oder auf der Grundlage einer Strategie zu analysieren sind.

Die Entwicklung von Arbeitsblättern ist anspruchsvoll, denn sie dürfen nicht so gestaltet werden, dass sie nur zum schematischen „Anlernen" verleiten, sondern sie sollten echte Lernprozesse auslösen (siehe vertieft Siemer 2007).

Aufgrund der empirischen Forschung ist die Überlegenheit des individualisierten Unterrichts im Hinblick auf den Lernerfolg nicht eindeutig belegt. Zusammenfassend lassen sich folgende empirisch ermittelte Erkenntnisse ableiten, welche vor allem im Zusammenhang mit der Inklusion bedacht werden sollten:
- Individuelles Lernen durch die Lernenden allein ist eher weniger wirksam als kollektives Lernen in Gruppen (Johnson & Johnson 2013). Am ehesten ist es wirksam bei einfacheren Aufgaben, die zu Ende gebracht werden müssen, und wenn die Lernenden den Lerninhalt als wichtig beurteilen und erwarten, dass sie das Ziel erreichen. Wenn es Bestandteil einer längeren Zeit von kooperativem Lernen ist, erhöht sich seine Wirksamkeit (Johnson & Johnson 1999).
- Während langer Zeit glaubte man mit der Erfassung von Lernstilen einen Ansatzpunkt für die Stärkung des individualisierten Lernens gefunden zu haben. Noch heute wird das Lernstil-Inventar von Kolb, das sehr einleuchtend ist, in Schulen oft angewandt (Kolb 1984). Die neueste Forschung zeigt jedoch, dass es noch immer nicht gelungen ist, ein aussagekräftiges Instrument zur Erfassung von Lernstilen zu finden, und alle Sammeluntersuchungen über den Zusammenhang von Lernstilen als Grundlage für das individualisierte Lernen und den Lernerfolg haben keine positiven Ergebnisse gebracht. Deshalb sollte man diesen Weg (vorderhand) nicht einschlagen (Scott 2013).
- Die zunehmende Heterogenität der Schulklassen macht die Forderung nach mehr individualisiertem Lernen verständlich. Leider sind aber die Forschungsergebnisse bislang wenig überzeugend (Hattie 2009). Am ehesten sind positive Ergebnisse in der Vorschul- und frühkindlichen Erziehung zu finden (Waxman, Alford et al. 2013).
- Etwas grössere Auswirkungen auf den Lernerfolg hat der computerunterstützte Unterricht, sofern er nicht nur nach den Regeln des herkömmlichen behavioristischen programmierten Unterrichts, sondern eher konstruktivistisch mit Simulationsmöglichkeiten (Flexibilität) konzipiert wird. Am wirksamsten ist er für die Wissenserarbeitung (insbesondere Orientierungswissen) und für das Einüben von Routinen (Drill and Practice) (Dede 2008). Die Wirkung ist umso grösser, je eher die Lehrpersonen an der Entwicklung der Programme beteiligt sind, je stärker sie das individuelle Lernen der Schülerinnen und Schüler am Computer begleiten und je besser die pädagogische (und nicht nur technische) Gestaltung aufgrund verschiedener lerntheoretischer Ansätze ist (Vogel-Walcutt, Malone et al. 2013). Insgesamt konnte die Wirksamkeit des computerunterstützten Unterrichts mehrfach nachgewiesen werden (Svoboda, Jones et al.

2013), wobei sie wahrscheinlich in den „weichen" Disziplinen (Sozialwissenschaften) grösser ist als in den „harten" Wissenschaften und – abgesehen von Drill and Practice – auf höheren Schulstufen bessere Lernerfolge herbeiführt. Auch konnte gezeigt werden, dass computergestützter Unterricht bessere Testergebnisse bringt. Schliesslich gibt es Hinweise dafür, dass Blended Learning, sofern es gezielt in flexibler, interaktiver Form eingesetzt wird, den Lernerfolg erhöhen kann. Bislang lässt sich aber für den Alltagsunterricht nur wenig generalisieren, weil nicht primär Form und Umfang des Einsatzes der elektronischen Medien entscheidend sind. Ausschlaggebend sind vielmehr der gezielte Einsatz im Unterrichtsverlauf, die qualitative Gestaltung der eingesetzten Medien (so können beispielsweise graphisch schön gestaltete farbige Bilder den Lernerfolg beeinträchtigen) sowie die Unterstützung der individuellen Lernarbeit der Schülerinnen und Schüler.

Bei der **Planung von Lektionen** sind die folgenden Aspekte zu beachten:
- Über alles gesehen wird gegenwärtig die Wirkung des individualisierenden Lernens eher etwas überschätzt. Vor allem darf es nicht als Alternative zu Lehrformen verstanden werden.
- Entscheidend ist ein gutes Gleichgewicht zwischen Lehrformen und Lernformen mit einem gezielten Einsatz von individualisierendem Unterricht in Gruppen oder einzeln.
- Falsch ist es, den individualisierenden Unterricht auf verfügbare elektronische Medien auszurichten. Insbesondere kommerziell angebotene Programme sind an ihrem pädagogischen Wert zu beurteilen. Technische Spielereien haben keinen pädagogischen Wert. Medien sollten auch nicht aus Prestigeüberlegungen eingesetzt werden (man will sich als Lehrperson mediengewandt präsentieren).
- Die Individualisierung bedarf einer durchdachten Vorbereitung, damit die Lernenden genau erkennen, was sie lernen sollten und einer guten Begleitung. Angesichts der zunehmenden Berufsbelastung ist deshalb immer wieder zu überlegen, ob die persönliche Kraft und die Zeit zur Vorbereitung von individualisierendem Unterricht gegeben sind. Ist dies nicht der Fall, sollte darauf verzichtet werden, denn Improvisationen in diesem Bereich verstärken einen substanzlosen Unterricht.

7.8 Folgerungen für die Entscheidung über die Gesamtkonzeption der Lektion

Bei der **Planung** von Lektionen sollte Folgendes beachtet werden:
- **Methodenmonismus** (es gibt keine besonders wirksame Lehr- oder Lernform) und **Aktivismus** (die Lernenden müssen äusserlich immer sehr aktiv sein) ist wirkungslos.
- Die Unterrichtsverfahren sind immer kontextgebunden. Deshalb müssen beim Entscheid über die Gesamtkonzeption einer Lektion immer die in Tabelle 64 aufgeworfenen Fragen bedacht werden.
- Zu überlegen ist, ob und welcher Methodenmix (verschiedene Unterrichtsverfahren) für die Lektion geeignet ist.

Erster Anstoss: Effektivität und Effizienz

1. Lässt sich ein bestimmtes Lernziel durch ein bestimmtes Verfahren überhaupt erreichen (Effektivität des Unterrichts)?
2. Lässt sich das bestimmte Lernziel besser durch das Unterrichtsverfahren X oder Y erreichen?
3. Ist allenfalls ein Methodenmix sinnvoll?

Zweiter Anstoss: Kontextorientierung

1. Haben die Schülerinnen und Schüler alle Voraussetzungen, um mit dem gewählten Unterrichtsverfahren sinnvoll lernen zu können
   – oder ist es möglich, die benötigten Voraussetzungen zu schaffen?
   – oder muss auf die vorgesehene Gesamtkonzeption verzichtet werden?
2. Reicht die verfügbare Unterrichtszeit für die Umsetzung der vorgesehenen Gesamtkonzeption aus?
3. Passt mir als Lehrperson die gewählte Unterrichtskonzeption (meine Stärken und Neigungen, meine gegenwärtige Belastungssituation)?
4. Sind die Rahmenbedingungen für die gewählte Unterrichtskonzeption gegeben (Übereinstimmung mit dem Lehrplan, Verfügbarkeit von Informatik, Literatur und Dokumentation)?

Dritter Anstoss: Überprüfung des Entscheids

1. Habe ich im Rahmen meiner Möglichkeiten die effektivste Variante gewählt?
2. Kann ich das „so what" für die gewählte Variante sinnvoll beantworten?

Tab. 64: Entscheidungsfindung für die zu wählende Variante der möglichen Unterrichtskonzeptionen

8 Sechster Schritt: Verlaufsplanung für die Lektion

8.1 Die schriftliche Fassung der Lektionsplanung

In der Lehrerbildung und vor allem für Prüfungslektionen werden auch heute noch häufig sehr detaillierte Darstellungen, zum Teil bis zur wörtlichen Fassung der Dialoge mit den möglichen Fragen und Antworten, verlangt. In verschiedenen deutschen Bundesländern ist sogar in Verordnungen genau geregelt, in welcher Form und welchem Umfang der schriftliche Entwurf von Prüfungslektionen einzureichen ist. Gerechtfertigt wird dies einerseits aus juristischer Sicht, um über Belege im Fall von Rekursen zu verfügen. Und andererseits kann die schriftliche Form bei nicht durch die zu Prüfenden zu verantwortenden Missgeschicken den Beurteilungsprozess erleichtern. Beobachtet man die Vorbereitungsarbeiten bei erfahrenen Lehrerinnen und Lehrern, so lassen sich idealtypisch vier Formen der schriftlichen Fassung beobachten. (1) Die Lehrperson beschränkt sich auf die Inhalte (z.B. Darstellung der thematischen Strukturen mit ergänzenden fachlichen Hinweisen). (2) Sie legt die Gliederung in einzelne Schritte fest und fügt in Stichworten fachliche Ergänzungen hinzu. (3) Sie gliedert die einzelnen Lernschritte nach Lernzielen mit ergänzenden Hinweisen. (4) Sie entwirft die Wandtafelbilder (Hellraumprojektorfolien, Powerpointdarstellungen), welche als Disposition für die Durchführung der Lektion verwendet werden.

Selbst war ich während meiner ganzen Tätigkeit in der berufspraktischen Ausbildung von Handelslehrerinnen und Handelslehrern unsicher. Anfänglich verlangte ich Fassungen, in welchen alle Vorüberlegungen, mögliche Varianten usw. schriftlich zu bearbeiten und ein wörtlicher Text beizugeben waren. Grundlage zur Bearbeitung gab eine Frageliste (Dubs 1999). Leider zeigte sich immer wieder, dass diese Frageliste zu einem wenig durchdachten Schematismus und Formalismus verführt. Deshalb verlangte ich später nur noch eine Unterrichtsdisposition mit dem Lernziel, den thematischen Strukturen und einem Ablaufplan mit Angaben zum Unterrichtsverfahren, den einzusetzenden Hilfsmitteln sowie der geplanten Zeit. Überraschenderweise fielen die auf dieser Form der Vorbereitung durchgeführten Lektionen schlechter aus. Völlig ungeeignet war der Versuch, alle Überlegungen in einem Vorgespräch zu reflektieren. Häufig sind die Lektionen ganz anders verlaufen, als sie vorbesprochen wurden. So bin ich auch heute noch unsicher, welche die beste Form der Darstellung ist und gebe folgende **Empfehlungen** ab:

– Jede Lehrperson sollte selbst entscheiden, welche Darstellungsform ihr während der Lektion am besten hilft.
– Völlig ungenügend ist die Planung jedoch, wenn die Überlegungen zum Vorwissen, zur Motivation und zum Lernziel vernachlässigt werden. Es macht aber wahrscheinlich wenig Sinn, diese Reflexionen schriftlich zu fassen.
– Sehr entscheidend ist aber der folgende Punkt: Je mehr fachliche Notizen eine Lehrperson benötigt, desto stärker belegt sie ihren Mangel an fachlicher Kompetenz, welche die Grundvoraussetzung für guten Unterricht ist. Als Grundregel muss gelten: Wer ein Fachgebiet studiert und es zweimal unterrichtet hat, sollte es immer frei (ohne Hilfsmittel und Unterlagen) unterrichten können. Würde man sich an diese „Regel" halten, so entfiele auch die „Stoffhuberei" (Überbetonung der Wissensvermittlung), denn es lässt sich immer wieder beobachten, wie schriftliche Inhaltsplanungen zur Wissensperfektion und damit zu Wissensüberforderungen führen. Oder anders ausgedrückt: Unterricht ist unbrauchbar, wenn eine Lehrperson von ihren Schülerinnen und Schülern mehr Wissen verlangt, als sie jederzeit selbst **frei** verfügbar hat.
– Es wurden und werden immer wieder neue Ablaufschemata für die Planung von Lektionen vorgelegt. Im Prinzip folgen sie alle dem Schema „Einstieg – Erarbeitung des Neuen – Festigung des Gelernten" mit je nach Unterrichtsverfahren notwendigen Anpassung. In diesem Abschnitt wird der in Abbildung 65 dargestellten Lektionsdisposition gefolgt, die in dieser Form für den Alltag geeignet ist, sofern die Vorüberlegungen dafür genügend reflektiert sind.

UNTERRICHTSDISPOSITION				
Kompetenzorientiertes Lernziel				
Thematische Strukturen				
Lektionsablauf	Unterrichts-verfahren	Stich-worte	Hilfsmittel	Zeit
1. Einstieg und Motivation				
2. Zielsetzung				
3. Entwicklung 3.1 Lernschritt I 3.2 Lernschritt II …				
4. Übung/Vertiefung (Festigung)				
5. Analyse von Lernschwierigkeiten				
6. Zusammenfassung				
7. Eventuell Lernkontrolle				
8. Hausaufgaben				

Abb. 65: Unterrichtsdisposition

8.2 Aufmerksamkeit, Einstieg und Motivation

8.2.1 Aufmerksamkeit

Für viele Lehrerinnen und Lehrer bereitet es immer mehr Mühe, die Aufmerksamkeit der Schülerinnen und Schüler beim Einstieg in die Lektion und während des ganzen Unterrichtsverlaufs zu gewinnen. Die häufig zu beobachtende Tendenz, der Aufmerksamkeit im Unterricht keine grosse Beachtung zu schenken, um als nicht zu strenge oder pedantische Lehrkraft zu gelten, ist gefährlich. Der positive Einfluss des Aufmerksamkeitsverhaltens auf den Wissenserwerb ist nachgewiesen. Insbesondere kann davon ausgegangen werden, dass hohe Aufmerksamkeitsraten der Lernenden zu einem höheren Lernerfolg führen, was wahrscheinlich auf einen intensiveren und tieferen Umgang mit den Lerninhalten zurückzuführen ist. Wesentlich ist dabei, dass die Lehrpersonen die Faktoren, welche als Aufmerksamkeitsinterventionen bezeichnet werden, beachten. Es sind dies Massnahmen einer wirkungsvollen Klassenführung wie ein Regelsystem für das Verhalten in der Klasse, keine Leerlaufphasen im Unterricht, Strategien zur Störungskontrolle, intensive Nutzung der Unterrichtszeit für das Lernen, Schwung im Unterrichtsfluss sowie

Klarheit und ein angemessenes Förderungswissen (Renkl 2008). Entscheidenden Einfluss haben auch die Bekanntgabe der Lernziele, eine gezielte Fragestellung und die Rücksichtnahme auf das Vorwissen (Hummel 2012).

Für den **Unterricht** ergeben sich folgende **Konsequenzen**:
– Ob es gelingt für den Einstieg in die Lektion die Aufmerksamkeit zu gewinnen, hängt ganz wesentlich vom Klassenklima, die Führung der Klasse durch die Lehrperson (insbesondere die langfristige Orientierungs- und Verhaltenssicherheit, welche die Lehrkraft gewährleistet), der emotionalen Befindlichkeit sowie der inhaltlichen Relevanz mit den Erfolgserwartungen der Lernenden ab. Da die Lernenden einer Klasse die Relevanz eines Lernbereichs immer unterschiedlicher gewichten, ist die Ausbalancierung der Interessen der Lernenden zu Beginn einer Lektion besonders wichtig.

8.2.2 Einstieg

In der täglichen Unterrichtspraxis lässt sich stets beobachten, wie der Einstieg in die Lektion vor dem eigentlichen Beginn der Lektion prägend auf den gesamten Ablauf der Lektion wirkt. Ein guter Einstieg bringt selbst dann einen besseren Verlauf der Lektion, wenn später Fehler passieren. Im Sinn guter Praxis sei auf folgende Verhaltensweisen der Lehrperson als **Kontaktvorlauf** verwiesen:

– Alle Unterlagen und Medien sind bereitgestellt, damit die Lehrperson vor die Klasse treten und mit dem Unterricht ohne weitere Signale und Hinweise beginnen kann (gelöste Haltung und entspannter Gesichtsausdruck).
– Bevor die ersten Sätze gesprochen werden, sollte die Lehrperson wenige Sekunden den bewussten Augenkontakt als Zeichen des Beginns mit der ganzen Klasse suchen und sprachlich bestimmt einleiten.

Schwierig zu beantworten ist die Frage, ob vor Beginn der Arbeit am neuen Lerninhalt Aspekte der letzten Lektion aufgeworfen werden sollen. Möglichkeiten dafür gibt es viele, die alle Vorteile und Nachteile haben:

(1) **Repetition** des Lerninhalts der letzten Lektion durch die Lehrperson selbst oder durch Aufruf einer Schülerin oder eines Schülers (allenfalls sogar mit einer Benotung).

Sicher abzulehnen ist die Repetition durch einen Schüler oder eine Schülerin allenfalls sogar mit Benotung. Dies führt nicht zu mehr Disziplin beim Repetieren des Stoffs der letzten Lektion, sondern zu Spekulationen, ob man aufgerufen wird und damit zu Ängsten.

Empfehlenswert ist eine ganz kurze Repetition durch die Lehrperson, sofern sie für die aktuelle Lektion etwas bringt.

(2) „**Testfragen**" der Lehrperson, indem sie wenige Fragen stellt, die Lernenden nach der Antwort suchen lässt, dann aber selbst die korrekte Antwort gibt.

Diese Form kann sinnvoll sein, wenn für die aktuelle Lektion wichtige Aspekte in Erinnerung gerufen werden sollen.

(3) **Korrektur und/oder Besprechung der Hausaufgaben:** Sie müssen immer besprochen werden, sonst verlieren sie ihren Stellenwert. Wenn die Erkenntnisse aus den Hausaufgaben für die aktuelle Lektion bedeutsam sind, ist die Besprechung zu Beginn sinnvoll, weil die Lehrperson allenfalls Schlüsse für die Durchführung der aktuellen Lektion ziehen kann. In allen anderen Fällen sollte diese Arbeit, allenfalls als Zeitfüller, an das Ende der Lektion gelegt werden, damit der Start der neuen Lektion nicht nach einem allfälligen Geplänkel erfolgen muss.

(4) **Formativer Test:** Formative Tests sollten unmittelbar nach der Bearbeitung schwieriger Lernschritte zur Selbstbeurteilung und als Rückmeldung für die Lehrperson eingesetzt werden. Deshalb sollten sie nicht an den Anfang einer Lektion gestellt werden, ausgenommen es sei zu überprüfen, ob in einer Klasse mit Lernunlust das Vorwissen, das zu repetieren war, tatsächlich gelernt wurde.

8.2.3 Motivation

Ergänzend zu den grundlegenden Ausführungen im Abschnitt 5 des Kapitels IV seien noch einige Hinweise zur Motivation im Sinn von Good Practice beigefügt:

- Das zu erreichende Lernziel muss für die Lernenden erreichbar sein; der Schwierigkeitsgrad soll die Schülerinnen weder über- noch unterfordern, aber tendenziell an der Obergrenze der Ansprüche liegen, um eine echte Herausforderung zu schaffen.
- Die Lerninhalte müssen für die Lernenden genügend Anreiz zum Lernen geben. Deshalb sind die Lernenden in freier Form über das Lernziel zu orientieren (keine blosse Wiedergabe eines perfekt formulierten Lernziels), und der Sinn des Lernziels ist zu erläutern (so what?).
- Dort wo es möglich und sinnvoll ist, sollen die Schülerinnen und Schüler bei der Festlegung von Inhalten und Unterrichtsverfahren mitwirken können.
- Die Schülerinnen und Schüler müssen spüren, dass sich die Lehrperson selbst für die Lerninhalte interessiert.
- Der Einstieg zur Motivation kann verschiedenartig erfolgen: Zielbeispiel und komplexes Lehr-Lern-Arrangement, Video- oder Filmaufnahme, Originalunterlagen (z.B. Zeitungsartikel) mit mehr oder weniger Steuerung durch die Lehrperson, Modellieren oder Abrufen von Vorwissen mit kleinen repetitiven Übungen. Allerdings sollte auf wenig originelle Spielereien mit Aussagen und Unterlagen, die mit dem angestrebten Lernen nichts zu tun haben, verzichtet werden (Greving & Paradies 2007).
- Kompetenzorientierter Unterricht kann nur gelingen, wenn handlungs- oder problemorientiert unterrichtet wird. Deshalb sollte selbst in einzelnen Lektionen im Frontalunterricht mit **Zielbeispielen** gearbeitet werden, d.h. die Motivation wird mit einem Beispiel oder einer Situation eingeleitet, aus denen im Dialog die Wesensmerkmale des Lerngegenstands entwickelt und mögliche Probleme erkannt werden können. Abbildung 66 gibt ein Beispiel eines Zielbeispiels zur Einleitung einer Lektion im Rechtskundeunterricht.

Lernziel:	Fälle in denen eine absichtliche Täuschung vorliegt erkennen
Zu entwickelndes deklaratives Wissen:	Absichtliche Täuschung (Obligationenrecht; Mängel beim Vertragsabschluss)
Zu entwickelndes prozedurales Wissen (Kompetenz):	Analyse von Rechtstatbeständen mit Transfer zu anderen Formen von Mängeln beim Vertragsabschluss
Zeitaufwand:	Eine Lektion mit Frontalunterricht (Dialog)
Zielbeispiel:	Käufer Müller kauft einen Perserteppich. Teppichhändler Asiz verkauft ihm diesen Teppich und bestätigt, dass es sich um einen echten Perserteppich handelt, obschon er weiss, dass er gefälscht ist. Nach einigen Tagen bemerkt Käufer Müller, dass es sich um eine Fälschung handelt und will den Teppich zurückgeben. Teppichhändler Asiz nimmt ihn nicht zurück, und es kommt zum privatrechtlichen Gerichtsfall. Im Verfahren frägt der Richter Käufer Müller, warum er den Teppich kaufte. Wenn er antwortet: „Ich kaufte, weil ich einen echten Perserteppich wollte", so liegt eine absichtliche Täuschung vor. Wenn er aber antwortet: „Ich kaufte, weil mir das Muster gefällt", liegt keine absichtliche Täuschung vor.
Entwicklung:	Im Dialog mit der Klasse kann die thematische Struktur erarbeitet werden. Absichtliche Täuschung ├─ Vorspiegelung falscher Tatsachen ├─ Absicht └─ Kausalzusammenhang Mithilfe dieser thematischen Struktur erkennen die Lernenden, welches die Voraussetzungen für das Vorliegen einer absichtlichen Täuschung sind (Kompetenz der Analyse von Mängeln bei Vertragsabschluss). Zur Vertiefung ist anschliessend eine Übung in der Anwendung dieser Struktur zur Förderung der Kompetenz „Analyse" durchzuführen.

Abb. 66: Zielbeispiel

8.2.4 Komplexe Lehr-Lern-Arrangements

Mit der Forderung nach Handlungsorientierung, dem Einfluss des Konstruktivismus und dem heutigen Bemühen mit der Kompetenzorientierung sind vier traditionelle Prinzipien über Lehren und Lernen grundsätzlich infrage gestellt: (1) die Elementarisierung des Lernens, (2) das Prinzip „vom Einfachen zum Komplexen", sowie (3) die Regeln „vom Konkreten zum Abstrakten" und (4) die „Anschaulichkeit des Unterrichts". An ihre Stelle treten – wie sie diesem Buch zugrunde gelegt sind – vier andere Voraussetzungen: (1) das Lernen anhand realistischer Probleme in authentischen Situationen, (2) aus multipler Sicht und (3) multiplen Kontexten mit (4) kooperativem Lernen (Mandl & Reinmann-Rothmeier 1995). Als Folge davon entstand ein langer Paradigmenstreit: Die radikalen Konstruktivisten sahen die Zukunft des Lernens nur noch als selbstgesteuertes Lernen anhand von komplexen authentischen Situationen (insbesondere Duffy & Jonassen 1992), während sich im deutschsprachigen Raum ein gemässigter Konstruktivismus herausbildete, der mit den Arbeiten von Achtenhagen 1992 und Tramm 1992 zu einer Neuorientierung des Wirtschaftsunterrichts mit komplexen Lehr-Lern-Arrangements führte, in welchem traditionelle kognitivistische und konstruktivistische Überlegungen kombiniert werden, d.h. komplexe Lehr-Lern-Arrangements werden mit unterschiedlichen Unterrichtsverfahren in verschiedenen curricularen Kombinationen bearbeitet. Abbildung 67 zeigt ein Beispiel eines komplexen Lehr-Lern-Arrangements, welches ich selbst und mit Studierenden häufig mit angehenden Detailhandels-Angestellten in verschiedenartigen Kombinationen durchgespielt habe (z.B. radikalkonstruktivistisch mit ausschliesslich selbstgesteuertem Lernen [28] oder vollständig im Frontalunterricht mit je drei Lektionen) und dem Lernziel: „Die Wichtigkeit einer guten Lagerhaltung und -ordnung in einem Detailhandelsgeschäft begründen; eine zweckmässige Lagerorganisation und Lagerbewirtschaftung aufbauen und die Lagerbewirtschaftung mithilfe von Kennzahlen beurteilen."

Zwischen den Lösungen mit Frontalunterricht und/oder dem radikalkonstruktivistischen, selbstgesteuerten Ansatz ergaben sich keine signifikanten Unterschiede in der Lernleistung. Selbst schwächere Auszubildende schnitten gut ab, und interessanterweise beurteilten sie den radikalkonstruktivistischen Ansatz als interessanter, lernreicher und kurzweiliger (wobei wahrscheinlich der Hawthorne-Effekt etwelchen Einfluss hatte).

---

28 Radikalkonstruktivistisch wurde der folgende Ablauf während drei Lektionen gewählt:
    Erste Lektion: Gruppenbildung, Lektüre des komplexen Lehr-Lern-Arrangements, Ermitteln der Probleme und deren Formulierung, Erstellen des Arbeitsplans
    Zweite Lektion: Erarbeitung der Lösungen mithilfe des Schüler-Lehrbuchs und Unterlagen, die von der Lehrperson bereitgestellt werden.
    Dritte Lektion: Präsentation der Lösungen und Generalisierung.

Mit dem Lager im Detailhandelsgeschäft Walther stimmt etwas nicht.
Seit vielen Jahren sind die Arbeiten im Lager des Detailhandelsgeschäfts Walther gleich organisiert: Trifft eine Lieferung ein, so wird sie von derjenigen Verkäuferin entgegengenommen, die gerade frei und verfügbar ist. Sind im Laden Gestelle leer, so ist jene Verkäuferin, die für einen Verkaufsrayon zuständig ist, dafür besorgt, dass sie wieder aufgefüllt werden. Für jede Ware im Lager wird ein Bestandsblatt geführt. Diejenige Person, die Waren ins Lager bringt oder holt, ist für die Eintragungen in die Bestandsblätter verantwortlich. Monatlich einmal erstellt Herr Walther das gesamte Inventar und überprüft die Kosten und die Wirtschaftlichkeit des Lagers.

In letzter Zeit haben sich mit dieser Lagerorganisation Probleme ergeben. Schon mehrere Male meinte Herr Walther nach der Inventarerstellung, er vermute, dass jemand Waren stehle, denn seine Kontrollen mit den Verkäufen stimmten nie. Diese Vermutungen haben das Betriebsklima belastet. Deshalb schlägt eine langjährige Verkäuferin, Frau Belser, vor, man sollte sich einmal über die Lagerproblematik aussprechen. Herr Walther akzeptiert dies. Die Aussprache erbringt viel Unerfreuliches. Frau Belser rügt, dass diejenigen, welche die Waren empfangen, sie einfach irgendwo abstellen, nur nicht an den zugewiesenen Orten. Zwei jüngere Verkäuferinnen reagieren darauf heftig und meinen, man könnte eben nicht gleichzeitig im Verkauf und im Lager tätig sein. Einigkeit herrscht aber, dass das Lager unübersichtlich geworden ist, obschon eigentlich alle Lagerplätze und -gestelle angeschrieben sind. Verkäuferin Klein rügt, dass bestimmte Waren gelegentlich gar nicht mehr am Lager sind und deshalb unmittelbar bestellt werden müssen, was ihrer Meinung nach zu höheren Kosten

führen muss. Der Lehrling Robert hat – wie er glaubt – etwas Interessanteres entdeckt. Er berichtet, er habe an abgelegenen Orten im Lager „Ladenhüter" gefunden, die zum Teil ungeniessbar geworden seien und findet, jemand müsste über die Dauer der Lagerung wachen und jeweils Vorschläge für Verkaufsaktionen mit solchen Waren machen.
Nachdem sich Herr Walther diese Dinge angehört hat, meint er, er wolle den Betrieb nicht komplizieren; wenn jedermann die Aufgaben erfülle und etwas mitdenke, würde die bisherige Lagerordnung genügen. Damit sind eigentlich alle einverstanden.

Leider verbessert sich aber die Situation nicht. Deshalb lässt Herr Walther seine beiden Lehrlinge Robert und Karl kommen und bittet sie, Vorschläge für die Verbesserung der Lagersituation zu unterbreiten. Er übergibt ihnen auch noch Zahlen, die aber recht ungeordnet sind. Eine Tabelle zeigt den jeweiligen Wert des Lagers und die Verkaufsumsätze:

Monat	Wert des Lagers (Ende Monat)	Verkaufsumsätze (pro Monat)
Januar	CHF 60'000.--	CHF 300'000.--
Februar	CHF 70'000.--	CHF 290'000.--
März	CHF 70'000.--	CHF 350'000.--
April	CHF 80'000.--	CHF 300'000.--
Mai	CHF 60'000.--	CHF 280'000.--
Juni	CHF 50'000.--	CHF 310'000.--

Eine andere Aufstellung zeigt die durchschnittliche Lagerdauer:

Durchschnittliche Lagerdauer (Tage)	Januar	Februar	März	April	Mai	Juni
	72	88	72	97	78	58

Obschon Herr Walther diese Zahlen hat, schaut er sie kaum je an. Deshalb ersucht er Robert und Karl, bei ihren Verbesserungsvorschlägen auch die zahlenmässigen Aspekte zu berücksichtigen. Herr Walther bittet seine beiden Lehrlinge bei ihren Vorschlägen ebenfalls auf die Gefühle und das Wohlbefinden aller Mitarbeitenden im Detailhandelsgeschäft Rücksicht zu nehmen. Er möchte, dass wieder alle mit Freude mitarbeiten. Karl frägt nach, ob man sich auch Gedanken über die Bedeutung des Lagers für die Lieferanten und Kunden machen müsse, was Herr Walther bejaht.

Abb. 67: Komplexes Lehr-Lern-Arrangement

Für den Entwurf von **komplexen Lehr-Lern-Arrangements** sollten die folgenden **Konstruktionsregeln** beachtet werden:

– Damit eine Generalisierung der Lernergebnisse gelingen kann, ist das Lernziel festzulegen und zu entscheiden, welches deklarative Wissen (thematische Strukturen) und welches prozedurale Wissen (Kompetenzen) erworben werden sollen. Ohne diesen bewussten Entscheid entstehen oft Formulierungen von Lernarrangements, welche eine gute Problemfindung für die Lernenden erschweren und keine Hinweise auf die benötigten Kompetenzen, mit denen zu arbeiten ist, geben.
– Damit die Lernenden nicht überfordert werden, ist bei der Themenwahl auf deren Erfahrungen und ihr Vorwissen abzustellen.

- Die Situationsbeschreibung ist so ausführlich zu gestalten, dass die Lernenden die relevanten Probleme des Arrangements eindeutig erkennen und damit wissen, wo sie bei der Bearbeitung welche zusätzlichen Informationen beschaffen müssen.
- Die Situationsbeschreibung darf nicht zu weit von den Lernzielen wegführen, damit es nicht zu unergiebigen Lernaktivitäten kommt.
- Der Situationsbeschreibung sollten wenn immer möglich Daten, Dokumentationen, Originaldokumente beigegeben werden, damit eine gute Realitätsnähe erreicht wird.
- Da Lernende die Probleme selbst entdecken müssen, dürfen keine Aufgabenstellungen oder Problemfragen formuliert werden.
- Die Situationen sind genügend genau, konkret und personifiziert zu beschreiben.

Leider bestehen aber immer noch schwer zu überwindende Grenzen zu Lehr-Lern-Arrangements (Seifried 2008): Zeitaufwand bei der Unterrichtsplanung und -durchführung, bestehende Prüfungsanforderungen, Stofffülle, Gefahr der Nichterreichung der Lernziele und Gefahr der Überforderung. In der Alltagspraxis ist aber bei jeder Grenze zu überlegen, ob sie wirklich zutrifft. Insbesondere die Gefahr der Nichterreichung der Lernziele und der Überforderung der Lernenden sind häufig nicht mehr als ein Vorwand gegen Innovationen im Unterricht.

8.3 Zielsetzung

Die Ziele für eine Lektion sind bei der Planung genau zu formulieren. Sie dürfen aber nicht in der präzisen Form der eigenen Planung an die Lernenden weitergegeben werden, sondern sie sollten ihnen in einer einfachen und zugleich motivierenden Form bekannt gemacht und begründet werden (so what?). Lehrpersonen vergessen häufig der Klasse die Ziele bekanntzugeben, weil sie für sie selbstverständlich sind.

Die Bekanntgabe der Lernziele steuert das Lernen nachhaltig, weil vorgegeben wird, was mit welchem Ziel zu lernen ist und damit die Aufmerksamkeit steigt (siehe beispielsweise Althoff, Linde et al. 2007). Allerdings lässt sich auch beobachten, wie Lernziele das Denken und Handeln der Lernenden zu sehr fokussieren und kreatives Lernen behindern.

8.4 Entwicklung

8.4.1 Das ungelöste Problem für die Unterrichtspraxis

Dass sich die einzelnen Lernschritte des Neuen geordnet folgen müssen, also ein „roter Faden" (gute Strukturierung) erkennbar sein muss, ist eine Selbstverständlichkeit. Die Sachlogik trägt dazu bei, und gute thematische Strukturen helfen, Struktur in die einzelnen Lernschritte für die Entwicklung des Neuen zu bringen.

Solange für eine Lektion ausschliesslich Lernformen vorgesehen sind, stellt sich das Problem der Strukturierung für die Lehrperson nicht, weil die Lernenden dies bei ihrem selbstgesteuerten Lernen selbst tun. Aufgabe der Lehrperson ist es einzig, klare Zielvorgaben für die Eigentätigkeit zu geben und gute Arbeitsbedingungen zu schaffen.

Etwas anspruchsvoller wird die Planung mit dem Entscheid, einen Methodenmix vorzusehen, indem zu überlegen ist, in welchen Abschnitten der Lektion Lehrformen und in welchen Lernformen eingesetzt werden sollen. Solange die Stundenplanorganisation weiterhin auf der Grundlage von Einzellektionen aufgebaut bleibt, ist der Entscheid über den Methodenmix bedeutsam, um die Tendenz, nur mit Lehrformen zu unterrichten, zu durchbrechen, und es ist gezielt nach einem Einsatz von Lernformen zur Förderung des selbstgesteuerten Lernens zu suchen.

Beispiele von Methodenmix
Ein Lernziel für eine Lektion lautet: „Die Rechtsform für eine Unternehmung wählen." Die Planung der Lektion könnte wie folgt aussehen: Mit **Frontalunterricht** werden die Kriterien der Wahl der Rechtsform erarbeitet. Anschliessend erhalten die Lernenden den Auftrag, für eine **Kleingruppenarbeit** Kriterien zu entwickeln, um zu entscheiden, ob es sich unter welchen Gründen lohnt, eine Aktiengesellschaft in eine Gesellschaft mit beschränkter Haftung umzuwandeln.

Ein anderes Lernziel lautet: „Die Finanzlage einer Unternehmung beurteilen." Die Planung der Lektion könnte wie folgt aussehen: Mit einem **Lehrervortrag** erklärt der Lehrer oder die Lehrerin den Prozess der Beurteilung der Finanzlage (prozedurales Lernen). Anschliessend erhalten die Lernenden ein computergestütztes Modell zur Finanzanalyse, um individuell (**Einzelarbeit**) am Beispiel einer in Schieflage geratenen Unternehmung nach Möglichkeiten einer Refinanzierung zu suchen.

Der Methodenmix ist zweifellos eine gute Möglichkeit, den Unterricht kompetenzorientiert zu gestalten. Die Frage ist nur, wie und welche Kompetenzen bei der Anwendung von Lernformen mit Transferwirkungen entstehen. Nach der in diesem Buch vertretenen Auffassung bedarf der Erwerb von Kompetenzen anfänglich einer Anleitung, also Lehrformen und dabei vornehmlich Frontalunterricht in Dialogen. Wie aber Kompetenzen aufgrund kompetenzorientierter Lernziele im Unterricht konkret entwickelt werden, ist immer noch nicht überzeugend geklärt. Viele neue Publikationen über kompetenzorientierten Unterricht (z.B. Paechter, Stock et al. 2012) versuchen zwar Hinweise zu geben. Das „how to do" für die Unterrichtspraxis beschreiben sie jedoch kaum. Bislang ist es noch nicht gelungen, Kompetenzen und Bildungsstandards (das Entscheidende an den Bildungsstandards ist die Kompetenzorientierung) bei der Lehrerschaft zu verankern (Böttcher 2012, Böttcher & Dicke 2008). Nur etwa ein Viertel der deutschen Lehrpersonen scheint die Bildungsstandards zu kennen, und die Lehrerschaft beklagt sich – zu Recht (!) – in diese neue pädagogische Betrachtung nicht eingeführt worden zu sein.

Angesichts dieser Unsicherheiten wird in diesem Buch das kompetenzorientierte Lernen für den Alltagsunterricht gemäss der Definition (Abbildung 19) und Gliederung (Abbildung 20) im Sinne von Good-Practice aufgrund eigener Untersuchungen (Dubs 1990) und vielen praktischen Unterrichtsversuchen auf der Gymnasial- und Berufsschulstufe unter den folgenden Voraussetzungen beschrieben:

(1) Strategien zur Entwicklung von Teilkompetenzen und Kompetenzen sind angeleitet im Frontalunterricht (Dialog als Instruktion), mit einem Lehrervortrag oder durch Modellieren zu erarbeiten. Anfänglich ist eine **direkte Förderung** (Infusion) mit starker Anleitung mittels direktem Lehrerverhalten vorzusehen. Direkte Förderung (Infusion) heisst: Die Strategien[29] werden im Fachunterricht mit direktem Lehrerverhalten an den Lerninhalten explizit erarbeitet oder vermittelt und eingeübt.

(2) Mit dem Fortschreiten des Lernens und lerngewandteren Schülerinnen und Schülern ist die **indirekte Förderung** (Immersion) stärker einzusetzen, damit die Lernenden ihre eigenen Strategien zu erkennen, zu beurteilen und anzuwenden lernen.
Indirekte Förderung (Immersion) heisst: Die Lernsituation an einem bestimmten Lerninhalt wird so gestaltet, dass ein herausfordernder Unterricht das Denken anregt. Die Lernenden erfahren also die Strategien (Denkpläne) aus der Tiefe der Bearbeitung der jeweiligen fachlichen Aspekte aus der Qualität des Unterrichts.[30]

(3) Die metakognitive Förderung spielt beim unterrichtlichen Umgang mit Lern- und Denkstrategien eine wesentliche Rolle (siehe Abschnitt 8.4.4 in diesem Kapitel).

(4) Ich empfehle, die einzelnen Strategien wenigstens im Anfänger-Unterricht bildlich (schematisch) darzustellen, weil es einerseits die Lehrkräfte zwingt, Strategien (Denkpläne) selbst sorgfältig zu überdenken, und andererseits den Lernenden ermöglicht, die Denkpläne bewusst wahrzunehmen.

(5) Wissenschaftlich ungeklärt ist immer noch die Frage, ob induktive oder deduktive Dialoge bei der Entwicklung der Strategien lernwirksamer sind (siehe Abbildung 68).

Induktiver Dialog	**Deduktiver Dialog**
Zielbeispiel	Zielbeispiel
↓	↓
Angeleitete Erarbeitung mit Lernergebnissen	Vorgabe der zu erarbeitenden Strategie
↓	↓
Erarbeitung der Strategie	Angeleitete Anwendung mit Lernergebnissen

Abb. 68: Induktive und deduktive Dialoge zur Strategieentwicklung

---

29 Dies trifft im Prinzip auf die Arbeitstechniken sowie die Strategien im metakognitiven, sozialen und affektiven Bereich zu.

30 In der Theorie wird auch noch ein allgemeiner Ansatz formuliert, mit welchem Strategien ohne konkreten Bezug zu Fachinhalten entworfen werden. Diese dienen den fächerübergreifenden Kompetenzen. Auch bei ihnen ist die Diskussion über Infusion und Immersion aktuell.

Ich tendiere zum induktiven Dialog, weil er bessere Möglichkeiten zum Verstehen von Strategien und der metakognitiven Auseinandersetzung schafft.

Viele Strategien für den Lernbereich Wirtschaft, Recht und Gesellschaft sind in meinem Buch „Lehrerverhalten" (Dubs 2009) und in einem Lehrbuch der Betriebswirtschaftslehre (Dubs 2012) dargestellt, so dass im Folgenden nur drei Illustrationsbeispiele wiedergegeben sind.

8.4.2 Beispiele zur Förderung von Strategien

8.4.2.1 Beispiel für eine direkte Förderung induktiv (kognitiv)

Abbildung 69 gibt ein Beispiel zum kritischen Beurteilen eigener Stellungnahmen.

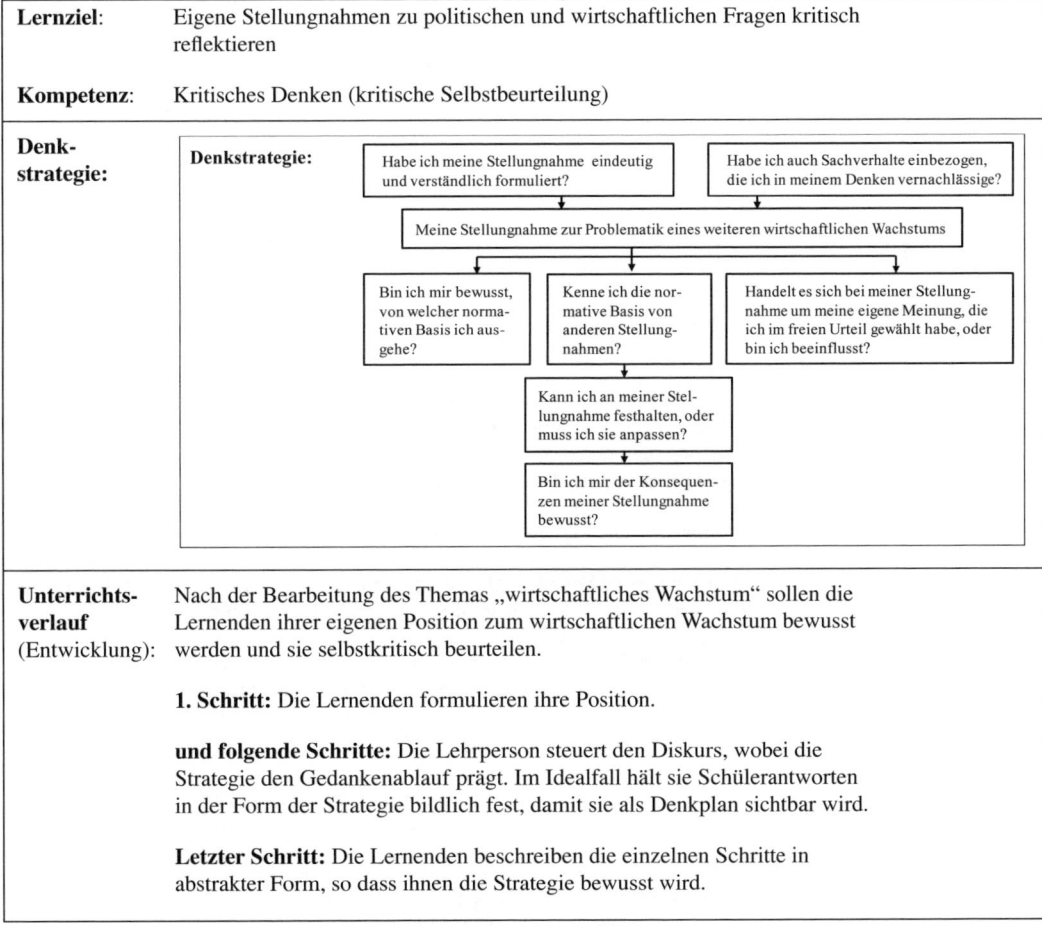

Abb. 69: Beispiel für die induktive Entwicklung einer kognitiven Strategie

8.4.2.2 Beispiel für eine direkte Förderung induktiv (affektiv)

Abbildung 70 zeigt eine affektive Strategie über Gefühle und Empfindungen. Die Kompetenz, sie erkennen und ausdrücken zu können, muss im Lernbereich Wirtschaft, Recht und Gesellschaft angesichts der zunehmenden Emotionalisierung in der Politik und im Verhalten vieler Menschen gefördert werden.

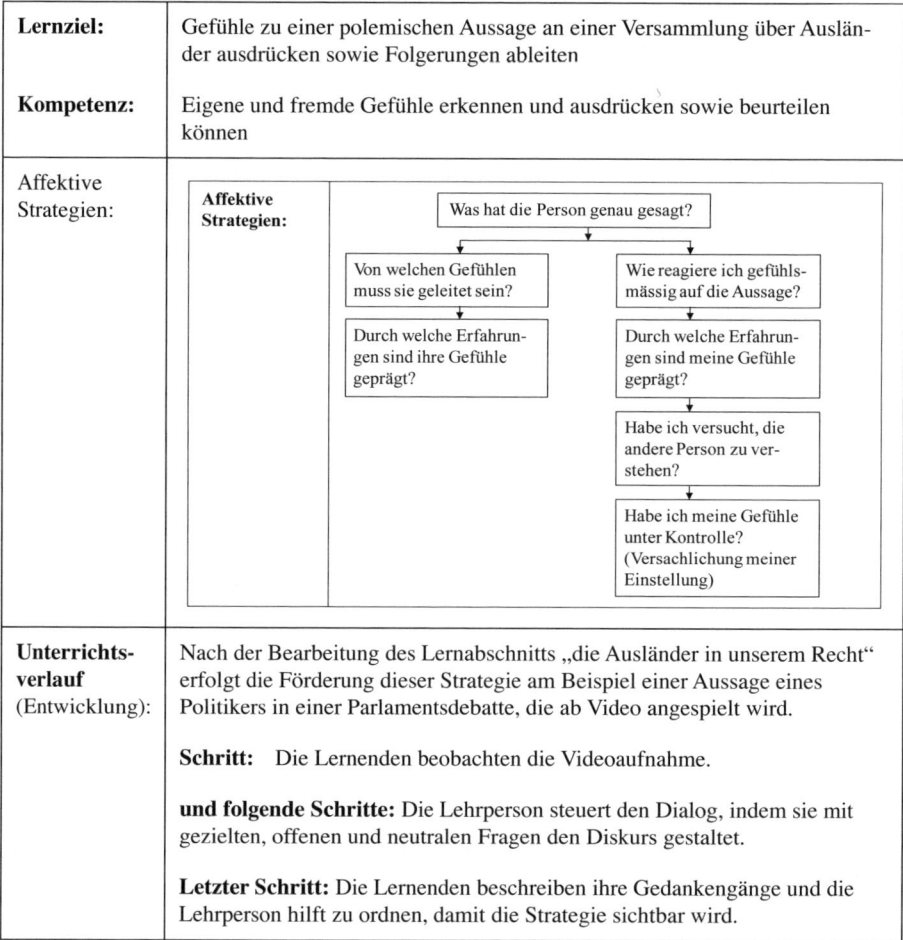

Abb. 70: Beispiel für eine direkte Förderung induktiv und affektiv

8.4.2.3 Beispiel für eine direkte Förderung (vernetztes Denken) (induktiv)

Sowohl im politischen als auch im wirtschaftlichen Bereich lassen sich Probleme mit Feedback-Diagrammen (vernetztes Denken) anschaulich darstellen. Mit den Feedback-Diagrammen lassen sich die Abhängigkeiten und Wechselwirkungen

(Wirkungsgefüge) zwischen einer Vielzahl von Einflussfaktoren (Variablen) bildlich nachweisen. Abbildung 71 gibt dazu ein Beispiel.

Lernziel:	Auswirkungen des Staatsschuldenabbaus im Gesamtzusammenhang beurteilen und sich eine eigene Meinung bilden
Kompetenz:	Problemanalyse und Entscheidungsfindung
Kognitive Strategie (prozedural mit Netzwerk):	**Kognitive Strategie (prozedural mit Netzwerk):** Festlegen des zentralen Kreislaufs ↓ Einbezug der weiteren Variablen (Bestimmung des Umgangs des Netzwerks) ↓ Festlegen der Abhängigkeiten und der Wechselwirkungen ↓ Erstellen des Wirkungsgefüges (+ je grösser [mehr] desto grösser [mehr]) (- je grösser [mehr] desto kleiner [weniger]) ↓ Beurteilung
Unterrichtsverlauf (Entwicklung):	Im Dialog wird das Feedback-Diagramm (Netzwerk) schrittweise entwickelt. **1. Schritt:** Zentraler Kreislauf (Abbau Staatspersonal und Kürzung der staatlichen Investitionen). **2. Schritt:** Einbezug weiterer Variablen. **3. Schritt:** Festlegen der Abhängigkeiten und Wechselwirkungen. **4. Schritt:** Erstellen des Wirkungsgefüges. **5. Schritt:** Beurteilung des einseitigen Vorschlags der beiden Abbaumassnahmen. **6. Schritt:** Reflexion des Denkablaufs mit graphischem Festhalten des Ergebnisses (prozedurales Wissen = kognitive Strategie).

Abb. 71: Beispiel für eine direkte Förderung induktiv und kognitiv

Abbildung 72 zeigt das Feedback-Diagramm (Netzwerk)

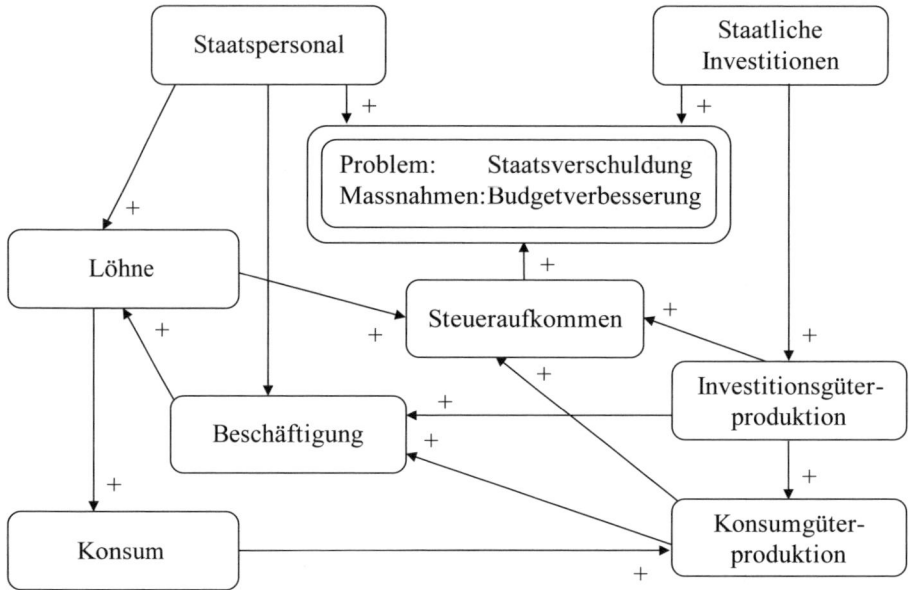

Abb. 72 Feedback-Diagramm (Netzwerk)

Dieses Netzwerk zeigt, dass die blosse Reduktion des Staatspersonals und der staatlichen Investitionen nicht unbedingt zu einer Verbesserung der Budgetsituation führen, sondern weitere Variablen belegen, wie die Sparmassnahmen das Steueraufkommen reduzieren können.[31]

8.4.2.3 Die indirekte Förderung von Strategien

Die vertiefte Auseinandersetzung mit anspruchsvollen Lernbereichen kann dazu beitragen, dass die Lernenden während des Dialogs in anspruchsvolleren Lernaufgaben die jeweilige Strategie selbst erkennen. Dies setzt aber einen qualitativ guten Unterricht mit einer zielstrebigen Leitung des Dialogs voraus. Dadurch wird die Gefahr vermieden, dass die Entwicklung von Strategien und deren Anwendungen zu einem Schematismus degenerieren. Zudem werden die Lernenden motiviert, selbst Strategieüberlegungen anzustellen. Dies gelingt aber eher nur mit besseren Schülerinnen und Schülern mit einem guten Vorwissen. Zudem ist in diesem Fall der metakognitiven Stärkung durch die Lehrpersonen besonders viel Beachtung zu schenken.

---

31 Zu beachten ist die Bedeutung der + und − Zeichen, damit nicht Fehlinterpretationen entstehen. Zur Vertiefung: Waibel & Beyeler 2012.

8.4.2.4 Kritische Anmerkung

Obschon beginnend mit Swartz & Park (1994) in der Schulpraxis in den Vereinigten Staaten diese Auffassung über die Darstellung von Strategien immer wieder empfohlen wird, darf die Kritik darüber nicht übersehen werden. Der Hauptverwurf betrifft die Gefahr des Schematismus, der nicht unberechtigt ist. Es besteht tatsächlich die Gefahr, dass Lernende zur schematischen Anwendung dieser Darstellungen verleitet werden könnten. Dies muss aber nicht sein, wenn die schematische Darstellung der Strategie als Einstieg und Anregung verstanden wird, und die Lernenden später ihre Strategien unabhängig auf eigene Weise weiterentwickeln. Wenn dies nicht gelingt, entsteht tatsächlich ein wenig nützlicher Schematismus. Entscheidend ist also, ob es den Lehrpersonen gelingt, die Lernenden metakognitiv gezielt zu fördern. Zudem zeigt die praktische Erfahrung in der Lehrerfortbildung, wie die Darstellung von Strategien auch einiges zur metakognitiven Förderung der Lehrpersonen beiträgt.

8.4.3 Metakognition

Die Metakognition betrifft das „Denken über das Denken". Oder anders ausgedrückt hat jemand eine gute Metakognition, wenn man weiss, was man weiss und wo Lücken bestehen, sowie fähig ist, seine Lernprozesse selbst zu planen, zu überwachen und zu kontrollieren. Die Metakognition hat also (1) einen **deklarativen** Aspekt, d.h. man weiss, ob man mit den Informationen in einer Problemstellung vertraut ist oder ob sie fremd, einfach oder kompliziert sind, und ob sie gut oder schlecht geordnet sind, und man verfügt über das Wissen, welches es erlaubt, Lernprozesse und Lösungswege im Hinblick auf ihre Eignung zur Problembearbeitung einzuschätzen sowie alternative Lernprozesse und Lösungsmöglichkeiten zu beurteilen (Strategiewissen). Dazu hat sie (2) einen **exekutiven** Aspekt. Dazu zählen alle Aktivitäten zur Planung, Steuerung und Kontrolle von Lern- und Problemlöseprozessen, d.h. die Lernenden verfügen über metakognitive Strategien (Kaiser & Kaiser 1999). Seit langem ist bekannt, dass gute metakognitive Voraussetzungen zu höheren Schulleistungen (Baker 2013) und zu einem stärkeren Selbstkonzept [32] führen, was seinerseits die kognitive Leistungsfähigkeit erhöht (Waibel 2004).

Trotz ihrer Bedeutung wird die Metakognition weder von Lehrpersonen noch von den Lernenden besonders stark beachtet, obschon bekannt ist, dass metakognitive Interventionen im Unterricht machbar sind und sich Wirkungen zeigen (Baker 2008). Als unterrichtliche Massnahmen sind möglich (Guldimann 1995):

– **Modellieren**, d.h. Lehrpersonen zeigen, wie sie arbeiten und denken, und die Lernenden vergleichen ihre Beobachtungen mit ihrem eigenen Verhalten.

---

32 Selbstkonzept heisst: Die Fähigkeit einer Person ihren Charakter und ihren Wert im Allgemeinen oder in speziellen Bereichen selbst einzuschätzen (zu definieren).

- **Lautes Denken**, d.h. die Lernenden werden aufgefordert, ihre Überlegungen laut vorzutragen, damit sie ihr eigenes Denken besser reflektieren und die Mitschüler daraus lernen.
- **Schriftliche Reflexion**, d.h. die Lernenden schreiben ihre Arbeitsabläufe und Denkprozesse nieder.
Beispiel:
So kann es von Zeit zu Zeit sinnvoll sein, die Lernenden am Ende einer Klausur niederschreiben und begründen zu lassen, weshalb sie gewisse Aufgaben nicht lösen konnten, um Anhaltspunkte für die Verbesserung des Lernens zu erhalten. Oft lässt sich beobachten, dass metakognitiv schwache Lernende dazu nicht in der Lage sind, was den Lehrkräften hilft, gezielte Fördermassnahmen einzusetzen.
- **Klassendiskussionen**, indem nach der Lösung eines Problems die Lernenden ihre Lernerfahrungen austauschen.

Für die **Planung** einer Lektion sind die folgenden Erkenntnisse zu beachten (Baker 2013, Digneth & Buttner 2008).

- Die Wirkung metakognitiver Interventionen ist grösser, wenn sie in den Fachunterricht eingebaut und zu einer Selbstverständlichkeit werden.
- Bei der Bearbeitung von Problemen sind, wenn immer möglich, mehrere Lösungswege und Strategien zu besprechen.
- Die Strategien sollen immer deutlich gemacht werden (anfänglich Infusion).
- Mit dem Fortschritt des Lernens sollte allmählich von der Infusion zur Immension übergegangen aber weiterhin metakognitiv reflektiert werden.
- Die Lernenden sollen mit der Zeit Gelegenheit erhalten, eigene Strategien zu entwerfen und zu diskutieren.
- Die Lehrpersonen sollen den Schülerinnen und Schülern zeigen, was ihnen die metakognitiven Erkenntnisse an Einsichten in bestimmten Lernsituationen gebracht haben. Deshalb ist ein entsprechendes Feedback notwendig.

Sehr bedeutsam sind die **spontanen Massnahmen** während einer Lektion. Sie sind in Tabelle 73 zusammengefasst.

- Bei wichtigen Gedankengängen die Klasse immer wieder fragen, wie (auf welchem Weg) der sprechende Schüler auf seine Antwort oder Lösung gekommen ist.
- Nicht nur richtige Antworten entgegen nehmen, sondern den Weg dazu erklären lassen.
- Falsche Antworten und Lösungen analysieren und erklären lassen, warum der Fehler passiert ist.

- Bei anderen als antwortenden Schülerinnen und Schülern immer wieder nachfragen, ob sie den Gedankengang nachvollzogen haben.
- Den Lernenden helfen, ihre Lernprozesse genau zu verfolgen und zu beurteilen.
- Die Lernenden im Beurteilen ihrer Antworten und Lösungen im Hinblick auf das Ziel unterstützen.

Abb. 73: Lehrerverhalten im Zusammenhang mit der Metakognition

Viele Lehrpersonen vernachlässigen in ihrem Unterricht metakognitive Überlegungen, weil sie selbst unter Schwächen in ihrem metakognitiven Status leiden. Deshalb nützen kurze Lehrerfortbildungen über Metakognition wenig, wenn die Teilnehmenden nicht selbst zuerst metakognitiv gefördert werden.

8.5 Üben und Wiederholen

Üben heisst, Abläufe, Verfahren und Methoden in unveränderter Form zu wiederholen, um Fertigkeiten und Fähigkeiten fest zu verankern. Vorschnell wird vor allem das Einüben von Fertigkeiten (z.B. Buchungssätze entwerfen, Verben konjugieren, mathematische Verfahren anwenden) als Drill und als pädagogisch unfruchtbar verworfen. Dieses Urteil ist grundfalsch. Dies zeigt sich darin, dass immer mehr Schülerinnen und Schüler bei der Lösung von komplexeren Aufgaben und Problemen scheitern, weil ihnen grundlegende Fertigkeiten (Routinen) fehlen. Deshalb sind Grundfertigkeiten einzuüben, bis sie automatisiert, d.h. ohne Verzug bei Problemstellungen verwendbar sind (Üben zur **Automatisierung**). Sobald eine erste Festigung bei den Lernenden erkennbar ist, ist zum **Überlernen** überzugehen, d.h. die gleiche Fertigkeit oder Fähigkeit wird in verschiedenen Varianten weitergeübt: mit verschiedenen Anwendungskonzepten, unterschiedlichen Übungsgeschwindigkeiten (für eine Anwendung wird einmal viel, einmal wenig Zeit zur Verfügung gestellt) oder mit unterschiedlichen Formen der Repräsentation der Ergebnisse (mündlich, schriftlich, bildlich).

Häufig fasst man Automatisieren und Überlernen unter dem Begriff Wiederholen zusammen und versteht darunter Verfestigen von Wissen und Können. Wissen wird mehrmals unter veränderten Gegebenheiten angewandt und im Zusammenhang mit schwierigerem prozeduralem Wissen in grösseren Zusammenhängen verschiedenartig eingesetzt (Riedl & Schelten 2013).

Üben und Wiederholen sollen nicht geballt, sondern verteilt erfolgen, weil sich in vielen inhaltlich und zeitlich kleineren Sequenzen über eine längere Zeit das Behalten stärker verfestigt und sich bessere Voraussetzungen für die langfristige Wirksamkeit ergeben.

Für die **Planung** einer Lektion sind die folgenden Regeln zu beachten:

- Grundfertigkeiten und Grundfähigkeiten sind intensiv einzuüben, damit sie automatisiert werden und jederzeit behinderungsfrei angewendet werden können (Üben zur Automatisierung).
- Das Üben zur Automatisierung ist mit den Fortschritten der Lernenden mit einem Überlernen weiterzuführen.
- Das Beherrschen von Grundfertigkeiten und Grundfähigkeiten kann verbessert werden, wenn es immer wieder in den Unterricht eingebracht wird.
- Das Üben zur Automatisierung sollte verteilt erfolgen und individualisiert werden, indem Schülerinnen und Schüler, welche die Routinen beherrschen, rascher zum Überlernen geführt werden, damit sie sich nicht langweilen.

8.6 Bearbeiten von Lernschwierigkeiten (Diagnose und Massnahmen)

8.6.1 Gegebenheiten

Während langer Zeit haben die Lehrerinnen und Lehrer den individuellen Lernschwierigkeiten der Schülerinnen und Schüler wenig Aufmerksamkeit geschenkt. In den letzten Jahren hat sich dies über den Einsatz von Diagnoseinstrumenten (Metzger 2010a, Büchel, Berger et al. 2011; als Gesamtübersicht siehe das Verzeichnis bei Hesse & Latzko 2011) wesentlich geändert. Diese Instrumente werden meistens bei der Übernahme einer Klasse zur Besprechung von Lernschwierigkeiten im Klassenunterricht verwendet. Hier wird die Auffassung vertreten, dass Lehrpersonen sich intensiver mit Lernschwierigkeiten auseinandersetzen sollten, auch wenn dies zu weiteren Belastungen führt. Verwirklicht werden kann diese Forderung mit der Idee einer gezielten Beobachtung der Lernenden im täglichen Klassenunterricht. Deshalb sollten sich die Lehrpersonen bei der Planung einer Lektion stets überlegen, welche Lernschwierigkeiten aus der Beobachtung der Klasse oder einzelner Schülerinnen und Schüler während der Lektion erkennbar sind, um für die nächsten Lektionen mögliche Massnahmen zu planen. Diese Auffassung wiederspiegelt einen diagnostischen Optimismus, wie er von Weinert & Schrader (1986) vertreten wurde.
- Bedeutsam ist eine stete Sensibilität für mögliche Lernschwierigkeiten bei allen Schülerinnen und Schülern einer Klasse. Lehrpersonen sollen dafür eine gute Beobachtungsgabe haben und ihre nicht ganz genauen Urteile reflektieren, sie aber nie als absolut feststehend betrachten.
- Die Diagnose sollte häufig vorgenommen werden, um Veränderungen bewusst wahrzunehmen und um angemessen darauf zu reagieren.
- Im Vordergrund der Diagnose steht nicht in erster Linie eine Ist-Aufnahme, sondern diagnostiziert werden müssen individuelle Lernfortschritte, um die Lernenden zu ermutigen.

Die stetige Beobachtung und Diagnose im täglichen Unterricht strebt keine abschliessende und objektive Beurteilung an, sondern sie ist auf die individuelle, situationsbezogene Stärkung des Lernverhaltens der Schülerinnen und Schüler auszurichten.

8.6.2 Einflussfaktoren auf Lernschwierigkeiten bei Lernprozessen

8.6.2.1 Übersicht

Abbildung 74 zeigt diejenigen Einflussfaktoren auf Lernschwierigkeiten in Lernprozessen des täglichen Unterrichts, die häufig durch eine nicht optimale Unterrichtsgestaltung und -führung der Lehrpersonen zurückzuführen sind und von ihnen beeinflusst werden können. Diese Faktoren stellen allerdings hohe Reflexionsansprüche an die Lehrenden, denn sie beruhen oft nicht primär auf persönlichen Unzulänglichkeiten der Schülerinnen und Schüler, wie ungenügenden Fähigkeiten, Gleichgültigkeit gegenüber dem Lernen, Schulangst oder auf einem gestörten Lehrer-Schüler-Verhältnis (negative Vorurteile, falsche Einstellung gegenüber den Lernenden), sondern auf Problemen in der Lektionsplanung und Unterrichtsführung.

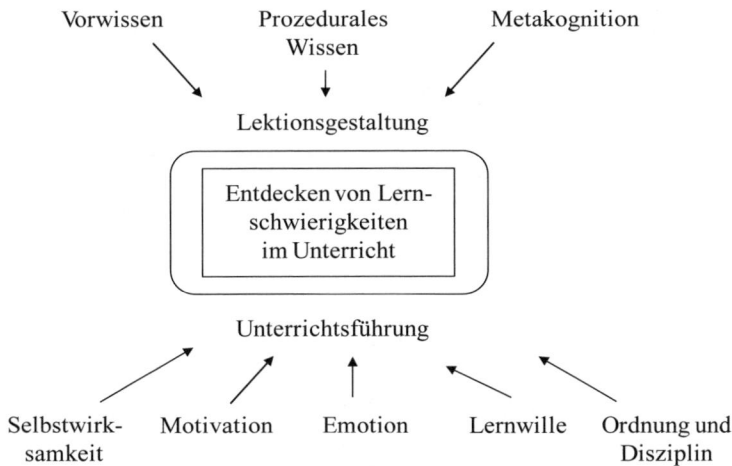

Abb. 74: Einflussfaktoren in Lernprozessen (Unterricht), die zu Lernschwierigkeiten führen können (wahrscheinlich bestehen hier viele Wechselwirkungen, auf die nicht eingegangen wird)

8.6.2.2 Diagnosen im Bereich der Lektionsgestaltung

Lernschwierigkeiten können – wie oben angedeutet – auf Unzulänglichkeiten in der Lektionsgestaltung zurückzuführen sein. Tabelle 75 zeigt die Diagnosefelder, welche als Grundlage für die Diagnose von im Unterricht beobachtbaren Lernschwächen in einer Klasse dienen können. Diese Darstellung ist nicht umfassend, sondern sie erwähnt nur die Diagnosefelder, die ohne Testverfahren für die Beobachtung und Reflexion der Lehrperson im Unterricht geeignet sind.

Diagnosefeld	Grundlage für die Diagnose	Beobachtbare Erscheinungen im Unterricht	Ansprüche an die Lehrpersonen für die Diagnose
Vorwissen	– Erfahrungen aus vergangenem Unterricht – Fragen, Vortest	Wissen lässt sich immer nur mit starker Unterstützung der Lehrperson aktivieren	Zeitaufwand (Z): gering Sachansprüche (S): gute Verfügbarkeit der Wissensstrukturen im Fachgebiet
Prozessorientiertes Lernen	– Beobachtungen im angeleiteten Unterricht – Erkenntnisse aus formativen Tests – Prozessorientierte Aufgaben in Klausuren – Auswertung von Lerntagebüchern	Es lassen sich keine Ansätze zu einem an Strategien orientierten, systematisch geordneten Denken erkennen	Z: Konstruktion von formativen Testaufgaben ist zeitaufwändig; sie können aber immer wieder verwendet werden Lerntagebücher sind auch für Lehrende zeitaufwändig: Vorgeben von zielgerichteten Beschreibungsaufgaben; Analyse der Lerntagebücher S: Die ohnehin vorhandene Sachkompetenz reicht aus
Metakognition	– Dialogisches Lehrgespräch mit Betonung der Metakognition sowie Erkenntnisse aus formativen Tests	Auf Fragen über das eigene Denken, über eigene Fehler oder zu Berichten über das eigene Denken gibt es keine Antworten	Z: gering S: Aus dem dialogischen Unterricht Lernschwierigkeiten zu erkennen, setzt für Lehrkräfte hohe Kenntnisse in Lerntheorie und eine hohe eigene metakognitive Fähigkeit voraus

Tab. 75: Diagnosen im Bereich der Lektionsgestaltung

8.6.2.3 Diagnosen im Bereich der Unterrichtsführung

Tabelle 76 zeigt die Diagnosefelder im Bereich der Unterrichtsführung.

Diagnosefeld	Grundlage für die Diagnose	Beobachtbare Erscheinungen im Unterricht	Ansprüche an die Lehrpersonen für die Diagnose
Selbstwirksamkeit	– Beobachten des Schülerverhaltens im Unterricht und in Pausen	Kein Durchhaltevermögen (rasche Resignation bei Misserfolg), emotionale Instabilität, ständig falsche Attribuierung, Beurteilungsunfähigkeit von sich selbst und anderen, Angst	Zeitaufwand (Z): gering Sachansprüche (S): hohe Ansprüche an Beobachtung
Motivation	– Beobachten im Unterricht – Bewertung von Schularbeiten – Gespräche – Debriefing	Desinteresse im Unterricht, geringe Mitwirkung, Unaufmerksamkeit, Gleichgültigkeit gegenüber dem Unterricht	Z: gering S: sehr hoch; Lernschwierigkeiten ohne gute Kenntnisse der Motivationstheorien lassen sich kaum diagnostizieren
Emotionen	– Beobachten im Unterricht – Selbstreflexion	Stimmungsschwankungen, emotional unkontrolliertes Verhalten	Z: gering S: sehr anspruchsvoll, weil persönliche Einstellungen von Lehrpersonen die Diagnose beeinflussen können
Lernwille	– Beobachten im Unterricht – Auswertung von Schularbeiten – Selbstreflexion	Immer wieder gleiche Fehler, wenig aktiv bei Schülerselbsttätigkeit, Gleichgültigkeit bei den Hausaufgaben und formativen Tests	Z: gering, mit Ausnahme der Auswertung von Schularbeiten S: gering, aber Durchsetzungsvermögen
Disziplin und Ordnung	– Beobachten – Selbstreflexion	Stete Störungen und Disziplinlosigkeiten	Z: gering S: gering, wenn Strategien zum Umgang mit Störungen bekannt sind

Tab. 76: Diagnosefelder im Bereich der Unterrichtsführung

8.6.2.4 Mögliche Massnahmen bei erkannten Lernschwächen

Ideal wäre es, wenn die einzelnen Schülerinnen und Schüler bei erkannten Lernschwierigkeiten individuell betreut werden könnten. Alle Lehrpersonen tun dies immer wieder im Rahmen ihrer Kräfte. Sie werden aber aus der beruflichen Gesamtbelastung bald an ihre Grenzen stossen. Deshalb sollte wenigstens versucht werden, bei Lernschwierigkeiten mit denen viele Schülerinnen und Schüler einer Klasse kämpfen, Massnahmen zum Wohl der ganzen Klasse zu treffen. Tabelle 77 gibt eine Übersicht über im Klassenganzen mögliche Massnahmen.

Diagnosefeld	Mögliche Massnahmen zur Überwindung von Lernschwächen im Klassenverband
Lücken im Vorwissen	– Voraushausaufgaben: Rechtzeitig vor Beginn eines neuen Lernabschnittes wird eine Voraushausaufgabe erteilt (Repetieren im Lehrbuch und anderen Unterlagen).
	– Repetition im Unterricht: Zu Beginn der Behandlung eines neuen Lernabschnitts wird das Wesentliche mündlich repetiert und allenfalls nochmals erklärt.
Schwächen beim prozessorientierten Lernen	– Die Erarbeitung neuer Lernbereiche ist stärker auf das Entwickeln von Strategien auszurichten. Im täglichen Unterricht lassen sich Lernschwierigkeiten im dialogischen Frontalunterricht erkennen und können mit besserer Anleitung überwunden werden.
	– Gezielte Durchführung von formativen Tests.
	– Wenn in Klausuren Aufgaben gestellt werden, bei denen nur der Lösungsweg (allenfalls sogar mit Varianten) beschrieben werden müssen, lassen sich bei der Korrektur Lernschwierigkeiten leicht erkennen.
	– Aus der Auswertung von Lernjournalen, in denen die Lernenden beschreiben müssen, wie sie fachbezogene Bereiche gelernt und wo sie Schwierigkeiten hatten, lassen sich gute Diagnosen ableiten.
Wenig entwickelte Metakognition	– Beobachten des Lernverhaltens von Schülerinnen und Schülern im dialogischen Frontalunterricht oder bei Gruppenarbeiten: Können die Lernenden ihre Lernprozesse beschreiben, und sind sie in der Lage, Lernprobleme selbst zu erkennen, um darüber nachzudenken?
	– In Klausuren werden ergänzend metakognitive Aufgaben gestellt, wie beispielsweise: Beschreibe die Ursachen dafür, weshalb Du eine bestimmte Aufgabe nicht beantworten konntest. Überlege, ob Du für eine gelöste Aufgabe noch einen anderen Lösungsweg finden kannst. Beschreibe, wie Du bei der Lösung von Aufgabe X vorgegangen bist.

Wenig ausgeprägte Selbstwirksamkeit	– Konsequent fordern und Durchhaltevermögen beim Lernen stärken. – Stärkung der Attribuierung durch gezieltes Feedback. – Selbstbeurteilungfähigkeit stärken und sich von anderen beurteilen lassen. – Angstfreie Schulatmosphäre schaffen.
Motivation stärken	– Beobachten, ob die Lernenden wissen und verstehen, was warum zu lernen ist: so what. – Beobachten: Aufmerksamkeit und Konzentration im Unterricht sowie der Reaktionen auf Beurteilungen. – Bewertung von Schularbeiten: Analyse von Lösungen, um ein generelles Motivationsdefizit oder ein Defizit in Teilbereichen zu erkennen. – Bei schlechten Leistungen persönliche Gespräche, um die Selbstbewertung und Attribuierung zu erkennen. – Debriefing: Sich schriftlich über Interessen, Arbeitsweisen (z.B. Hausaufgaben), generelle Einstellung zum Lernen berichten lassen.
Emotionen kontrollieren	– Beobachten im Unterricht: Aufgestaute Wut nach bestimmten Ereignissen, dauernde Unlust in der Klasse, Unruhe und Unsicherheit vor und nach Klausuren, Ausweichen gegenüber der Lehrperson (Vermeiden von direkten persönlichen Kontakten): Als Lehrperson auch bei Problemen besonnen sein und nicht überreagieren. – Eine offene, angstfreie Unterrichtsatmosphäre sicherstellen.
Lernwille stärken	– Klare Lernforderungen stellen und sie durchsetzen. – Alle Schülerinnen und Schüler gezielt und bewusst zur Mitarbeit im Unterricht zwingen. – Den Lernenden zeigen, dass man an ihren Lernfortschritten Freude hat.
Disziplin und Ordnung halten	– Klare Rahmenbedingungen für das Verhalten im Unterricht schaffen.

Tab. 77: Mögliche Massnahmen zur Überwindung von Lernschwächen

Bei der **Planung** einer Lektion sollten die folgenden Gesichtspunkte beachtet werden:
– Da Lernschwierigkeiten nicht selten auf Mängel im Unterricht zurückzuführen sind, sollten sich Lehrerinnen und Lehrer bei der Planung von Lektionen immer auch überlegen, wo in einer Klasse Lernschwierigkeiten vorliegen könnten und wie darauf in den kommenden Lektionen zu reagieren ist.

– Angesichts der Belastung im Beruf und den vielen Möglichkeiten von Lernschwierigkeiten in heterogenen Klassen muss man aber realistisch bleiben und sich gezielt auf einzelne Aspekte konzentrieren, damit man seine eigenen Schwachstellen durch gezielte Massnahmen überwinden kann.

8.7 Hausaufgaben

8.7.1 Wirksamkeit der Hausaufgaben

In letzter Zeit häufen sich insbesondere die politischen Diskussionen über den Nutzen oder die Nutzlosigkeit von Hausaufgaben. Verschiedentlich wird vorgeschlagen sie abzuschaffen, wobei hauptsächlich auf die häufigen Spannungen, die Hausaufgaben in Elternhäusern verursachen, auf die zusätzlichen Belastungen der Lernenden in der Freizeit oder auf die vielen Untersuchungen, welche die Wirkungslosigkeit der Hausaufgaben belegen wollen, verwiesen wird. Auf der anderen Seite wünschen sich aber viele Eltern Hausaufgaben, weil sie annehmen, die Hausaufgaben würden die Schulleistungen verbessern.

Zunächst ist es zutreffend, dass es viele empirische Untersuchungen gibt, welche tatsächlich die Nutzlosigkeit von Hausaufgaben bestätigen. Die meisten dieser Untersuchungen haben aber einen grundlegenden Mangel: Sie beruhen auf dem Ist-Zustand der Hausaufgaben-Erteilung, die in vielen Fällen ungenügend ist. Wie häufig lautet doch die Hausaufgabe „Lesen Sie im Lehrbuch nach, was wir heute behandelt haben". Wird hingegen die Qualität der Hausaufgaben mit in die Beurteilung einbezogen, so ergibt sich ein positiver Zusammenhang zwischen Hausaufgaben und Lernleistung, wobei er für das 7. – 10. Schuljahr höher ist als für die Volksschule (Cooper, Robinson et al. 2006, Xu 2013). Faktoren, welche einen positiven Einfluss auf den Nutzen von Hausaufgaben haben, sind: Die Aufgaben werden von den Lernenden als interessant wahrgenommen, und sie geben sich bei der Hausarbeit Mühe, was stark mit der Selbstwirksamkeit zusammenhängt (Zimmerman & Kitsantas 2005). Die Lehrpersonen bemühen sich, klare Aufträge zu erteilen, Arbeitshinweise zu geben und gute Voraussetzungen für die Hausaufgaben zu schaffen (die Motivation beachten und negative Empfindungen zu überwinden helfen) (Xu 2009). Im Weiteren sollten Hausaufgaben so weit als möglich individualisiert sowie immer besprochen und ausgewertet werden. Der zeitliche Umfang hat weniger Einfluss auf die Lernwirkungen. Zu beachten ist aber, dass die Lehrenden den Zeitaufwand für die von ihnen übertragenen Aufgaben sehr oft unterschätzen.

Gesellschaftspolitisch kritisch ist der Einfluss der Eltern im Zusammenhang mit den Hausaufgaben. Eltern sollten ihre Kinder nicht unterrichten, was voraussetzt, dass nur Hausaufgaben erteilt werden, welche die Lernenden allein erledigen können. Sie sollten sich auf folgende Formen der Mitwirkung beschränken: Sicherstellen guter Arbeitsbedingungen für ihre Kinder, generelle Überwachung der Arbeit, Ermutigung zum Lernen und Kontakte mit der Lehrerschaft über Probleme bei den Hausaufgaben. Offensichtlich spielt bei der Unterstützung die Einschätzung des Potenzials der eigenen Kinder eine wesentliche Rolle. Schätzen die Eltern das Potenzial ihrer Kinder als schlecht ein, können Versuche der Unterstützung zu

Spannungen und Problemen führen, was aber die Abschaffung der Hausaufgaben keinesfalls rechtfertigt (Hoover-Dempsey, Battialo et al. 2001, Pomerantz & Murman 2007). Leider sind Eltern mit einem höheren Bildungsniveau (und damit meistens aus oberen Gesellschaftsschichten) besser in der Lage, ihren Kindern im oben beschriebenen Sinn zu helfen, ganz abgesehen davon, dass sie ihre Kinder intellektuell mehr unterstützen und herausfordern und damit bessere Voraussetzungen für das Erledigen von Hausaufgaben schaffen, ein Zusammenhang, der bestätigt ist (Gniewosz & Eccles 2013). Dieser Sachverhalt rechtfertigt die Einführung einer betreuten Aufgabenhilfe an Schulen.

Für die **Planung** von Lektionen sind die folgenden Regeln zu beachten:

- Qualitativ gut gestaltete Hausaufgaben sind lernwirksam. Deshalb müssen Hausaufgaben erteilt werden.
- Die Hausaufgaben müssen interessant und vielgestaltig sein.
- Lernende aus unteren sozialen Schichten können durch Hausaufgaben weiter benachteiligt werden. Deshalb sollten Hausaufgaben auch individualisiert erteilt und diese Lernenden besonders beobachtet und unterstützt werden.

8.7.2 Typen von Hausaufgaben [33]

Bei der **Planung** von Lektionen sind immer zwei Fragen zu stellen:

(1) Welchem Ziel sollen die Hausaufgaben dienen (was soll konkret gelernt und/oder vertieft werden)?
(2) Welcher Typ von Hausaufgaben ist für die vorgesehene Zielsetzung am besten geeignet?

Tabelle 78 zeigt die möglichen Aufgabentypen. Tabelle 79 stellt sinnvolle und ungeeignete Einsatzmöglichkeiten von Hausaufgaben dar (Hall & Quinn 2007).

---

33 Zur Vertiefung siehe Dubs 2009, Kapitel 16.

Aufgabentyp	Charakterisierung
Übungs-/Anwendungshausaufgaben	Diese Aufgaben sollen den Schülern helfen – erlernte Fertigkeiten zu festigen und zu automatisieren – sowie erarbeitetes Grundlagenwissen erkennend und herstellend anzuwenden. Solche Hausaufgaben sollen sich ausschliesslich auf im Unterricht behandelte Lerninhalte beschränken.
Vorbereitungshausaufgaben	Diese Aufgaben werden zur Vorbereitung von neuen Lerngegenständen, die in künftigen Lektionen behandelt werden, erteilt. Ihr Zweck ist es, – für Neues zu motivieren, – bisher Behandeltes, das für das Neue vorausgesetzt werden muss, zu repetieren, – gewisse Vorarbeiten für das Neue zu leisten, die ohne Hilfe des Lehrers möglich sind und den späteren Unterrichtsablauf erleichtern. Ihr Ziel ist es, die Wirksamkeit künftiger Lektionen zu verbessern.
Ausweitende Hausaufgaben (Transfer)	Diese Aufgaben werden erteilt, um den Lernenden Gelegenheit – zur Verknüpfung von Begriffen und Generalisierungen sowie – zur Anwendung von erarbeiteten Fertigkeiten und Kenntnissen in neuen Situationen zu geben. Sie dienen also dem Transfer und verlangen abstraktere und umfassendere Denkleistungen als Übungs-/Anwendungsaufgaben.
Kreative Hausaufgaben	Diese Aufgaben verlangen von den Lernenden – die Integration von vielen Fertigkeiten und Begriffen – um etwas Neues zu schaffen. Sie erfordern deshalb meistens viel mehr Bearbeitungszeit als die anderen drei Typen.

Abb. 78: Typen von Hausaufgaben

Bei der **Planung** von Lektionen sind folgende Aspekte zu beachten:
– Hausaufgaben sollten vielgestaltig sein: Einzel- oder Gruppen-Hausaufgaben, kurzfristig oder längerfristig aufgetragene Hausaufgaben.
– Vor allem Übungs-/Anwendungshausaufgaben sollten auf Schwachstellen der Lernenden ausgerichtet werden.
– Lernwirksam ist es, viele Aufgaben vorzulegen, aus denen die Lernenden eine bestimmte Anzahl, die zu bearbeiten sind, auswählen können.
– Wenn es möglich ist, sollen die Aufgaben individualisiert werden, um den Eigenarten, Bedürfnissen und Schwächen der Lernenden Rechnung zu tragen.
– Übungs-/Anwendungsaufgaben sollten regelmässig auf kurze Zeiten aufgetragen werden, um verteiltes Lernen sicherzustellen und um bessere Voraussetzungen für die folgenden Lernabschnitte zu schaffen.
– Dort wo es möglich ist, sollen die Ergebnisse (Lösungen) mit abgegeben werden, damit die Lernenden selbst nach allfälligen Fehlern suchen, was ihre Metakognition stärkt.

– Hausaufgaben werden mit Vorteil vor der Zusammenfassung der Lektion erteilt. Werden sie nach der Zusammenfassung in Auftrag gegeben, besteht die Gefahr, dass die Lernenden den Auftrag nicht mehr sorgfältig wahrnehmen, weil die Wahrscheinlichkeit des „Auslaufens" der Lektion gross ist.

Sinnvoller Einsatz von Hausaufgaben	Ungeeigneter Einsatz von Hausaufgaben
– Schaffen von zusätzlichen Lerngelegenheiten – Erfahrungen aus dem Elternhaus einbringen und Materialien im Elternhaus und in der eigenen Umgebung sammeln – Fertigkeiten einüben – Lernerkenntnisse zusammenfassen – Neugier anregen und befriedigen – Individuelle Lernbedürfnisse befriedigen – Gedankenaustausch mit den Eltern anregen	– Strafaufgaben – Selbständiges Erarbeiten völlig neuer Lerngebiete – Ersatz für Unterricht (wenn beispielsweise die Unterrichtszeit nicht ausreicht) – Einüben von Fertigkeiten und Fähigkeiten, in welche im Unterricht nicht eingeführt wurde – Ziellose Aufgaben, aus denen nicht klar ersichtlich ist, weshalb etwas zu lernen ist

Abb. 79: Sinnvoller und ungeeigneter Einsatz von Hausaufgaben

8.8 Zusammenfassung

Eine Lektion darf nicht „auslaufen". Sie muss in klarer Weise zeitgerecht abgeschlossen werden. Ein zeitliches Überziehen trägt nichts mehr zum Lernen bei. Ohne klares Ende ergeben sich häufig Probleme: die Schülerinnen und Schüler beginnen mit dem Einpacken des Schulmaterials, verlassen das Klassenzimmer nach Belieben usw. Deshalb muss die Lehrperson das Ende deutlich ankündigen, wobei es verschiedene Möglichkeiten gibt: bei Zeitknappheit ein Satz, z.B. „Damit haben wir ... behandelt"; steht mehr Zeit zur Verfügung, kann zusammengefasst werden, sei es, dass die Lehrperson selbst einige zusammenfassende Fragen stellt oder sei es, dass sie den Lernenden einige vertiefende Fragen vorlegt; eine gute Zusammenfassung kann nochmals einen positiven Einfluss auf den Lernerfolg haben.

Eher nicht zu empfehlen ist es, die Lektion mit einem formativen Test zu beenden, weil er am Ende der Lektion nicht mehr sorgfältig ausgewertet werden kann.

KAPITEL V
DIE LEHRERINNEN UND LEHRER ALS EXPERTEN DES UNTERRICHTS

1 Standards für die Lehrerbildung

Lehrerinnen und Lehrer müssen in immer mehr Bereichen Experten sein, wie sich bei der Gestaltung von Berufsaufträgen, die politisch oft zur rechtlichen Festlegung der Arbeitsbedingungen gefordert wird, deutlich zeigt (Dubs 2013). Dass die Unterrichtsgestaltung und -führung nicht nur im Interesse der Schülerinnen und Schüler, sondern auch für die langfristige Berufszufriedenheit der Lehrerschaft als höchste Expertise zwingend ist, dürfte eine Binsenwahrheit sein. Nur ist wissenschaftlich immer noch nicht geklärt, wie diese Expertise zu definieren ist. Die Kriterien für die Expertise im Unterricht sind nicht ausdiskutiert und für deren Messung fehlen eindeutig messbare Faktoren für ein Gesamtbild (Stamouli, Schmid et al. 2010). Zwar liegen viele Kriterien vor; sie sind aber häufig auf enge, gut messbare oder wenigstens beobachtbare Inhalte ausgerichtet und damit zu eng definiert. Die vielen situationsabhängigen Variablen und spontanen Vorfälle sowie die unvorhersehbaren und unberechenbaren Interaktionen im Unterricht machen die Expertise – ganz im Gegensatz zu vielen anderen Berufen – unbeschreibbar, was die Definition von Zielen für die Lehrerbildung und -weiterbildung mit nachweislicher Wirkung für den Lernerfolg einer jeden einzelnen Lehrperson nahezu unmöglich macht. Berliner (2001) versuchte das Problem mit einem Vergleich der Unterrichtstätigkeit verschiedener Lehrpersonen in vergleichbaren Klassen mit unterschiedlichem Lernerfolg zu lösen, wobei er vorschlug, noch weitere Kriterien wie Teilnahme an Weiterbildungen, Lehrerbeurteilung, interne Schulevaluation usw. in die Ableitung von Kriterien einzubeziehen. Letztlich führte aber auch dieser Versuch nicht weiter, weil das Handeln und Entscheiden von Lehrpersonen besonders in kritischen und unerwarteten Situationen oder unter bestimmten Rahmenbedingungen sehr verschiedenartig sind. [34] Oser (o.J.) erarbeitete Standards, welche die Kompetenzen

---

34 Eine sehr interessante Beobachtung wurde in einer Untersuchung an der Michigan State Univer-

von Lehrkräften beschrieben. Tabelle 80 gibt diejenigen Standards für die Lehrergrundbildung von Lehrkräften, welche die Planung von Unterricht betreffen, wieder. Sie werden durch die in dieser Schrift dargelegten Erkenntnisse und Empfehlungen weitgehend abgedeckt. Aber sie entsprechen den Ansprüchen an die Expertise auch nicht, denn sie sagen weder über Rahmenbedingungen noch über die Flexibilität unter gegebenen Rahmenbedingungen und unerwarteten Situationen etwas aus. Dies bedeutet, dass die Expertise von Lehrpersonen für den alltäglichen Unterricht auch mit empirisch ermittelten Kompetenzen nicht überzeugend umschrieben werden kann. Deshalb ist die Aussage über die Expertise von Lehrkräften von Grossman & McDonalds (2008, 189) wohl zutreffend: „Unconfortable realities about our fields." Was ist zu tun?

Standards für die Lehrerbildung: Ich habe gelernt:
Fachdidaktik

- gesellschaftlich und fachlich bedeutsame Lerninhalte auszuwählen und sie zu operationalisieren;
- Lernziele im kognitiven, emotionalen und/oder psychomotorischen Bereich zu formulieren;
- die ausgewählten Lerninhalte sach- und lernlogisch (z.B. vom Konkreten zum Abstrakten; vom Einfachen zum Schwierigen) zu gliedern;
- den Unterricht so aufzubauen, dass verschiedene Formen der sozialen Interaktion möglich sind;
- mich bei der Unterrichtsdurchführung an meiner Planung zu orientieren und trotzdem bei Unvorhergesehenem flexibel zu reagieren;
- unterschiedliche Methoden und Sozialformen inhaltsspezifisch angepasst einzusetzen;
- alternative Lehr-Lern-Formen wie Projektunterricht, Epochenunterricht, handlungsorientierter Unterricht etc. erfolgreich durchzuführen;
- welches die wichtigsten Schritte des Problemlösens sind und wie man sie im Unterricht verwirklicht;
- wie man Schülerinnen und Schülern reale Erfahrungen ermöglicht, diese reflektiert und mit vermitteltem Wissen koppelt;
- wie man mit Schülerinnen und Schülern einen Begriff oder ein Konzept aufbaut und anwendet und sie dabei aktiv mitarbeiten lässt;
- den Aufbau der Fachinhalte über mehrere Klassen mithilfe des Lehrplans und der Schulbücher klar zu strukturieren;

---

sity (2007) in einer leider unveröffentlichten Studie gemacht. Im Rahmen der Motivationsforschung ergaben sich für zwei Lehrerinnen übereinstimmende Beobachtungsergebnisse ihres Unterrichts. Trotzdem fielen die Leistungen ihrer vergleichbaren Klassen sehr unterschiedlich aus. Nach langem Suchen nach den Ursachen ergab sich, dass sich die Lehrerinnen in folgenden Bereichen wesentlich unterschieden: Verhältnis zum Schulleiter, unterschiedliche Präferenz bei den Lehrbüchern und unterschiedliche Wahrnehmung des Schulklimas.

- die Vor- und Nachteile unterschiedlicher Schulbücher zum Fach aufzuzeigen;
- Fachlehrmittel zu bewerten, auszuwählen und dem Lehrplan entsprechend einzusetzen;
- mit den Schülerinnen und Schülern übersichtliche und realistische Tages-, Wochen-, Halbjahres und Jahrespläne zu erstellen;
- zu einer Lektion oder Lektionsgruppe eine inhaltliche Strukturskizze zu erstellen;
- exemplarisch Inhalte auszuwählen;
- die Inhalte des Fachlehrplans sinnvoll in ein Unterrichtsprogramm zu verarbeiten;
- selber Übungsmaterialien, ähnlich wie sie sich in einem Lehrbuch finden, herzustellen;
- wie man sinnvoll Hausaufgaben erteilen und überprüfen kann;
- den Schülerinnen und Schülern Möglichkeiten zur mehrfachen Verarbeitung (schriftlich, bildlich, sensumotorisch, auditiv) von neuen Lerninhalten zu geben.

Gestaltung und Methoden des Unterrichts

- den Unterricht so zu gliedern, dass den Schülerinnen und Schülern vielfältiges Handeln (schreiben, lesen, sprechen usw.) möglich wird;
- die Phasen des Unterrichts, in denen Schülerinnen und Schüler aufnehmen, verarbeiten und kontrollieren, klar und eindeutig zu bestimmen und zu gestalten;
- die Möglichkeiten und Grenzen projektorientierten Unterrichts einzuschätzen;
- verschiedene Formen des individuellen und selbständigen Lernens im Unterricht zu verwirklichen;
- Gruppeneinteilungen nach unterschiedlichen Kriterien und Prinzipien vorzunehmen und Gruppenresultate auf vielfältige Weise zu verarbeiten;
- jahrgangsübergreifend zu unterrichten;
- wie man eine Werkstatt vorbereitet und Werkstattunterricht sinnvoll organisiert;
- wie man Diskussionen von Schülerinnen und Schülern, die spontan entstehen, fruchtbar gestaltet und auch effizient zu einem Ende bringen kann;
- Methoden zu variieren und die Methodenwahl auf der Basis von Begründungen je unterschiedlich vorzunehmen.

Lernstrategien vermitteln und Lernprozesse begleiten

- wie Schülerinnen und Schüler Lernstrategien erarbeiten, ihr Lernen überwachen und über ihre Lerngewohnheiten nachdenken können;
- wie Schülerinnen und Schüler alleine ein Thema (Wissen) erarbeiten können;
- wie man mit Schülern und Schülerinnen Fehler so bespricht, so dass sie davon profitieren;
- wie man Schülerinnen und Schülern zeigt, wie sie ihr Lernen in Lernschritte einteilen und davon profitieren können;
- dem Schüler und der Schülerin zu zeigen, wie er/sie sich selbst kontrolliert;
- den Schülern und Schülerinnen zu zeigen, wie sie ein Lerntagebuch führen können;
- wie Schülerinnen und Schüler lernen, sich allein in einer Bibliothek und mit einem fremden Thema zurechtzufinden,
- wie man vermeiden kann, dass Schüler und Schülerinnen das Gelernte schnell vergessen, wie man das Behalten systematisch unterstützen kann;
- wie man Lernübertragungen (Transfers) systematisch und ausführlich in den Unterricht einbaut und so dem erworbenen Wissen Sicherheit verleiht;
- wie vermieden werden kann, dass die stärkeren Schülerinnen und Schüler immer mehr und die schwächeren immer weniger gefördert werden (Differenzierung);
- Motivationstheorien auf ihre Wirkung hin zu befragen, auszuprobieren und umzusetzen.

Aufbau und Förderung von sozialem Verhalten

- wie Schülerinnen und Schüler durch Belohnung und Bestrafung alte Gewohnheiten verlernen und neue erwerben können;
- wie ich vielfältiges prosoziales Verhalten (z.B. helfen, unterstützen, beistehen usw.) fördern kann;
- wie lern- und/oder körperbehinderte Kinder in einer Klasse integriert werden können;
- Besonderheiten von Ausländerkindern für die Entwicklung der Schulkultur zu nutzen;
- wie Schülerinnen und Schüler befähigt werden, rational/konstruktiv Konflikte zu lösen;
- wie ich Kinder dahingehend unterstützen kann, dass sie Freundschaften aufbauen können.

Tab. 80: Standards für die Lehrerbildung (nur Unterricht) (Oser o.J.)

2 Gute Praxis

Hier wird davon ausgegangen, dass „Expertise im Unterricht" wissenschaftlich nie abschliessend umschrieben werden kann, da sie für jede Lehrperson etwas anders aussieht. Deshalb ist dem Prozess der Entwicklung zur Expertise während der ganzen Lebensarbeitszeit alle Aufmerksamkeit zu schenken. Notwendig ist eine **biographische Weiterbildung**, bei der regelmässige, persönliche Standortbestimmungen im Vordergrund stehen, d.h. die Lehrpersonen müssen fähig sein, jederzeit die Ankoppelung an neue Entwicklungen in der Gesellschaft und Schule zu finden, um sich stets auf die neuen Ansprüche an die Schule auszurichten und sie mit ihren eigenen Bedürfnissen in Übereinstimmung zu bringen. Dadurch soll auch die langfristige Berufsfreude gesichert werden (siehe dazu in ähnlicher Weise Herzog & Munz 2010). Dies bedeutet, dass traditionelle Formen der Lehrerfortbildung allein nicht genügen, sondern ergänzend zur **persönlichen Standortbestimmung** und zur **Lehrerfortbildung im Rahmen der Schulentwicklung** überzugehen ist.

Eine regelmässige persönliche Standortbestimmung erfordert grosse persönliche Disziplin, viel Reflexionsfähigkeit und metakognitive Fähigkeiten. Leider erschweren die zunehmende Belastung im Beruf, die oft ungenügende und nicht auf die Praxis ausgerichtete wissenschaftliche Kommunikation, die häufig zu beobachtende Theoriefeindlichkeit vieler Lehrkräfte sowie eine allgemein anerkannte erfolgreiche Lehrtätigkeit (warum etwas ändern, wenn ich erfolgreich bin, was oft zu einer Selbstüberschätzung führt) die eigene Standortbestimmung.

Die persönliche Standortbestimmung kann nicht allein auf wissenschaftlichen Beurteilungskriterien beruhen, sondern sie muss auf **guter Praxis** aufbauen, wie sie in Abbildung 81 umschrieben wird.

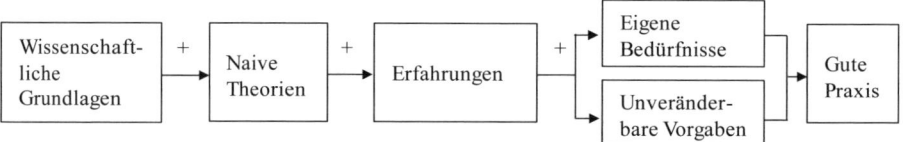

Abb. 81: Gute Praxis

Eine gute Praxis für die Unterrichtsplanung und -führung lässt sich nur auf der Grundlage wissenschaftlicher Theorien (Bündel von Annahmen, die konsistent sind) und Erkenntnissen aus der empirischen Forschung aufbauen. Ohne sie gelangt man selbst selten auf neue Ideen und Konzeptionen (die Intuition wird im Alltag überschätzt). Auch gelingt es kaum, in tiefgreifender Form über unterrichtliche Fragen zu reflektieren. Empirische Untersuchungen geben Hinweise über die Richtigkeit und/oder Wirksamkeit von pädagogischen Massnahmen. Leider gibt es in der empirischen Forschung aus vielen Gründen (es werden immer stärker eng eingegrenzte Probleme untersucht, die Forschenden konzentrieren sich zu sehr auf das nur Messbare, die Ganzheitlichkeit von Fragen wird im Interesse rascher und vieler

Publikationen vernachlässigt) zunehmend mehr Widersprüche, was die Generalisierung von Forschungsergebnissen erschwert (Dubs 2012b). Deshalb bleiben naive Theorien weiterhin bedeutsam. Naive Theorien sind Plausibilitätsannahmen (sie sind nicht an sich widersprüchlich), werden von einer Mehrzahl von Menschen akzeptiert, und die subjektive Richtigkeit liegt darin begründet, dass viele Menschen in konkreten Situationen die gleiche Meinung vertreten oder das gleiche Verhalten zeigen. Angesichts der Widersprüche aus der empirischen Forschung sind im Schulbereich naive Theorien weiterhin notwendig, obschon damit nicht alle ihre Aussagen beweisbar sind. Viele Empfehlungen aus der naiven Theorie stellen denn auch Ansätze zu Ratschlägen dar. Lehrerinnen und Lehrer sollten sich aber bewusst sein, dass diese Aussagen oft nur mehr oder weniger zutreffen. Deshalb müssen sie über Einblicke in die wissenschaftliche Theorie verfügen, damit sie kritischer zu reflektieren beginnen (Johann 2009). Ob sich Unterrichtserfahrungen ergänzend positiv oder negativ auf Verhaltensweisen, die auf naiven Theorien beruhen, auswirken, ist umstritten. Sicher tragen Erfahrungen zur Verbesserung von Routinen bei, gleichen klar anerkannte Schwächen aus und stärken bis zu einem gewissen Grad die Flexibilität bei unerwarteten Erscheinungen aller Art (z.B. sich wiederholende Lernschwierigkeiten, Störungen im Unterricht). Ob sie aber zu echten Veränderungen führen, hängt massgeblich vom Habitus der Lehrpersonen ab, d.h. ihren allgemeinen Grundhaltungen und dauerhaften Dispositionen, welche das Zusammenspiel von Wahrnehmungs-, Denk- und Handlungsmustern in bestimmten Situationen stark prägen (Bourdieu 1993). Demzufolge können je nach Habitus Erfahrungen einen wertvollen Einfluss auf die Entwicklung der guten Praxis haben oder aber leider notwendige Verbesserungen auch verhindern. Deshalb trägt die Erfahrung nur dann etwas zur guten Praxis bei, wenn die Lehrpersonen ihre Grundhaltungen und Dispositionen im Zusammenhang mit dem Wandel reflektieren und konsequent mit dem wissenschaftlichen Kenntnisstand konfrontieren. Schliesslich sind für die Umschreibung der guten Praxis die Bedürfnisse der Lehrpersonen zu beachten, denn je weniger Regeln der guten Praxis den Bedürfnissen der Lehrpersonen entsprechen, desto geringer ist ihr Nutzen. Allerdings dürfen solche Regeln unveränderbaren Vorgaben der Bildungspolitik (z.B. Lehrpläne, die durchdacht sind) nicht widersprechen.

Wahrscheinlich ist der Habitus eine entscheidende Einflussgrösse auf die Bereitschaft von Lehrpersonen, ihre Tätigkeit zu überdenken, zu verbessern und zu erneuern. Dies mag auch ein Grund sein für die nicht immer wirksamen Fortbildungsmassnahmen, mindestens solange, als bei den Lehrpersonen der Wille fehlt, eine gut reflektierte eigene Standortbestimmung vorzunehmen und dabei zu bedenken, wie eigene Grundhaltungen und Dispositionen die eigenen Wahrnehmungs-, Denk- und Handlungsmuster beeinflussen.

3 Die eigene Standortbestimmung: Selbstreflexion

3.1 Merkmale der Selbstreflexion und Vorgaben

Unter Selbstreflexion wird die Fähigkeit eines Menschen verstanden, über seine eigene Situation und sein eigenes Tun nachzudenken. Dieses Nachdenken über äussere und innere Beobachtungen an sich selbst stellt eine Chance zum Erkennen von eigenen Problemen und Unsicherheiten dar und hilft Hinweise für Veränderungen im eigenen Verhalten zu finden. Gelingen kann es nur, wenn die Selbstbeobachtung differenziert erfolgt (wozu wissenschaftliche Erkenntnisse hilfreich sind), und man eine gewisse Distanz zu sich selber herbeiführt. Daher ist die Selbstreflexion ein Lernprozess (Selbstregulierung), welcher eine wesentliche Voraussetzung für die persönliche Weiterentwicklung ist. Sie darf sich aber nicht nur auf Schwachstellen und Fehler konzentrieren, sondern auch Stärken sind zu beachten, denn wer sich nicht überlegt, was er gut macht und warum er es gut macht, kann seine Stärken nicht ausbauen (Hager 2008).

Beim Reflektieren sind zwei Aspekte ins Bewusstsein zu rufen. (1) die eigene Gedankenwelt, in der sich die Reflexion abspielt, und (2) die Routinen des Denkens, die ihren Ablauf und damit ihre Ergebnisse beeinflussen oder gar bestimmen. Die eigene Gedankenwelt betrifft insbesondere die eigenen Zielvorstellungen, welche eigene Wahrnehmungs-, Denk- und Verhaltensmuster prägen. Bin ich mir bewusst, woher sie beeinflusst sind (Wertvorstellungen, Erfahrungen, Theorien, Habitus)? Habe ich mich überlegt darauf ausgerichtet, oder habe ich sie einfach unbedacht übernommen? Die Routinen des Denkens betreffen Gewohnheiten, die sich oft zu feststehenden Kategorien entwickeln und schnelle Urteile über Sachverhalte und Menschen ermöglichen, die stereotyp werden (z.B. die Inklusion als neues pädagogisches Konzept löst alle Fragen der sozialen Ungleichheit in unserer Gesellschaft, oder diese Schülerin wird diese Lernaufgabe nicht lösen können, weil sie dumm ist). Solche Routinen im Denken übersehen die vielen Kausalitäten, d.h. zu einfache Kategorien im Denken vernachlässigen das vernetzte Denken und führen zu viel Fehlverhalten. Für die Reflexion ergeben sich damit zwei Aufgaben: (1) Welche Gedankenwelt (Sollvorstellungen) prägt mein Handeln? (2) Welche Routinen des Denkens beeinflussen mein Verhalten (wie differenziert sind sie)?

Es gibt viele Ansätze zur Methodik der Selbstreflexion. Hilfreich ist das ALACT-Modell [35] von Korthagen (1999 zit. nach Stock 2013), das in Abbildung 82 dargestellt ist.

---

[35] Der Begriff ALACT bezieht sich auf die Anfangsbuchstaben der fünf Phasen im Modell: **A**ction, **L**obbing back on the Action, **A**wareness of essential aspects, **C**reating alternative methods for action, **T**rial.

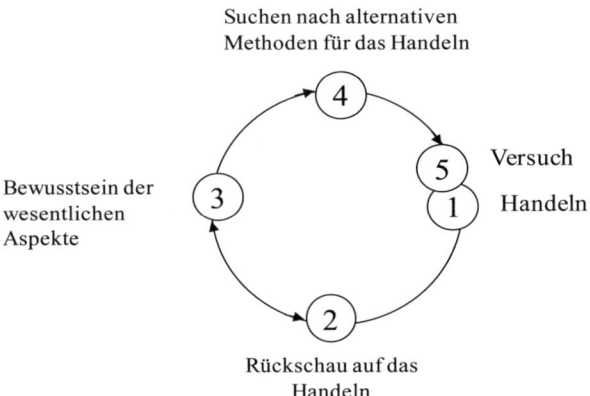

Abb. 82: Modell zur Selbstreflexion

Für den Verlauf des Reflexionsprozesses schlagen Korthagen & Kessler (zit. nach Stock 2013) die folgenden Fragen vor, die bei den einzelnen Phasen der Reflexion beantwortet werden sollen (siehe Tabelle 83).

In der Lehrerfortbildung wird häufig eine periodische Selbstreflexion über den gesamten Unterricht während einer bestimmten Phase empfohlen, oft in Verbindung mit einem Lerntagebuch oder einem Portfolio. Trotz der Nützlichkeit für die Verbesserung des Unterrichts dürfte dies aber angesichts der Belastung in der täglichen Berufsarbeit eine Illusion bleiben. Zu empfehlen ist hingegen, dass man nach besonders gelungenen oder nach missratenen Lektionen eine Selbstreflexion durchführen sollte, um selbst zu erkennen, worauf die erfolgreiche Lektion zurückzuführen ist, oder um im Falle von Missgeschicken deren Ursachen zu ermitteln. Zu oft scheitern viele Lehrpersonen bei der erstmaligen Erprobung von etwas Neuem und kehren aus Angst vor weiteren Misserfolgen zum Bisherigen zurück, statt mit den Ergebnissen aus den Selbstreflexionen einen verbesserten neuen Versuch zu wagen.

Phase	Fragen
① Handeln	– Was wollte ich in der konkreten Situation erreichen? – Was wollte ich besonders beachten? – Was wollte ich ausprobieren?
② Rückschau auf das Handeln	– Was waren die konkreten Ergebnisse? – Was habe ich getan? – Was habe ich gedacht? – Wie habe ich mich gefühlt? – Was glaube ich, dass die anderen wollten, taten, dachten, fühlten?

③ Bewusstsein der wesentlichen Aspekte	– Was haben die Antworten auf die vorangegangenen Fragen gemeinsam? – Was kann auf den Einfluss des Kontexts/der Umgebung als Ganzes zurückgeführt werden? – Was bedeutet das für mich? – Was ist das Problem oder die positive Erfahrung?	
④ Suchen nach alternativen Methoden für das Handeln	– Welche Alternativen erkenne ich? (Lösungen oder Einsatzmöglichkeiten meiner Erfahrungen) – Was sind die Vorteile bzw. Nachteile jeder Alternative? – Was beschliesse ich das nächste Mal anders zu machen?	
⑤ Versuch	Handlungsempfehlungen aufgrund der Fragen von Phase 1	

Tab. 83: Fragen zur Selbstreflexion (Korthagen zit. nach Stock 2013)

3.2 Checklist für die Reflexion einer eigenen Lektionsplanung

Tabelle 84 gibt eine Checklist für eine eigene Standortbestimmung über die Qualität und die Erfolgs- oder Misserfolgsgründe einer Lektion.

1. Schritt: IDEENFINDUNG

11. Habe ich zwingende Lehrplanvorgaben analysiert, und nehme ich mir die Freiheit, die für mich sinnlosen Inhaltsangaben oder Lernziele minimal in den Unterricht einzubringen (z.B. lasse ich einen solchen Bereich einzig als Hausaufgabe im Lehrbuch lesen und beantworte später Fragen)?
12. Habe ich klare Vorstellungen, welche Werthaltungen ich der Lektion zugrunde legen will?
13. Denke ich über mögliche Varianten der Lektionsgestaltung nach (disziplinenorientierte oder kasuistische oder gemischte Gestaltung), und schätze ich den Zeitbedarf ab, der auf die Bedeutung des Lerngegenstands ausgerichtet sein sollte?
14. Überlege ich mir immer, ob das, was ich zu unterrichten gedenke, wirklich Sinn macht (so what)?

2. Schritt: ANALYSE DER GEGEBENHEITEN BEI DEN LERNENDEN

21. Welches Vorwissen und Können bringen die Lernenden mit? Soll ich im Falle von vermuteten Lücken Voraushausaufgaben erteilen, sie zu Beginn der Lektion aufarbeiten oder gar einen Test durchführen?
22. Kenne ich den Erfahrungsstand der Lernenden, und kann ich spezifische Erfahrungen meiner Klasse in den Unterricht einbringen?
23. Wie ist der Stand der Selbstregulierung? Kann ich sie in der zu planenden Lektion in irgendeiner Form stärken?

3. Schritt: MOTIVATION

31. Kenne ich die Stärken und Schwächen der Motivation meiner Klasse? Überlege ich mir insbesondere, welche Bedeutung der sozialen Motivation in dieser Klasse zukommt?
32. Versuche ich den Lernenden den Wert dessen, was sie in dieser Lektion zu lernen haben, bewusst zu machen?
33. Haben die Lernenden besondere Interessen, die ich in der Lektion nutzbar machen kann?
34. Überlege ich mir, wie ich den Lernenden mein Interesse an der Lektion deutlich zeigen kann?

4. Schritt: WISSENSGRUNDLAGEN

41. Welches deklarative Wissen muss am Ende der Lektion verfügbar sein, und habe ich es als thematische Struktur verfügbar?
42. Schätze ich genau ab, welches Faktenwissen am Ende der Lektion verfügbar sein muss, und welches Faktenwissen abrufbar ist? Muss ich Strategien zum Abrufen von Wissen wieder einüben?
43. Überlege ich mir, welches Wissen aus dem affektiven und sozialkommunikativen Bereich gemäss Absicht mit der Lektion verfügbar sein muss?
44. Weiss ich, welches prozedurale Wissen für meine Lektion notwendig ist (Arbeitstechniken, Lern- und Denkstrategien, affektive und sozialkommunikative Strategien), und weiss ich, wie ich die Strategien darstellen will, damit sie erarbeitet werden können?
45. Ist das deklarative Wissen, das ich erarbeiten will, grundlegend und zukunftsträchtig?
46. Muss dieses Wissen für weiteres Lernen zwingend erarbeitet werden, oder genügt eine blosse Vermittlung von Orientierungswissen, mit dem später gearbeitet wird?
47. Bemühe ich mich um die Metakognition? 41.   Welches deklarative Wissen muss am Ende der Lektion verfügbar sein, und habe ich es als thematische Struktur verfügbar?

> **5. Schritt: KOMPETENZORIENTIERTE LERNZIELE UND GESAMTKONZEPTION DER LEKTION**
>
> 51. Wie sehen die kompetenzorientierten Lernziele aus? Wie konstruiere ich sie, wenn im Lehrplan nur Inhaltsangaben oder traditionelle Lernziele vorgegeben sind?
> 52. Aufgrund aller bisherigen Überlegungen: Welche Varianten für die Gesamtkonzeption der Lektion sind denkbar?
> 53. Welches Unterrichtsverfahren will ich wählen?
> 54. Bemühe ich mich, mit einer Vielzahl von Unterrichtsverfahren zu arbeiten, ohne aber in jeder Lektion zu viele unterschiedliche Verfahren einzusetzen?
> 55. Denke ich daran, dass selbstgesteuertes Lernen anfänglich einer Anleitung (häufig durch Dialoge im Frontalunterricht) bedarf?
> 56. Beginne ich mit der Verlaufsplanung der Lektion erst, wenn ich genau weiss, welche Variante für die Lektion ich wähle (alle Vorüberlegungen abgeschlossen sind)?

> **6. Schritt: VERLAUFSPLANUNG**
>
> 61. Will ich mit einer Repetition oder dem Aufarbeiten von Vorwissen in die Lektion einsteigen?
> 62. Wähle ich für die Motivation ein Zielbeispiel oder ein komplexes Lehr-Lern-Arrangement, das einen unmittelbaren Bezug zum Lektionsinhalt hat (kein theatralischer Einstieg)?
> 63. Gebe ich der Klasse das Lernziel in freier Form bekannt, und begründe ich den Sinn des vorgesehenen Lernens?
> 64. Gliedere ich den Gesamtaufbau der Entwicklung des Neuen so in Abschnitte, dass ein „roter Faden" erkennbar ist?
> 65. Variiere ich die Unterrichtsverfahren in den einzelnen Abschnitten, damit die Lektion vielgestaltig wird?
> 66. Welche Unterlagen setze ich bei der Entwicklung ein?
> 67. Lasse ich Grundfertigkeiten und -fähigkeiten genügend einüben (automatisieren), und vertiefe ich die bearbeiteten Lerninhalte?
> 68. Bemühe ich mich, das Üben und Vertiefen zu individualisieren?
> 69. Kenne ich aus früheren Lektionen Lernschwächen und versuche ich Hilfen für deren Überwindung zu geben?
> 610. Erteile ich sinnvolle Hausaufgaben verschiedener Art, und werte ich sie aus? Mache ich mir Gedanken über die zeitliche Belastung für die Schülerinnen und Schüler?
> 611. Fasse ich am Ende die Lektion zusammen, um nochmals auf das Wesentliche aufmerksam zu machen (mittels Fragen oder bei Zeitknappheit mit einigen eigenen Sätzen)?

Tab. 84: Fragen über die Planung von Lektionen zur Selbstreflexion

4 Zusammenarbeit mit anderen Lehrpersonen

Zur Frage der Wirksamkeit von Fortbildungsmassnahmen für Lehrkräfte sind in den letzten Jahren viele Untersuchungen durchgeführt worden, die aber in einzelnen Bereichen zu sich widersprechenden Ergebnissen führten (Wideen, Mayer-Smith et al. 1998, Desimone, Porter et al. 2002, Lipowski 2010). In Bezug auf die hier besprochene Thematik der „Planung von Unterricht" darf von folgenden Sachverhalten ausgegangen werden:

(1) Für die **Lehrergrundbildung** sind folgende Feststellungen bedeutsam:
   – Ohne intensive praktische Übungen mit Schulklassen setzen sich theoretische Erkenntnisse nicht in pädagogische Handlungskompetenzen um. Deshalb genügt es nicht, Lektionsplanungen ohne praktische Umsetzung mit Schulklassen vorzunehmen.
   – Eigene Erfahrungen, Beobachtungen und Erwartungen scheinen die Fähigkeit zum Unterrichten stärker zu beeinflussen als die angeleitete Ausbildung. Deshalb sind für Anfänger Hospitationen, die reflektiert werden, wertvoll. Bei diesen Reflexionen müssen aber die Planung von Lektionen und mögliche Varianten der gewählten Konzeption systematischer ausgewertet werden.
   – Gemischte Programme mit Theorie und praktischen Übungen sind wirksamer als Ausbildungskonzeptionen, bei denen zuerst die Theorie vermittelt und dann praktische Übungen durchgeführt werden. Dabei ergeben sich oft – aber lösbare – organisatorische Probleme. Für die Planung von Lektionen heisst dies, dass bei jedem theoretischen Abschnitt auch die Planungsfragen für Lektionen praxisbezogen anzusprechen sind (z.B. Theorie über kompetenzorientierte Lernziele sowie praktische Übungen der Lernzielerarbeitung).
   – Kurze Übungen in wenig realistischen Situationen sind nicht lernwirksam. Deshalb müssen Übungen zur Planung von Lektionen immer an realistischen Situationen durchgeführt werden (genaue Beschreibung der Rahmenbedingungen).
   – Lehrübungen sollten über eine längere Zeit mit der gleichen Klasse durchgeführt werden, damit die Studierenden lernen, mit allen Typen von Problemen umzugehen.

(2) Für die **Lehrerfortbildung** sind die folgenden Gesichtspunkte zu beachten:
   – Nur kurze (ein- bis dreitägige) und einmalige Fortbildungsveranstaltungen führen weder zu Verhaltensänderungen bei den Lehrpersonen noch zu besseren Lernergebnissen bei den Schülerinnen und Schülern.
   – Zwingend ist ein Unterrichtsbezug. Selbst gute fachwissenschaftliche Weiterbildungen zu unterrichtsrelevanten Themen führen für sich allein zu keiner Verbesserung des Unterrichts.
   – Angeleitete und unterstützte Fortbildungen scheinen wirksamer zu sein als eigene Standortbestimmungen und Selbstentwicklung.
   – Fortbildungen im kognitiven Bereich haben mehr Wirkung als solche im sozialkommunikativen und affektiven Lernbereich.
   – Die Wirksamkeit ist grösser, wenn die Lehrpersonen bei der Gestaltung der Weiterbildungsmassnahmen selbst entscheidend mitwirken, um ihre Bedürfnisse gut einzubringen.

- Interessanterweise werden kaum je Fortbildungskurse zur Thematik der Planung von Lektionen ausgeschrieben. Es wird wahrscheinlich angenommen, die Grundausbildung dazu genüge. Die häufig zu beobachtende Variante, zu einer fachorientierten Fortbildung fertige Lektionen abzugeben, hat kaum Auswirkungen für einen verbesserten Unterricht. Werden hingegen in solchen Fortbildungskursen durch die Teilnehmenden Lektionen entworfen, so konnten Verbesserungen des Unterrichts festgestellt werden.

Aufgrund dieser wissenschaftlich belegten Aussagen sei die abschliessende Empfehlung für die Fortbildung im Bereich der Planung von Lektionen vorgelegt.

Empfehlung

In der Lehrergrundbildung sollte die Planung von Lektionen nicht nur eingeübt werden, sondern die Studierenden sind auch in die Methoden der selbständigen Standortbestimmung einzuführen, damit sie auf die spätere Reflexion über die eigene Unterrichtsplanung besser vorbereitet sind.

Wenn in einer Schule die selbständige Standortbestimmung eingeführt wird, soll auf Wunsch der einzelnen Lehrpersonen eine Beratung zur Verfügung stehen.

In jeder Schule sollten die Lehrpersonen auf die freiwillige Zusammenarbeit in Gruppen mit gegenseitigen Schulbesuchen aufmerksam gemacht werden. Die Reflexion über den besuchten Unterricht bei den Gruppenmitgliedern sollte auch auf eine systematische Beurteilung der Planung der Lektion ausgerichtet werden, damit die Lektion ganzheitlich und nicht nur in den Bereichen besprochen wird, welche die Lehrpersonen vornehmlich interessieren.

Ideal wäre es, wenn das Thema „Planung einer Lektion" während einer bestimmten Zeit in den einzelnen Fachgruppen als Bereich der Schulentwicklung nach jenen Prinzipien systematisch bearbeitet und reflektiert würde.

Auch bei der Zusammenarbeit in Gruppen und im Rahmen der Schulentwicklung sollte auf Abruf eine Beratung zur Verfügung stehen, denn es zeigt sich je länger desto deutlicher, dass ein noch so intensives Selbststudium der Lehrpersonen angesichts der vielen neuen und zum Teil widersprüchlichen theoretischen Erkenntnissen nicht mehr ausreicht, ganz abgesehen von der Belastungssituation der Lehrerinnen und Lehrer.

LITERATURVERZEICHNIS

Achtenhagen, F. (1990). Didaktik des Rechnungswesens. Programm und Kritik eines wirtschaftsinstrumentellen Ansatzes. Wiesbaden: Gabler.

Achtenhagen, F. (1992). Lernen, Denken, Handeln in komplexen ökonomischen Situationen. In F. Achtenhagen & E. G. John (Hrsg.). Mehrdimensionale Lehr-Lern-Arrangements. Wiesbaden: Gabler, 39–42.

Achtenhagen, F. (1996). Entwicklung ökonomischer Kompetenz als Zielkategorie des Rechnungswesenunterrichts. In P. Preiss & T. Tramm (Hrsg.). Rechnungswesenunterricht und ökonomisches Denken. Didaktische Innovationen für die kaufmännische Ausbildung. Wiesbaden: Gabler, 22–44.

Achtenhagen, F., Tramm, T. et al. (1992). Lernerheft zum Planspiel Jeansfabrik – Leistungsprozesse in Unternehmen. Göttingen: Institut für Wirtschaftspädagogik.

Achtenhagen, F., Bendorf, M. et al. (2001). Mastery Learning mit Hilfe eines multimedial repräsentierten Modellunternehmens in der Ausbildung von Industriekaufleuten. In K. Beck & V. Krumm (Hrsg.). Lehren und Lernen in der beruflichen Erstausbildung. Opladen: Leske + Budrich, 233–256.

Achtenhagen, F. & Winter, E. (2008). Wirtschaftspädagogische Forschung zur beruflichen Kompetenzentwicklung. In Bundesministerium für Bildung und Forschung (Hrsg.). Kompetenzerfassung in pädagogischen Handlungsfeldern. Bildungsforschung Band 26. Bonn/Berlin, 117–140.

Aerne, P. (1990). Die Unterrichtsvorbereitung von Handelslehrern in der Alltagspraxis. St. Gallen: Dissertation Universität.

Aff, J. (2012). Zukunftsorientierte wirtschaftsberufliche Bildung durch Entrepreneurship-Erziehung. In 75 Jahre HAK Bregenz (Festschrift).

Althoff, S. E., Linde, K. J. et al. (2007). Learning Objectives. Posting & Communicating Daily Learning Objectives to Increase Student Achievement and Motivation. Chicago: Saint Xavier University.

Anderman, L. H. (2013). Academic Motivation and Achievement in Classrooms. In J. Hattie & E. M. Anderman (Eds.). International Guide to Student Achievement. New York: Routledge, 185–187.

Arbeitsgruppe Ökonomische Bildung (2011). Kompetenzziele für das allgemeinebildende Fach „Wirtschaft/Ökonomie" in der Sekundarstufe I. Münster: Westfälische Universität, Centrum für interdisziplinäre Wirtschaftsforschung.

Atkinson, J. W. (1957). Motivational Determinants of Risk-Taking Behavior. Psychological Review, 64, 359–372.

Bader, R. (2003). Lernfelder konstruieren – Lernsituationen entwickeln. Eine Handreichung zur Erarbeitung didaktischer Jahresplanungen für die Berufsschulen. Die berufsbildende Schule, 55, 210–217.

Baker, L. (2008). Metakognition In Comprehension Instruction: What we're learned since NRP. In C. C. Block & S. R. Parris (Eds.). Comprehension Instruction. Research Based Best Practice (2nd ed.). New York: Guilford, 65–79.

Baker, L. (2013). Metakognitive Strategien. In J. Hattie & E. M. Anderman (Eds.). International Guide to Student Achievement. New York: Routledge, 419–421.

Bandura, A. (1997). Self-Efficacy: The Exercise of Control). New York: Freeman.

Bandura, W. (1977). Social Learning Theory. Englewood Cliffs, NJ: Prentice Hall.

Beck, K., Bienengräber, T. et al. (2001). Progression, Stagnation, Regression – Zur Entwicklung der moralischen Urteilskompetenz während der kaufmännischen Berufsausbildung. In K. Beck & V. Krumm (Hrsg.). Lehren und Lernen in der beruflichen Erstausbildung. Grundlagen einer modernen kaufmännischen Berufsqualifizierung. Opladen: Leske + Budrich, 139–161.

Beck, K., Brütting, B. et al. (1996). Zur Entwicklung moralischer Urteilskompetenz in der kaufmännischen Erstausbildung – empirische Befunde und praktische Probleme. In Beiheft 13 zur ZBW, 197–206.

Bednar, A. K., Cunningham, D. et al. (1992). Theory into Practice: How Do We Link? In T. M. Duffy & D. H. Jonassen (Eds.). Constructivism and the Technology of Instruction. A Conversation. Hillsdale, NJ: Erlbaum, 17–34.

Berliner, D. C. (2001). Learning about Learning from Expert Teachers. International Journal of Educational Research, 35, 463–482.

Blatt, M. M. & Kohlberg, L. (1975). The Effects of Classroom Moral Discussions upon Children's Level of Moral Judgement. Journal of Moral Education, 4, 129–161.

Bloom, B. S. (1976). Human Characteristics and School Learning. New York: McGraw-Hill.

Bloom, B. S. (Ed.). (1956). Taxonomy of Educational Objectives. The Classification of Educational Goals. Handbook 1: Cognitive Domain. New York: McKay.

Boettcher, W. & Dicke, J, N. (2008). Implementation von Standards. In W. Boettcher, W. Bos et al. (Hrsg.). Bildungsmonitoring und Bildungscontrolling in nationaler und internationaler Perspektive. Münster: Waxmann, 143–156.

Boettcher, W. (2012). Zur Kritik des Regierens in der Schulpolitik. In S. Hornberg & M. Parreiro do Amaral (Hrsg.). Deregulierung im Bildungswesen. Münster: Waxmann, 29–52.

Bohl, T. (2000). Unterrichtsmethoden in der Realschule. Bad Heilbrunn: Klinkhardt.

Bong, M. (2013). Self-Efficacy. In J. Hattie & E. M. Anderman (Eds.). International Guide to Student Achievement. New York: Routledge, 64–69.

Borich, G. (1992). Effective Teaching Methods (2nd ed.). New York: Macmillan.

Bourdieu, P. (1993). Soziologische Fragen. Frankfurt a.M.: Suhrkamp.

Brenner, D. (2009). Schule im Spannungsfeld von Input- und Outputsteuerung. In S. Blömeke, T. Bohl et al. (Hrsg.). Handbuch Schule. Theorie – Organisation – Entwicklung. Bad Heilbrunn: Klinkhardt, 51–63.

Breuer, K. (2011). Zur Abbildung von Prozesskompetenz in quasi-experimentellen Simulationen. In O. Zlatkin-Troitschanskaia (Hrsg.). Stationen empirischer Bildungsforschung. Traditionslinien und Perspektiven. Wiesbaden: VS Verlag für Sozialwissenschaften, 368–379.

Brezinka, W. (1993). Erziehungsziele: Konstanz, Wandel, Zukunft. Pädagogische Rundschau, 47, 253–260.

Britt, M. A. & Gabris, G. (2001). Teaching Advanced Literacy Skills for the World Wide Web. In C. R. Wolfe (Ed.). Learning and Teaching on the World Wide Web. San Diego: Academic Press, 73–90.

Bronner, R. (1988). Planspieleinsatz zum Studienbeginn. In R. Bronner & R. Jordan (Hrsg.). Kooperation in der Lehre. Paderborn: Nixdorf.

Brophy, J. (1994). Trends in Research on Teaching. Mid-Western Educational Researcher, 7, 29–39.

Büchel, F., Berger, J. L. et al. (2011). Fragen zum Lernen (FzL). Bern: h.e.p.

Bundesamt für Berufsbildung und Technologie (BBT) (2007). Handbuch Verordnungen. Schritt für Schritt zu einer Verordnung über die berufliche Grundbildung. Bern: BBT.

Burbules, N. C. (1993). Dialog in Teaching. Theory and Practice. New York: Teachers College, Columbia University.

Butler, D. (1998). A Strategic Content Learning Approach to Promoting Self-Regulated Learning by Students with Learning Disabilities. In D. H. Schunk & B. J. Zimmerman (Eds.). Self-Regulated Learning. From Teaching to Self-Reflective Practice. New York: Guilford Press, 160–183.

Capaul, R. (1991). Das Wahlpflichtfach B „Wirtschaft/Recht/Gesellschaft und Informatik" im neuen Lehrplan für den kaufmännischen Angestellten als Beispiel einer Schulinnovation: Probleme bei der Einführung und Bestandesaufnahme. St. Gallen: Dissertation Universität St. Gallen.

Capaul, R. & Steingruber, D. (2010). Betriebswirtschaftslehre verstehen. Das St. Galler Management-Modell. Oberentfelden: Sauerländer/Cornelsen.

Clement, J. (2008). The Role of Explanatory Models in Teaching for Conceptual Change. In S. Vosniadou (Ed.). The International Handbook of Research on Conceptional Change. New York: Routledge, 417–452.

Cooper, H., Robinson, J. C. et al. (2006). Does Homework improve Academic Achievement? A Synthesis of Research 1987 – 2003. Review of Educational Research, 76, 1–62.

Craig, W. (2011). Theories of Developments and Applications (6th ed.). Boston: Prentice Hall.

Czycholl, R. (1983). Gesichtspunkte zur Planung einer Unterrichtslektion. Schweizerische Zeitschrift für kaufmännisches Bildungswesen, 77, 43–49.

Dede, C. (2008). Theoretical Perspectives Influencing the Use of Information Technology in Teaching and Learning. In J. M. Voogt & G. A. Knezek (Eds.). International Handbook of Information Technology in Primary and Secondary Schools. New York: Springer, 43–62.

Desimone, L., Porter, A. C. et al. (2002). Effects of Professional Development on Teachers' Instruction: Result from a Three-year Longitudinal Study. Educational Evaluation and Policy Analysis, 24, 81–112.

Deutschschweizer Erziehungsdirektoren-Konferenz (2013). Lehrplan 21. Luzern: Deutschschweizer Erziehungsdirektoren-Konferenz.

Diesner, I., Isler, D., Nüesch, C. et al. (o.J.). Förderung überfachlicher Kompetenzen im Fachunterricht. St. Gallen: Institut für Wirtschaftspädagogik der Universität St. Gallen.

Digneth, C. & Buttner, G. (2008). Components of Fostering Self-Regulated Learning among Students. A Meta-Analysis of Intervention Studies at Primary and Secondary Level. Metacognition and Learning, 3, 231–264.

Dörig, R. (2003). Handlungsorientierter Unterricht – Ansätze, Kritik und Neuorientierung aus bildungstheoretischer, curricularer und instruktionspsychologischer Perspektive. Stuttgart: Wi-Ku-Verlag für Wissenschaft und Kultur.

Dubs, R. (1968). Das Wirtschaftsgymnasium. Ein Beitrag zu den Problemen eines neuen Mittelschultypus aus schweizerischer Sicht. Zürich: Polygraphischer Verlag.

Dubs, R. (1985). Kleine Unterrichtslehre für den Lernbereich Wirtschaft, Recht, Staat und Gesellschaft. Zürich: Verlag SKV.

Dubs, R. (1990). Problemlösen im Fach Betriebswirtschaftslehre im Anfängerunterricht an Wirtschaftsschulen. Unterrichtsforschung. Zeitschrift für Lernforschung, 18, 338–352.

Dubs, R. (1994). Volkswirtschaftslehre. Eine Wirtschaftsbürgerkunde für höhere Schulen, Erwachsenenbildung und zum Selbststudium (6. Aufl.). Bern: Haupt.

Dubs, R. (1996). Komplexe Lehr-Lern-Arrangements im Wirtschaftsunterricht – Grundlagen, Gestaltungsprinzipien und Verwendung im Unterricht. In K. Beck & W. Müller et al. (Hrsg.). Berufsbildung im Umbruch. Didaktische Herausforderungen und Ansätze zu ihrer Bewältigung. Weinheim: Deutscher Studienverlag, 159–172.

Dubs, R. (1999). Unterrichtsvorbereitung. Ein entscheidungs- und lernzielorientiertes Modell (4. Aufl.). St. Gallen: Institut für Wirtschaftspädagogik der Universität St. Gallen.

Dubs, R. (2005). Gutachten zu Fragen der schweizerischen Berufsbildung. Bern: h.e.p.

Dubs, R. (2006). Besser schriftlich prüfen. Prüfungen valide und zuverlässig durchführen. In B.

Berendt, H.-P. Voss & J. Wildt (Hrsg.). Neues Handbuch Hochschullehre. Lieferung 22, Ziff. H 5.1. Berlin: Raabe, 1–26.

Dubs, R. (2006a). Bildungsstandards und kompetenzorientiertes Lernen. In G. Minnameier & E. Wuttke (Hrsg.). Berufs- und wirtschaftspädagogische Grundlagenforschung. Lehr-Lern-Prozesse und Kompetenzdiagnostik. Frankfurt a.M.: Peter Lang, 161–175.

Dubs, R. (2009). Lehrerverhalten. Ein Beitrag zur Interaktion von Lehrenden und Lernenden im Unterricht (2. Aufl.). Stuttgart: Steiner.

Dubs, R. (2011). Didaktik der Betriebswirtschaftslehre: Der gesellschaftliche Beitrag des Unterrichts in Betriebswirtschaftslehre an Wirtschaftsschulen. In O. Zlatkin-Troitschanskaia (Hrsg.). Stationen Empirischer Bildungsforschung. Traditionslinien und Perspektiven. Wiesbaden: VS-Verlag für Sozialwissenschaften, 153–167.

Dubs, R. (2011). Unterrichtsformen und guter Unterricht. In S. T. Brandt (Hrsg.). Lehren und Lernen im Unterricht. Baltmannsweiler: Schneider Verlag Hohengehren, 41–67.

Dubs, R. (2012). Das St. Galler Management-Modell. Ganzheitliches unternehmerisches Denken. Linz: Trauner.

Dubs, R. (2012a). Normatives Management. Ein Beitrag zu einer nachhaltigen Unternehmensführung und -aufsicht (2. Aufl.). Bern: Haupt.

Dubs, R. (2012b). Überlegungen zum Impact der pädagogischen Forschung. In U. Fasshauer, B. Fürstenau et al. (Hrsg.). Berufs- und wirtschaftspädagogische Analysen. Aktuelle Forschungen zur beruflichen Bildung. Opladen: Barbara Budrich, 11–23.

Dubs, R. (2013). Ansprüche an Lehrkräfte in einem Berufsauftrag formulieren. Überlegungen zu Inhalt, Ausgestaltung und Umsetzung. In Schulleitung und Schulentwicklung. Loseblattsammlung. Berlin: Raabe, Register 2.28, 1–24.

Dubs, R., Metzger, C. & Hässler, T. (1974). Lehrplangestaltung und Unterrichtsplanung (3. Aufl.). Zürich: Verlag SKV.

Duffy, T. M. & Jonassen, D. H. (1992). Constructivism and the Technology of Instruction. A Conversation. Hillsdale, NJ: Erlbaum.

Duffy, T. M. & Jonassen, D. H. (1992). Constructivism: New Implementations for Instructional Technology. In T. M. Duffy & D. H. Jonassen (Eds.). Constructivism and the Technology of Instruction. Hillsdale, NJ: Erlbaum.

Eberle, F. (2006). Zur Bedeutung von Wirtschaft und Recht in der gymnasialen Bildung. Gymnasium Helveticum, 60, 16–23.

Eberle, F. (2012). Das Projekt „Basale fachliche Studierkompetenzen". Gymnasium Helveticum, 66, 6–12.

Ellson, D. G. (1976). Tutoring. In N. L. Gage (Ed.). The Psychology of Teaching Methods. Chicago: The National Society for the Study of Education, 30–41.

Ernst-Schmidheiny-Stiftung (2012). WIWAG: Unternehmensspiel für die Wirtschaftswochen. Rapperswil/Jona: Ernst-Schmidheiny-Stiftung.

Euler, D. (2004). Sozialkompetenzen bestimmen, fördern und prüfen. St. Gallen: Institut für Wirtschaftspädagogik der Universität St. Gallen.

Euler, D. & Hahn, A. (2007). Wirtschaftsdidaktik (2. Aufl.). Bern: Haupt.

Euler, D. & Sievering, E. (2006). Flexible Ausbildungswege in der Berufsbildung. St. Gallen: Institut für Wirtschaftspädagogik.

Euler, D. & Walzik, S. (2009). Gestaltung. Ansatzpunkte zur Förderung von Sozialkompetenzen. In D. Euler (Hrsg.). Sozialkompetenzen in der beruflichen Bildung. Didaktische Förderung und Prüfung. Bern: Haupt, 199–148.

Fickert, R. (2007). Finanzkompetenz: Grundlagen der Finanziellen Berichterstattung und Finanz-Cockpit. St. Gallen: Universität.

Fraser, B. J., Walberg, H. J. et al. (1987). Syntheses of Educational Productivity Research. International Journal of Educational Research, 11, 145–252.

Gage, N. L. (1978). The Scientific Basis of the Art of Teaching. New York: Teachers College, Columbia University.

Galbraith, R. E. & Jones, T. M. (1976). Moral Reasoning. A Teaching Handbook for Adapting Kohlberg in the Classroom. Minneapolis: Greenhaven.
Gerlach, R. A. & Lamprecht, L. W. (1975). Teaching About the Law. Cincinnati: W. H. Anderson Co.
Gerstenmeier, J. & Mandl, H. (1995). Wissenserwerb unter konstruktivistischer Sicht. Zeitschrift für Pädagogik, 41, 867–888.
Gibbs, J. C. (2010). Moral Development & Reality. Beyond the Theories of Kohlberg and Hoffmann. Boston: Allyn & Bacon.
Giesecke, H. (1972). Didaktik der politischen Bildung (7. Aufl.). München: Juventa.
Glasersfeld, E. von (1996). Radikaler Konstruktivismus. Frankfurt a.M.: Suhrkamp.
Gnieworsz, B. & Eccles, J. S. (2013). Home Environment. In J. Hattie & E. M. Anderman (Eds.). Interactional Guide to Student Achievement. New York: Routledge, 89–91.
Gonon, P. (Hrsg.). (1986). Schlüsselqualifikationen kontrovers. Aarau: Sauerländer.
Gonzales, R. A. & Willems, P. P. (2013). Theories in Educational Psychology. Concise Guide to Meaning and Practice. Lanham, ML: Rowman & Littlefield.
Good, T. & Brophy, G. (2007). Looking in Classrooms (10th ed.). New York: Harper Collins.
Greving, J. & Paradies, L. (2007). Unterrichts-Einstiege. Ein Studien- und Praxisbuch (6. Aufl.). Berlin: Cornelsen Scriptor.
Grossman, P. & McDonalds, M. (2008). Back to the Future: Directions for Research in Teaching and Teacher Education. American Educational Research Journal, 45, 184–205.
Gruber, H. & Renkl, A. (2000). Die Kluft zwischen Wissen und Handeln: Das Problem des trägen Wissens. In H. G. Neuweg (Hrsg.). Wissen – Können – Reflexion. Innsbruck: Studienverlag, 155–175.
Gruber, H., Prenzel, M. & Schiefele, H. (2006). Spielräume für Veränderung durch Erziehung. In A. Krapp & B. Weidenmann, Pädagogische Psychologie (5. Aufl.). Weinheim: Beltz, 101–135.
Gudjons, H. (2006). Neue Unterrichtskultur – veränderte Lehrerrolle. Bad Heilbrunn: Julius Klinkhardt.
Gudjons, H. (2012). Pädagogisches Grundwissen (11. Aufl.). Bad Heilbrunn: Klinkhardt.
Guldimann, T. (1995). Eigenständiger Lernen durch metakognitive Bewusstheit und Erweiterung des kognitiven und metakognitiven Strategierepertoires. Bern: Universität Dissertation.
Hager, C. (2008). Selbstreflexion. Wien: Pädagogische Hochschule.
Hall. G. E., Quinn, L. F. et al. (2007). The Joy of Teaching. Making a Difference in Student Learning. Boston: Pearson.
Hattie, J. (2009). Visible Learning: A Synthesis of over 800 Meta-Analysis Relating to Achievement. New York: Routledge.
Heckhausen, H. (1969). Förderung der Lernmotivierung und der intellektuellen Tüchtigkeiten. In H. Roth (Hrsg.). Begabung und Lernen. Stuttgart: Klett, 193–228.
Heid, H. (1995). Schlüsselqualifikationen – ideologiekritische Anmerkungen zu einer berufspädagogischen Konzeption. In C. Metzger & H. Seitz (Hrsg.). Wirtschaftliche Bildung. Träger, Inhalte, Prozesse. Zürich: Verlag SKV, 49–65.
Heid, H. (2011). Über die Qualität der Argumente, mit denen die Forderung einer natur- und sozialverträglichen Gestaltung von Technik und Wirtschaft begründet wird. In W. Pries (Hrsg.). Wirtschaftspädagogik zwischen Erkenntnis und Erfahrung. Norderstedt: Books on Demand, 53–61.
Helmke, A. & Weinert, F. E. (1996). Bedingungsfaktoren schulischer Leistungen. In F. E. Weinert (Hrsg.). Psychologie der Schule und des Unterrichts. Göttingen: Hogrefe, 71–175.
Helmke, A. (2009). Unterrichtsqualität und Lehrerprofessionalität. Diagnose, Evaluation und Verbesserung des Unterrichts (2. Aufl.). Seelze: Klett/Kallmeyer.
Herzog, S. & Munz, A. (2010). Entwicklungsprozesse von Lehrpersonen begleiten. In F. H. Müller, A. Eichenberger et al. (Hrsg.). Lehrerinnen und Lehrer lernen. Konzepte und Befunde zur Lehrerforschung. Münster: Waxmann, 73–87.
Hesse, I. & Latzko, B. (2011). Diagnostik für Lehrkräfte (2. Aufl.). Opladen: Barbara Budrich.
Hofer, M., Fries, S. et al. (2004). Individuelle Werte, Handlungskonflikte und schulische Lernmoti-

vation. In J. Doll & M. Prenzel (Hrsg.). Studien zur Verbesserung der Bildungsqualität: Lehrerprofessionalisierung, Unterrichtsentwicklung und Schülerförderung. Münster: Waxmann, 329–344.

Hofer, R. (1988). Integration von Lern- und Arbeitstechniken in den wirtschaftswissenschaftlichen Unterricht der Mittelschule am Beispiel der Textverarbeitung durch Strukturierung. St. Gallen: Dissertation Universität.

Hoff, E. H., Lempert, W. et al. (1991). Persönlichkeitsentwicklung in Facharbeiterbiographien. Bern: Huber.

Hogan, K. & Pressley, M. (Eds). (1997). Scaffolding Student Learning. Instructional Approaches and Issues. Cambridge, MA: Brookline Books.

Hollingsworth, J. T. & Ybarra, S. (2009). Explicit Direct Instruction (EDI). The Power of the Well-Crafted, Well-Taught Lesson. Thousand Oaks, CA: Corwin Press.

Hoover-Dempsey, K. V., Battialo, A. et al. (2001). Parental Involvement in Homework. Educational Psychologist, 36, 195–209.

Hoydn, S. (2009). Lernkompetenzen an Hochschulen fördern. St. Gallen: Universität Dissertation.

Hugentobler, W., Schaufelbühl, K. & Blattner, M. (2013). Integrale Betriebswirtschaftslehre (5. Aufl.). Zürich: Orell Füssli.

Hummel, M. (2012). Aufmerksamkeitsverhalten und Lernerfolg – eine Videostudie. Bern: Lang.

Johann, A. (2009). Naive Persönlichkeitstheorie vs. Wissenschaftliche Theorie. Münster: Grin.

Johnson, D. W. & Johnson, R. (1999). Learning Together and Alone: Cooperative, Competitive, and Individualistic Learning (5th ed.). Boston, MA: Allyn & Bacon.

Johnson, D. W. & Johnson, R. (2013). Cooperative, Competitive, and Individualistic Learning Environments. In J. Hattie & E. M. Anderman (Eds.). International Guide to Student Achievement. New York: Routledge, 372–374.

Jonassen, D. H., Beissner, K. & Yacci, M. (1993). Structural Knowledge. Techniques for Representing, Conveying and Acquiring Structural Knowledge. Hillsdale, NJ: Erlbaum.

Kaiser, A. & Kaiser, R. (1999). Metakognition. Denken und Problemlösen optimieren. Neuwied: Luchterhand.

Kaiser, F.-J. & Kaminski, H. (2011). Methodik des Ökonomieunterrichts (4. Aufl.). Bad Heilbrunn: Klinkhardt.

Keller, M. (2008). Konfliktsituation als didaktische Herausforderung: subjektive Handlungskonzepte zur Bewältigung von Konfliktsituationen. Wiesbaden: VS Verlag für Sozialwissenschaften.

Klafki, W. (1964). Das pädagogische Problem des Elementaren und die Theorie der kategorialen Bildung. Weinheim: Beltz.

Klausmeier, H. J. (1975). Learning and Human Abilities. Educational Psychology (4th ed.) New York: Harper & Brothers.

Klieme, E. (2003). Zur Entwicklung nationaler Bildungsstandards. Eine Expertise. Frankfurt a.M.: Deutsches Institut für internationale pädagogische Forschung.

Klieme, E. & Leutner, D. (2006). Kompetenzmodelle zur Erfassung individueller Lernergebnisse und der Bilanzierung von Bildungsprozessen. Frankfurt a.M.: Deutsches Institut für Pädagogische Forschung.

Klippert, H. (2007). Eigenverantwortliches Arbeiten und Lernen. Bausteine für den Fachunterricht (5. Aufl.). Weinheim: Beltz.

Kloas, P.-W. (1997). Modularisierung in der beruflichen Bildung – Modebegriff, Streitthema oder konstruktiver Ansatz zur Lösung von Berufsproblemen. Berlin: Bundesinstitut für Berufsbildung.

KMK-Sekretariat der Ständigen Konferenz der Kultusminister der Länder der Bundesrepublik Deutschland (2011). Handreichung für die Erarbeitung von Rahmenlehrplänen der Kultusministerkonferenz für den berufsbezogenen Unterricht in der Berufsschule und ihre Abstimmung mit Ausbildungsordnungen des Bundes für anerkannte Ausbildungsberufe (online unter http://www.kmk.org.).

Knoll, J. (2001). Wer ist das „Selbst"? In S. Dietrich (Hrsg.). Selbstgesteuertes Lernen in der Weiterbildungspraxis. Bielefeld: Bertelsmann, 201–213.
Kohlberg, L. (1976). Moral Stages and Moralization: The Cognitive-Development Approach. In T. Lickona (Ed.). Moral Development and Behavior: Theory, Research, and Social Issues. New York: Holt, Rinehart & Winston.
Kohlberg, L. (1984). Essays on Moral Development. Vol. 2: The Phylosophy of Moral Development. San Francisco: Harper & Row.
Kohlberg, L. (1985). The Just Community Approach to Moral Education in Theory and Practice. In M. W. Berkowitz & F. Oser (Eds.). Moral Education: Theory and Application. Hillsdale: NJ: Erlbaum.
Kohlberg, L. (1991). Essays on Moral Development. Vol. 1: The Phylosophy of Moral Development. San Francisco: Harper & Row.
Kolb, D. (1984). Experiental Learning: Experience as the Source of Learning and Development. Englewood Cliffs, NJ: Prenctice-Hall.
Krathwohl, D. R., Bloom, B. S. & Masia, B. B. (1964). Taxonomie of Educational Objectives. The Classification of Educational Goals. Handbook 2: Affective Domain. New York: McKay.
Krebs, D. L. & Denton, K. (2005). Towards a More Pragmatic Approach to Morality: A Critical Evaluation of Kohlberg: Model. Psychological Review, 112, 629–649.
Liem, D. A. & Martin, A. J. (2013). Direct Instruction. In J. Hattie & E. M. Anderman (Eds.). International Guide to Student Achievement. New York: Routledge, 366–368.
Lind, G. (2009). Moral ist lehrbar. Handbuch zur Theorie und Praxis moralischer und demokratischer Bildung (2. Aufl.). München: Oldenbourg.
Lindner, J. (2009). Entrepreneurship Education zwischen ökonomischer Ausbildungsphilosophie und Schlüsselkompetenz für das lebenslange Lernen. In M. Stock (Hrsg.). Entrepreneurship Europas als Bildungsraum. Europäischer Qualifikationsrahmen. Wien: Manz, 63–72.
Lipowski, F. (2010). Lernen im Beruf. Empirische Befunde zur Wirksamkeit von Lehrerfortbildung. In F. H. Müller, A. Eichenberger et al. (Hrsg.). Lehrerinnen und Lehrer lernen. Konzepte und Befunde zur Lehrerfortbildung. Münster: Waxmann, 51–70.
Lou, Y. (2013). Within Class Grouping. Arguments, Practices, and Research Evidence. In J. Hattie & E. M. Anderman (Eds.). International Guide to Student Achievement. New York: Routledge, 2013.
Maag Merki, K. (2002). Evaluation Mittelschule – Überfachliche Kompetenzen. Zürich: Pädagogisches Institut Universität Zürich.
Maag Merki, K. (2005). „Wissen, worüber man spricht." Ein Glossar. Standards, Unterrichten zwischen Kompetenzen, zentralen Prüfungen und Vergleichsarbeiten. Friedrich Jahresheft XXIII, 12–13.
Mager, R. F. (1952). Preparing Instructional Objectives. Palo Alto: Fearon.
Mager, R. F. (1994). Lernziele und Unterricht. Weinheim: Beltz.
Mandl, H. & Friedrich, H. F. (Hrsg.). (2006). Handbuch Lernstrategien. Göttingen: Hogrefe.
Mandl, H. & Reinmann-Rothmeier, G. (1995). Unterrichten und Lernumgebungen gestalten. Forschungsbericht Nr. 60. München: Ludwig-Maximilian-Universität, Institut für Pädagogische Psychologie und Empirische Pädagogik.
Mertens, D. (1974). Schlüsselqualifikationen. Thesen zur Schulung für eine moderne Gesellschaft. Mitteilungen aus der Arbeits- und Berufsforschung, 36–43.
Metzger, C. (1986). Formative Prüfungen im Hochschulunterricht. Zürich: Verlag SKV.
Metzger, C. (2010). Lern- und Arbeitsstrategien mit dem WLI-Fragebogen (11. Aufl.). Oberentfelden: Sauerländer/Cornelsen.
Metzger, C. (2010a). Wie lerne ich? (WLI-Schule) (8. Aufl.). Aarau: Sauerländer.
Minnameier, G. (2011). Situationsspezifität moralischen Denkens und Handelns – Befunde, Erklärungen und didaktische Orientierungen. In O. Zlatkin-Troitschanskaia (Hrsg.). Stationen empirischer Bildungsforschung. Traditionslinien und Perspektiven. Wiesbaden: Springer, 107–122.
Mollenhauer, K. (1968). Erziehung und Emanzipation. München: Juventa.

Möller, C. (1973). Technik der Lernplanung. Weinheim: Beltz.
Mulder, R. & Gruber, H. (2011). Die Lehrperson im Lichte von Professions-, Kompetenz- und Expertiseforschung – drei Seiten einer Medaille. In O. Zlatkin-Troitschanskaia (Hrsg.). Stationen Empirischer Bildungsforschung. Traditionslinien und Perspektiven. Wiesbaden: VS-Verlag, 427–438.
Müller, W. (2009). Lehrplantheorie und Lehrplanentwicklung. In H. J. Apel & W. Sacher (Hrsg.). Studienbuch Schulpädagogik. Bad Heilbrunn: Klinkhardt, 71–103.
Neuweg, G. H. (2011). Reine Pädagogik – nackte Pädagogen. Fachkompetenz im Zeitalter der Kompetenzorientierung. wissenplus. Österreichische Zeitschrift für Berufsbildung. 5, 6–16.
Nickolaus, R. & Pätzold, G. (Hrsg.). (2011). Lehr-Lern-Forschung in der gewerblich-technischen Berufsbildung. Zeitschrift für Berufs- und Wirtschaftspädagogik (Beiheft 25).
Nickolaus, R. (2008). Didaktik-Modelle und Konzepte beruflicher Bildung. Orientierungsleistungen für die Praxis. Baltmannsweiler: Schneider Verlag Hohengehren.
Nievelstein, F., van Gog, T. et al. (2010). Effects of Conceputal Knowledge and Availability of Information Sources on Law Students Reasoning. Instructional Science: An International Journal of the Learning Science, 38, 23–35.
Norton, D. E. (1989). The Effective Teaching of Language Arts (3rd ed.). Columbus, OH: Merrill.
OECD (2000). Schülerleistungen im internationalen Vergleich. Eine neue Rahmenkonzeption für die Erfassung von Wissen und Fähigkeiten. Berlin: Max-Planck-Institut für Bildungsforschung.
Oetinger, F. (1953). Partnerschaft. Die Aufgabe der Politischen Erziehung. Stuttgart: Metzler.
Oser, F. (2011). Hat das Beck'sche Erdbeben das entwicklungspsychologische Haus zum Einsturz gebracht? In O. Zlatkin-Troitschanskaia (Hrsg.). Stationen empirischer Bildungsforschung. Traditionslinien und Perspektiven. Wiesbaden: Springer Fachmedien, 123–134.
Oser, F. (o. J.). Standards: Kompetenzen von Lehrpersonen. Fribourg: Universität, Institut für Pädagogik.
Oser, F. K. (1986). Moral Education and Value Education: The Discourse Perspective. In M. C. Wittrock (Ed.). Handbook on Teaching (3rd ed.). Ney York: Macmillan.
Paechter, M., Stock, M. et al. (2012). Handbuch Kompetenzorientierter Unterricht. Weinheim: Beltz.
Pätzold, G. & Klusmeier, J. (2005). Methoden im berufsbezogenen Unterricht – Einsatzhäufigkeit, Bedingungen und Perspektiven. Beiheft 17 zur ZBW, 117–136.
Pauli, C. (2006). „Fragend-entwickelnder Unterricht" aus der Sicht sozialkulturisch orientierter Gesprächsforschung. In M. Baer, M. Fuchs, P. Füglister et al. (Hrsg.). Didaktik auf psychologischer Grundlage. Bern: h.e.p.-Verlag, 192–206.
Peek, R. (2005). Bildungsstandards und zentrale Lernstandserhebungen sorgen für eine ergebnisorientierte Schul- und Unterrichtsentwicklung. In A. Bartz et al. (Hrsg.). PraxisWissen SchulLeitung. Nr. 2570.02. Köln: Wolters Kluwer.
Pilz, M. (2009). Einführung: Modularisierung, ein facettenreiches Konstrukt als Heilsbringer oder Teufelszeug. In M. Pilz (Hrsg.). Modulierungsansätze in der Berufsbildung. Deutschland, Österreich, Schweiz sowie Grossbritannien im Vergleich. Bielefeld: Bertelsmann, 7–20.
Pomerantz, E. M., Moorman, E. A. et al. (2007). The How, Whom and Why of Parents Involvement in Children's Academic Lives. More is not Always Better. Review of Educational Research, 77, 373–410.
Preiss, P. (1995). Didaktik des wirtschaftsinstrumentellen Rechnungswesens. München: Oldenburg.
Prenzel, M. (1997). Sechs Möglichkeiten, Lernende zu demotivieren. In H. Gruber & A. Renkl (Hrsg.). Wege zum Können. Determinanten des Kompetenzerwerbs. Bern: Huber, 32–44.
Radil, A., Daniels, L. M. & Wagner, A. K. (2013). Responsibility for Student Motivation: What Do Preservice Teachers Plan to Do? Paper presented at the Annual Meeting of the American Educational Research Association, Chicago.
Reetz, L. (1988). Fälle und Fallstudien im Wirtschaftslehreunterricht. Wirtschaft und Erziehung, 5, 148–206.

Reetz, L. (1990). Zur Bedeutung der Schlüsselqualifikationen. In L. Reetz & T. Reitmann (Hrsg.). Schlüsselqualifikationen. Hamburg: Feldhaus, 16–35.

Reich, K. (Hrsg.). (2012). Inklusion und Bildungsgerechtigkeit. Standards und Regeln zur Umsetzung einer inklusiven Schule. Weinheim: Beltz.

Reichenbach, E. & Ruetz, H. (1990). Wirtschaftsgeographie. Zürich: Verlag SKV.

Reinisch, H. (2005). Gibt es aus historischer Perspektive konstante Leitlinien in der Diskussion um das Rechnungswesen? In D. Sembill & J. Seifried (Hrsg.). Rechnungswesenunterricht am Scheideweg. Lehren, lernen und prüfen. Wiesbaden: Deutscher Universitäts-Verlag, 15–31.

Renkl, A. (1998). Träges Wissen. In D. H. Rost (Hrsg.). Handwörterbuch pädagogische Psychologie. Weinheim: Beltz, 514–520.

Renkl, A. (2008). Lehrbuch Pädagogische Psychologie. Bern: Lang.

Retzmann, T. (2011). Bildungsstandards – Lernzielorientierung reloaded? In W. Priess (Hrsg.). Wirtschaftspädagogik zwischen Erkenntnis und Erfahrung – strukturelle Einsichten zur Gestaltung von Prozessen. Norderstedt: Books on Demand, 267–291.

Retzmann, T. (2011). Kompetenzen und Standards der ökonomischen Bildung. Aus Politik und Zeitgeschichte. Beilage zur Wochenzeitung „Das Parlament." Heft 12 vom 21.3.2011, 15–21.

Riedl, A. (2010). Grundlagen der Didaktik (2. Aufl.). Stuttgart: Steiner.

Riedl, A. & Schelten, A. (2013). Grundbegriffe der Pädagogik und Didaktik beruflicher Bildung. Stuttgart: Steiner.

Rogers, C. & Freiberg, H. J. (1983). Freedoom to Learn (3rd ed.). New York: Merrill.

Rolff, H.-G. (2009). Schulentwicklung, Schulprogramm und Steuergruppe. In H. Buchen & H.-G. Rolff (Hrsg.). Professionswissen Schulleitung (2. Aufl.). Weinheim: Beltz, 296–364.

Sandmann, F. (1975). Didaktik der Rechtskunde – Rechtskundlicher Unterricht als Beitrag zur Politischen Bildung. Paderborn: Schönigh.

Schlösser, H. J., Neubauer, M. & Tzanova, P. (2011). Finanzielle Bildung. Aus Politik und Zeitgeschichte. Beilage zur Wochenzeitung „Das Parlament.". Heft 12 vom 21.3.2011, 21–28.

Schneider, E. (1968). Die Wirtschaft im Schulunterricht. Kiel: Institut für Weltwirtschaft an der Universität Kiel.

Schneider, W. (2005). Didaktik des Rechnungswesens zwischen Situationsorientierung und Fachsystematik. In D. Sembill & J. Seifried (Hrsg.). Rechnungswesenunterricht am Scheideweg. Lehren, lernen und prüfen. Wiesbaden: Deutscher Universitätsverlag, 33–52.

Schneider, W. (2011). Komplexe Methoden und Unterrichtsplanung. Ein Sammelband. Wien: Manz.

Schneider, W., Posch, P. & Mann, W. (1989). Unterrichtsplanung für den betriebswirtschaftlichen Unterricht (4. Aufl.). Wien: Manz.

Schulz von Thun, F. (1998). Miteinander reden. 1–3. Reinbek: Rowohlt.

Schunk, D. H. & Zimmerman, B. J. (Eds.). (1998). Self-Regulated Learning. Form Teaching to Self-Reflective Practice. New York: The Guilford Press.

Schunk, D. H. (2012). Learning Theories (6th ed.). Boston: Pearson.

Schunk, D. H., Hansen, A. R. & Cox, P. (1987). Peer-model Attributes and Children's Achievement Behavior. Journal of Educational Psychology, 79, 54–61.

Scott, C. (2013). The Search for the Key for Individualized Instruction. In J. Hattie & E. M. Anderman (Eds.). International Guide to Student Achievement. New York: Routledge, 385–388.

Seidel, T., Rimmele, R. et al. (2003). Gelegenheitsstrukturen beim Klassengespräch und ihre Bedeutung für die Lernmotivation. Unterrichtswissenschaft, 31, 142–165.

Seifried, J. (2002). Selbstorganisiertes Lernen im Rechnungswesen. Zeitschrift für Berufs- und Wirtschaftspädagogik, 98, 104–121.

Seifried, J. (2008). Dem Lernen Raum geben: Welche Faktoren stehen der Realisierung von schülerorientierten Lehr-Lern-Arrangements im Weg? In J. Warwas & D. Sembill (Hrsg.). Zeitgemässe Führung – zeitgemässer Unterricht. Baltmannsweiler: Schneider Verlag Hohengehren, 207–218.

Seifried, J., Wuttke, E. et al. (Hrsg.). (2010). Lehr-Lern-Forschung in der kaufmännischen Berufsbildung – Ergebnisse und Gestaltungsaufgaben. Zeitschrift für Berufs- und Wirtschaftspädagogik (Beiheft 23).

Sembill, D. & Seifried, J. (2006). Selbstorganisiertes Lernen als didaktische Lehr-Lern-Konzeption zur Verknüpfung von selbstgesteuertem und kooperativem Lernen. In D. Euler, M. Lang et al. (Hrsg.). Selbstgesteuertes Lernen in der beruflichen Bildung. Beiheft 20 der ZBW, 93–108.

Senge, P. M. (2008). Die fünfte Disziplin. Kunst und Praxis der lernenden Organisation. Stuttgart: Schäffer-Poeschel.

Siemer, J. (2007). Arbeitsblätter. In J. Drumm (Hrsg.). Methodische Elemente des Unterrichts. Sozialformen, Aktionsformen, Medien. Göttingen: Vandenhoeck & Ruprecht, 124–135.

Simons, R. J. (1992). Lernen selbständig zu lernen – ein Rahmenmodell. In H. Mandl & H. Friedrich (Hrsg.). Lern- und Denkstrategien. Analyse und Interventionen. Göttingen: Verlag für Psychologie, 251–264.

Slavin, R. (1986). Using Student Team Learning (3rd ed.). Baltimore: Johns Hopkins University.

Sloan, W. M. (2012). Should Schools Teach Financial Literacy. Education Update ASCD, 54, 1–7.

Sloane, P. F. E. (2007). Bildungsstandards in der beruflichen Bildung. Paderborn: Eusl.

Snarney, J. R. (1985). Cross-Cultural University of Socio-Moral-Development: A Critical Review of Kohlbergian Research. Psychological Bulletin, 97, 202–232.

Stamouli, E., Schmid, C. et al. (2011). Expertiseerwerb: Jagt die Lehrerinnen- und Lehrerfortbildung einem Phantom hinterher? In F. H. Müller, A. Eichenberger et al. (Hrsg.). Lehrerinnen und Lehrer lernen. Konzepte und Befunde zur Lehrerforderung. Münster: Waxmann, 107–122.

Steiner, G. (2006) Lernen als Verhaltensänderung. In A. Krapp & B. Weidenmann (Hrsg.). Pädagogische Psychologie (5. Aufl.). Weinheim: Beltz PVU, 137–205.

Stipek, D. (1998). Motivation to Learn: From Theory to Practice (3rd ed.). Boston: Allyn & Bacon.

Stock, M. (2013). Wegweiser durch die (Selbst-)Reflexion. Vorlesungsunterlagen. Graz: Universität.

Stratka, G. & Nenninger, P. et al. (1996). Motiviertes selbstgesteuertes Lernen in der kaufmännischen Erstausbildung – Entwicklung und Validierung eines Zwei-Schulen-Modells. Beiheft 13 der ZBW, 150–162.

Stratka, G. S. (2008). Selbstgesteuertes Lehren und Qualität der Lehre. Neue Didaktik. Bremen: Universität, Forschergruppe LOS.

Stronge, J. H. (2002). Qualities of Effective Teachers. Alexandria, VI: ASCD.

Svoboda, D. V., Jones, A. L. et al. (2013). Programmed Instruction. In J. Hattie & E. M. Anderman (Eds.). International Guide to Student Achievement. New York: Routledge, 392–395.

Swartz, R. J. & Park, S. (1994). Infusing the Teaching of Critical and Creative Thinking into Elementary Instruction. A Lesson Design Handbook. Pacific Grove, CA: Critical Thinking Press and Software.

Taba, H. (1962). Curriculum Development: Theory and Practice. New York: Harcourt, Brace & World.

Taconis, R. (2013). Problem Solving. In J. Hattie & E. M. Anderman (Eds.). International Guide to Student Achievement. New York: Routledge, 379–381.

Tanner, D. & Tanner, N. L. (2000). Curriculum Development. Theory into Practice (3nd ed.). Upper Saddle River, NJ: Prentice Hall.

Tausch, R. & Tausch, A. (1998). Erziehungspsychologie (11. Aufl.). Göttingen: Hogrefe.

Tenberg, R. (2011). Vermittlung fachlicher und überfachlicher Kompetenzen in technischen Berufen. Theorie und Praxis der Technikdidaktik. Stuttgart: Steiner.

Thomas, R. M. (2005). Comparing Theories of Child Development (6th ed.). Belmont, CA: Wadsworth.

Tramm, T. (1992). Grundzüge des Göttinger Projektes „Lernen, Denken, Handeln in komplexen ökonomischen Situationen" – unter Nutzung neuer Technologien in der kaufmännischen Berufsbildung. In F. Achtenhagen & E. G. John (Hrsg.). Mehrdimensionale Lehr-Lern-Arrangements. Wiesbaden: Gabler, 43–57.

Tramm, T. (o.J.). Wirtschaftsinstrumentelles Rechnungswesen und die Modellierungsmethode – eine fachdidaktische Einführung. Tramm@ibw.uni-hamburg.de.

Tuor, I. & Heinzelmann, R. (1991). Wer hat recht? Fragen/Antworten. Über 400 Rechtsfälle zu allen Gebieten des ZGB und OR für den Unterricht und zum Selbststudium. Altstätten: Krattiger.

Tyler, R. W. (1969). Basic Principel of Curriculum and Instruction. Chicago: The University of Chicago Press.

Ulrich, P. (2008). Integrative Wirtschaftsethik. Grundlagen einer lebensdienlichen Ökonomie (4. Aufl.). Bern: Haupt.

Urdan, T. (2013). Social Motivation and Academic Motivation. In J. Hattie & E. M. Anderman (Eds.). International Guide to Student Achievement. New York: Routledge, 54–56.

Usher, E. L. & Pajares, F. (2008). Sources of Self-Efficacy in School: Critical Review of the Literature and Future Directions. Review of Educational Research, 78, 751–796.

Vogel-Walcutt, J. J., Malone, N. et al. (2013). Instructional Simulations. In J. Hattie & E. M. Anderman (Eds.). International Guide to Student Achievement. New York: Routledge, 389–391.

Wagenschein, M. (1973). Verstehen Lehren. Genetisch, Sokratisch-exemplarisch (4. Aufl.). Weinheim: Beltz.

Wahl, D. (2006). Lernumgebungen erfolgreich gestalten. Vom trägen Wissen zum kompetenten Handeln (2. Aufl.). Bad Heilbrunn: Klinkhardt.

Waibel, R. (1994). Causal Relationship Between Academic Self-Concept and Academic Achievement. An Application of LISREL. St. Gallen: Universität Dissertation.

Waibel, R. & Käppeli, M. (2006). Betriebswirtschaftslehre für Führungskräfte. Die Erfolgslogik des unternehmerischen Denkens und Handelns. Zürich: Versus.

Waibel, R. & Beyeler, D. (2012). Das Ganze verstehen – Vernetztes Denken in BWL und VWL. Theorie, Komplexe Praxisbeispiele, Aufgaben. Zürich: Versus.

Walzik, S. (2006). Sozialkompetenzen an der Hochschule fördern. Theoriegeleitete Entwicklung einer Lernumgebung und deren Evaluierung im Hinblick auf die Förderung sozialer Kompetenzen in Kooperations- und Teamsituationen. Paderborn: Eusl.

Wangler, W. (1983). Das kaufmännische Rechnen im Unterricht und seine Anwendung in der Wirtschaft. St. Gallen: Dissertation Universität.

Waxman, H. C., Alford, B. L. et al. (2013). Individualized Instruction. In J. Hattie & E. M. Anderman (Eds.). International Guide to Student Achievement. New York: Routledge, 405–407.

Weber, S. (1994). Vorwissen in der betriebswirtschaftlichen Ausbildung. Eine struktur- und inhaltsanalytische Studie. Wiesbaden: Gabler.

Weiner, B. (Ed.). (1994). Achievement Motivation and Attribution Theory. Morristown, NJ: General Learning Press.

Weinert, F. (2001). Concepts of Competence: A Conceptual Clarification. In D. S. Rychen & H. L. Salganik (Eds.). Defining and Selecting Key Competencies. Göttingen: Hogrefe, 45–65.

Weinert, F. E. & Schrader, E. W. (1986). Diagnose des Lehrens als Diagnostiker. In H. Petillon, J. W. L. Wagner et al. (Hrsg.). Schülergerechte Diagnose. Weinheim: Beltz, 11–29.

Weinstein, C. E. & Mayer, R. E. (1986). The Teaching of Learning Strategies. In M. C. Wittrock (Ed.). Handbook of Research in Teaching (3rd. Ed.). New York: Macmillan, 315–327.

Wenning, N. (2007). Heterogenität als Dilemma für Bildungseinrichtungen. In S. Boller, E. Rosowski et al. (Hrsg.). Heterogenität in Schule und Unterricht. Handlungsansätze zum pädagogischen Umgang mit Vielfalt. Weinheim: Beltz, 21–31.

Wideen, M., Mayer-Smith, J. & Moon, B. (1998). A Critical Analysis of the Research on Learning to Teach. Making the Case for an Ecological Perspective on Inquiry. Review on Educational Research, 68(2), 130–178.

Wilbers, K. (2012). Wirtschaftsunterricht gestalten. Lehrbuch. Berlin: epubli.

Wilke, H. & Witt, A. (2002). Gruppenleistung. In W. Stroebe et al. (Hrsg.). Sozialpsychologie. Eine Einführung. Berlin: Springer, 497–536.

Wuttke, E. (2005). Unterrichtskommunikation und Wissenserwerb. Zum Einfluss von Kommunikation auf den Prozess der Wissensgenerierung. Bern: Lang.

Xu, J. (2009). School Location, Student Achievement, and Homework Management Reported by Middle School Students. School Community Journal, 19, 27–34.

Xu, J. (2013). Homework and Academic Achievement. In J. Hattie & E. M. Anderman (Eds.). International Guide to Student Achievement. New York: Routledge, 199–201.

Zabeck, J. (1991). Schlüsselqualifikationen. Ein Schlüssel für eine antizipative Berufsbildung. In F. Achtenhagen (Hrsg.). Duales System zwischen Tradition und Innovation. Köln: Institut für Wirtschaftspädagogik der Universität Köln, 47–63.

Zabeck, J. (2002). Moral im Dienste betrieblicher Zwecke. Anmerkungen zu Klaus Becks Grundlegung einer kaufmännischen Moralerziehung, ZBW, 98, 485–503.

Zeder, A. (2006). Das Lernjournal. St. Gallen: Universität Dissertation.

Zimmerman, B. J. (2002). Beoming a Self-regulated Learner: An Overview. Theory and Practice, 41, 64–70.

Zimmerman, B. J. (2006). Integrating Classical Theorys of Self-Regulated Learning. A Cyclical Phase Approach to Vocational Education. Beiheft 29 der ZBW, 37–48.

Zimmerman, B. J. & Schunk, D. H. (Eds.). (2001). Self-regulated Learning and Academic Achievement: Theoretical Perspectives (2nd ed.). Mahwah, NJ: Erlbaum.

Zimmerman, B. J. & Kitsantas, A. (2005). Homework Practices and Academic Achievement: The Mediating Role of Self-Efficacy and Perceived Responsibility Beliefs. Contempory Educational Psychology, 30, 397–417.

STICHWORTVERZEICHNIS

A
Abbild der Betriebswirtschaftslehre 39
Affektive Kompetenzen 105
Affektive Strategien 59
Allgemeine Studierfähigkeit 62
ALACT 178
Aktionsorientierte Politische Bildung 46
Aktivismus 142
Aktualitätenschau 46
Angeleiteter Unterricht 116,120
Arbeitstechniken 58,60
Artikulation 103,104
Automatisierung 161

B
Basale Kompetenzen 60
Beck-Zabeck-Kontroverse 110
Betriebswirtschaftslehre 39
Berufskonzept 25
Beurteilendes Denken 60
Bildung des allgemeinen Wirtschafts-und Gesellschaftsverständnisses 18,39
Bildungsstandards 50,63,72
Binnendifferenzierung 135

C
Curriculum 49

D
Deduktiver Dialog 154
Deduktives Vorgehen 103
Deklaratives Wissen 95
Demotivation 92
Denkfertigkeiten 58
Denkstrategien 58
Dialog als Entdecken 123
Dialog als Instruktion 123

Diagnosen bei Lernschwierigkeiten 163
Diagnosefelder 164
Direkte Förderung 154
Didaktische Gestaltungsidee 37
Differenzierungskonzept 25
Direktes Lehrerverhalten 81
Diskursethik 114
Disziplinenorientierte Gestaltungsidee 41
Drill and Practice 141

E
Einzelarbeit 119,153
Emanzipatorische Gestaltungsidee 41
Embryonenspenderin Lara 109
Emotionen 163
Empfindungen 107
Entrepreneurship-Ausbildung 40
Entwicklung 152
Erweiterungskonzept 25
Erwartungs x Wert-Modell 94
Exemplarischer Unterricht 22
Expertenforschung 11

F
Fächerfusion 29
Fächerverbindung 29
Fälle 133
Fähigkeiten 24
Faktenwissen 95
Fertigkeiten 104
Financial Literacy 44
Formativer Test 138, 147
Frontalunterricht 124.153

G
Gedankenmodell bei der Unterrichtsplanung 76

Gefühle 107
Gesamtkonzeption der Lektion 116
Gesellschaftsbezogene Kompetenzen 61
Good-Practice 13
Grundwerte 20
Gruppenarbeit 119, 127
Gruppenturnier 128
Gruppenleistung 129

H
Handlungsorientierter Unterricht 23,84
Hausaufgaben 147,168
Heinz-Dilemma 109
Heterogenität 141
Homogenitätsthese 110

I
Ideenfindung 79
Indirekte Förderung 154,158
Indirektes Lehrerverhalten 81
Induktiver Dialog 154
Induktives Vorgehen 103
Inklusion 136
Innere Differenzierung 135
Inselbildung 30
Institutionelle Gestaltungsidee 41
Integrationsfach 31,35
Interpersonale Kompetenzen 61
Interpretation 103,104
Interpretatives Denken 60

J
Jigsaw-Gruppen 127

K
Kausalattribuierung 86
Kerncurriculum 64
Klassendiskussion 119, 160
Kleingruppenarbeit 119,127,153
Kommunikation 104
Kommunikative Strategien 59
Kompetenzbereich Entscheidung
  und Rationalität 66
Kompetenzen 57
Kompetenzen und Lehrerverhalten 69
Kompetenzmodell 64
Konditionales Lernen 95
Konformitätsdruck 130
Konstanzer Methode der
  Dilemmadiskussion 111
Konstruktivismus 26,28
Kreatives Denken 60

Kritisches Denken 60

L
Lautes Denken 160
Lebenslanges Lernen 57
Lehrerdemonstration 119,126
Lehr-Lern-Arrangements 28,57,149,152
Lehrgespräch 119,122
Lehrplan-Konzepte 29
Lehrmethoden 119
Lehrervortrag 119,125,153
Leistungsziel 52,55
Lernberatung (Coaching) 81
Lernformen 119
Lernfelder 39
Lernschwierigkeiten 162
Lernstrategien 58,60
Lernziel 51,59,100
Lernzielorientierte Didaktik 49
Lernschwierigkeiten 162
Lernzielorientierte Lehrpläne 50
Lernwille 57,163

M
Makroebene 14
Management-Modell 39
Mastery Learning 138
Medienkompetenz 61
Mesoebene 14
Metakognition 159,163
Metakognitive Strategien 55
Methodische Kompetenzen 62
Methodenmix 153
Methodenmonismus 148
Mikroebene 14
Modellanalyse 114
Modellieren 119,154
Modularisierung 25
Moralisches Dilemma 108
Moralische Urteilskompetenz 110
Motivation 90,163
Motivationale Handlungskonflikte

N
Normative Grundlagen 37
Normen 20

O
Objektivismus 28
Operationalisierung der Lernziele 51
Orientierungswissen 96
Ordnung und Disziplin 103

P

Partnerarbeit 109
Partnerschaftliche Erziehung 46
Patentlösungen 19
Personale Kompetenzen 61
Planspiele 133
Politische Bildung 46
Politische Theorie und Kompetenz 46
Problemorientierte Gestaltungsidee 41
Problemorientierter Unterricht 23
Professionsforschung 11
Prozedurales Wissen 95,16
Prozessgewinne 129
Prozessverluste 129

R

Radikalkonstruktivismus 149
Rechnungswesen 42
Rechtskunde 41
Reflexion der eigenen Lektionsplanung 180
Repetition 149
Richtziele 37,47
Rollenspiele 110,131

S

Schlüsselqualifikationen 24
Schlüsselqualifikations-Dilemma 25
Schriftliche Reflexion 160
Selbstachtung 85
Selbständiges Lernen 57
Selbstbeobachtung 88
Selbstbeurteilung 88
Selbstgesteuertes Lernen 116,120,122,124
Selbstkonzept 85
Selbstkompetenzen 61
Selbstreflexion 178
Selbstwirksamkeit 85,86,163
Simulation 133
Simulationseinrichtungen 134
Singularisierungsprinzip 25
Soziale Dynamik 91
Soziale Kommunikation 102,105
Soziale Kompetenzen 62,102
Soziale Strategien 59
So what? 82
SQ3R-Methode 58
Staatskunde 46
Standards für die Lehrerbildung 172
Strukturwissen 95

T

Taxonomie 54
Teamkompetenzen 61
Teilkompetenzen 57,104,112
Thematische Strukturen 97
Traditionelle Lehrpläne 100
Triplexmethode 51
Tutoring 139

U

Ueben 161
Ueberdauernde Persönlichkeitsvariablen 90
Ueberfachliche Kompetenzen 60
Ueberlernen 16
Unterrichtsdisposition 145
Unterrichtskonzeption 80
Unterrichtsplanung 76
Unterrichtsverfahren 117

V

Verfassungskunde 44
Verlaufsplanung für eine Lektion 79,143
Vernetztes Denken 60,157
Volkswirtschaftslehre 38
Vorwissen 83,163

W

Werterziehung 80
Werthaltungen 20
Wirtschaftliche Bildung 18
Wirtschaftsberufliche Bildung 18,39
Wirtschaftsbürgerkunde 38
Wirtschaftsbürgerliche Gestaltungsidee 38
Wirtschaftsinstrumentelles Rechnungswesen 43, 44
Wirtschaftsgeographische Gestaltungsidee 38
Wirtschaftspropädeutisches Rechnungswesen 43,44
Wissen 95
Wissenschaftlich-empirische Gestaltungsidee 38

Z

Zielerreichendes Lernen 138
Zielkonflikte 13
Zielsetzung 152
Zusammenarbeit mit andern Lehrpersonen 182
Zwei- oder vielseitige Darstellung 114

Rolf Dubs
Lehrerverhalten

2., überarbeitete Auflage.
608 Seiten mit zahlreichen
Abbildungen und Tabellen. Kart.
ISBN 978-3-515-09304-0

*(Lizenzausgabe für Deutschland.
Bestellungen aus der Schweiz sind
an den Verlag SKV, Postfach 1853,
CH-8027 Zürich, zu richten)*

Rolf Dubs

Lehrerverhalten

Ein Beitrag zur Interaktion von Lehrenden
und Lernenden im Unterricht

Der Band führt in alle für den Unterrichtsalltag relevanten Bereiche des Lehrerverhaltens ein. Er richtet sich an: Lehrkräfte aller Schulstufen, Mitglieder von Schulinspektionen, der Schulaufsichten und von Schulbehörden sowie Studierende des Lehramtes.

Das Buch versteht sich als wissenschaftsbasierte, aber praxisorientierte Darstellung über alltägliche Aspekte des Lehrerverhaltens. Deshalb fasst es in jedem Kapitel wissenschaftliche Erkenntnisse zusammen, interpretiert sie und setzt sie in praxisorientierte Handlungsanleitungen um, die mit Checklists und Beobachtungsschemata ergänzt werden.

Das Buch beruht auf einer gemässigt konstruktiven Sicht. Deshalb beschränkt es sich nicht auf das Lehrerverhalten im engeren Sinn, sondern es konzentriert sich auf die Interaktion zwischen den Lehrenden und Lernenden. Es bezieht eine Mittelposition, indem es sein Augenmerk stark auf das Lernen der Schülerinnen und Schüler richtet und die Lehrenden als Persönlichkeiten mit einem vielseitigen Verhaltensrepertoire sieht, welche sich situationsgerecht sowohl als Lehrende als auch als Lernberater verstehen.

....

Aus dem Inhalt

Grundlegung | Das Wissen über die Schülerinnen und Schüler | Der Führungsstil von Lehrerinnen und Lehrern | Techniken der Kommunikation im Unterricht | Lehrmethoden: Formen des Frontalunterrichts und Lehrerverhalten | Lernformen (selbständiges Lernen) | Wissen und Wissenserwerb | Denken und Denkförderung | Selbstgesteuertes Lernen | Affektive Aspekte des Unterrichts | Soziale Kompetenzen | Motivation | Lehrererwartungen | Heterogene Klassen und Problemschüler(inen) | Disziplinarprobleme, Aggressionen und Gewalt in der Schule | Hausaufgaben | Die Vorstellung über die erfolgreiche Lehrperson

www.steiner-verlag.de